Comportamiento sexual en la vejez

Fernando Quintanar Olguin

EL LIBRO MUERE CUANDO LO FOTOCOPIAN

Amigo lector:

La obra que tiene en sus manos es muy valiosa. Su autor vertió en ella conocimientos, experiencia y años de trabajo. El editor ha procurado una presentación digna de su contenido y pone su empeño y recursos para difundirla ampliamente, por medio de su red de comercialización.

Cuando usted fotocopia este libro o adquiere una copia "pirata" o fotocopia ilegal del mismo, el autor y editor no perciben lo que les permite recuperar la inversión que han realizado.

La reproducción no autorizada de obras protegidas por el derecho de autor desalienta la creatividad y limita la difusión de la cultura, además de ser un delito.

Si usted necesita un ejemplar del libro y no le es posible conseguirlo, escríbanos o llámenos. Lo atenderemos con gusto.

EDITORIAL PAX MÉXICO

Título de la obra: *Comportamiento sexual en la vejez*

COORDINACIÓN EDITORIAL: María de Lourdes Arellano Bolio
PORTADA: Víctor M. Santos Gally
DIAGRAMACIÓN: Ediámac

© 2017 Editorial Pax México, Librería Carlos Cesarman, S.A.
    Av. Cuauhtémoc 1430
    Col. Santa Cruz Atoyac
    México DF 03310
    Tel. 5605 7677
    Fax 5605 7600
    www.editorialpax.com

Primera edición
ISBN 978-607-9346-67-6
Reservados todos los derechos

Agradecimientos

A todas las personas adultas mayores que a lo largo de los años me han compartido sus experiencias personales, dolorosas e íntimas. A mi familia por el tiempo que no les dediqué, pero del que ven resultados claros.

A quienes aún tienen mucho que decir, que compartir y de los que podremos aprender más.

A la memoria de los residentes de la Casa Hogar Vicente García Torres, con los que tuve oportunidad de trabajar varios años hace tiempo.

Índice

Introducción ix

SECCIÓN I. PERSPECTIVAS Y TENDENCIAS
EN EL COMPORTAMIENTO SEXUAL EN LA VEJEZ. 1

Capítulo 1. Definiciones y reflexiones sobre los antecedentes
del estudio del comportamiento sexual en la vejez 3
    Importancia del estudio psicológico del comportamiento
        sexual de los adultos mayores 4
    Tipo, calidad y frecuencia de las relaciones sexuales
        en el adulto mayor 13

Capítulo 2. Modelos y mitos de la sexualidad
de la persona adulta mayor 23
    Expresiones y desarrollo del comportamiento sexual 23
    Entendiendo la sexualidad de la mujer anciana 25

SECCIÓN II. COMPORTAMIENTO SEXUAL Y SALUD EN LA VEJEZ 31

Capítulo 3. Salud y comportamiento sexual en la vejez. Demencias,
diabetes e hipertensión 33
    Sexualidad y diabetes: la sexualidad masculina 34
        La disfunción eréctil o "impotencia" 35
        Otras disfunciones sexuales 36
    Sexualidad y diabetes: sexualidad femenina 37
        Diabetes y problemas sexuales en la mujer 38
        Aspectos psicológicos de la diabetes y sexualidad 40
    Salud, sexualidad, envejecimiento y calidad de vida 41

Capítulo 4. Factores que influyen en el comportamiento sexual
del adulto mayor 47
    Condicionantes de la sexualidad en la vejez 48

Modelo de sexualidad basada en el placer 51
La función del orgasmo 53

Capítulo 5. Envejecimiento y cambios en
el comportamiento sexual 57
    Cambios biológicos con el envejecimiento 57
        Para comprender la impotencia. 58
    Cambios en el hombre 60
    Cambios en la mujer. 64

Capítulo 6. Comportamiento sexual saludable y disfuncional
en la vejez 73
    Disfunción sexual de causa orgánica en el adulto mayor 76
    Factores que influyen en el comportamiento sexual
        saludable en la vejez 78
    La vejez también tiene sexo. 84
    Recomendaciones a las personas adultas mayores
        de cómo actuar ante la necesidad sexual 87

Capítulo 7. Psicopatología en la vejez,
demencias y sexualidad 89
    La propuesta de Uruguay: tres errores de las investigaciones
        hegemónicas en demencias tipo Alzheimer 90
        Consideraciones clínicas en la definición
            de las demencias 92
    Disfunción sexual de origen psíquico en el adulto mayor 94
    Patología demencial y comportamiento sexual 98

SECCIÓN III. ESCENARIOS PARA EL COMPORTAMIENTO SEXUAL
EN LA VEJEZ. 103

Capítulo 8. Escenarios para la expresión
sexual en la vejez 105
    Abordaje de la sexualidad en
        las instituciones gerontológicas 105
    La sexualidad desde el mundo de las ancianas prostitutas . . . 109
    VIH, SIDA y vejez 114
    Presencia de la vejez en la pornografía. 122
    Operaciones de cambio de sexo y vejez 124
    La sexualidad de la vejez en ambientes rurales 125

La sexualidad de ancianos en grupos
y congregaciones religiosas 128
La sexualidad entre personas de diferentes
grupos generacionales 131
Capítulo 9. Alternativas a la sexualidad en la vejez............. 135
Homosexualidad y vejez 136
La pérdida de la pareja: viudez y actividad sexual 138

Sección IV. Estrategias y talleres de sexualidad
para adultos mayores 141

Capítulo 10. Talleres de sexualidad 143
La educación sexual para los ancianos..................144
Elementos básicos de intervención
en programas de orientación sexual..................147
Posibles resistencias a la educación sexual del adulto
mayor y formación de educadores
sexuales gerontológicos............................151
Reconociendo la sexualidad en la vejez.................153
Una propuesta de trabajo a incorporar en talleres
de sexualidad en adultos mayores 154

Capítulo 11. Tendencias de la sexualidad e investigación
de la conducta sexual en la vejez 157
Investigación del comportamiento sexual
en adultos mayores 158
Efecto de las patologías médicas e incapacidad 159
El comportamiento sexual del adulto mayor
agresivo o violento 164
La vejez y el sexo normal o saludable..................166
Sexualidad y muerte en la vejez.......................168
Notas sobre comportamiento sexual
y creencias religiosas en la vejez....................172
Algunas variables para la investigación del comportamiento
sexual en la vejez................................174

Capítulo 12. El futuro de la sexualidad en la vejez.............. 179
Continuidad de la actividad sexual en la edad avanzada 179
Desarrollo tecnológico e intimidad en la vejez 182

Capítulo 13. Envejecimiento y comportamiento
sexual delictivo 185
    Lo sexual como mecanismo de control interpersonal. 187
    Repensando lo conocido sobre vejez, sexualidad
    y comportamiento sexual 191
Comentarios y conclusiones 195
Anexos 201
    1. Talleres sobre sexualidad en la vejez. 201
        Elementos para el diseño de programas para talleres
        sobre sexualidad en la vejez .201
        Técnicas de pre y post evaluación en talleres de
        sexualidad para ancianos 201
        I. Taller de sensibilización sexo-sensorial 203
        II. Taller de tatuajes corporales y exploración táctil 207
        III. Taller de envejecimiento, integración corporal
        y genitalidad. 212
        IV. Taller de exploración y descubrimiento
        de la sexualidad. 215
        V. Taller de envejecimiento, erotismo y poesía 218
        VI. Taller de envejecimiento y comportamiento
        sexual saludable 221
        VII. Taller sobre resignificación del comportamiento
        y experiencias sexuales. 224
    2. Formato de historia clínica de comportamiento sexual
    de la persona adulta mayor 229
Bibliografía. 237
Acerca del autor. 241

Introducción

El amor, el trabajo y el conocimiento son los manantiales de nuestra vida. También deben gobernarla.
Wilhelm Reich (1954).

En la experiencia clínica de varios psicólogos, e incluso de sexólogos, suelen dejarse de lado diversos aspectos de la sexualidad y la vejez que se abordan en el presente documento, no se incluye el tema del comportamiento sexual de ancianos como ha tendido a hacerse al ver a las personas ancianas desde el consultorio, la clínica o el hospital. En este libro también se pretende abordar el comportamiento sexual de la vejez callejera y rural, de los viejos marginados o de los viejos de la vida diaria que todos los días vemos en la calle, de aquellos que no siempre pueden pagar nuestros honorarios en la consulta particular.

Un problema central en el tema de la sexualidad en la vejez es que abunda la literatura de autores extranjeros que se centra en opiniones personales, referencias teóricas y creencias particulares muy distantes de la realidad de los ancianos mexicanos y latinoamericanos, muchas veces la información también deja fuera a los ancianos de la vida cotidiana y solamente presenta modelos ideales que son casos particulares que no podemos tomar como guía para la mayoría de los solicitantes ancianos.

Al empezar a escribir sobre este tema lo hice básicamente desde la investigación de campo, la experiencia clínica y la consulta de la literatura; retomé los distintos casos cuyo tema principal era alguna forma de expresión sexual en la vejez que me tocó atender a lo largo de los años, pero al revisar la literatura me fui percatando de que hay mucho material repetitivo y que no proporcionaba información sobre temas vinculados a la sexualidad de la persona anciana que frecuentemente escuchaba en los consultorios y centros gerontológicos.

Me vi en la necesidad de aclarar algunos aspectos para poder trabajar otros, entre los que se incluye la diferencia que hay entre sexualidad y comportamiento sexual de ancianos. El término sexualidad es más amplio que comportamiento sexual, pero deja de lado algunos aspectos centrales para quienes trabajamos con población envejecida, tales como sus patrones de actividad sexual y las condicionantes de su entorno y personales.

Otro punto que considero importante abordar es la diferencia entre comportamiento sexual patológico, el disfuncional y el saludable. Por otro lado, también es necesario abordar el comportamiento sexual vinculado a otros aspectos relacionados con el envejecimiento saludable y el patológico. La mayor parte de los textos abordan la sexualidad de la vejez con una visión más amplia, que incluye aspectos culturales, biológicos, médicos, psicológicos e incluso económicos. Suelen centrarse en señalar los cambios de los genitales y de la fisiología de la respuesta sexual, las preocupaciones por las actitudes ante la sexualidad y suelen terminar sugiriendo mantener una vida sexual activa y ofreciendo propuestas para dar un lugar a la sexualidad de los viejos en nuestra familia.

No puedo evitar pensar que los textos de sexualidad, y muchos de gerontología, parten de una imagen idealizada de la vejez, generalmente académica y urbana al mismo tiempo, que deja ausente el comportamiento sexual en ámbitos institucionales y de las personas ancianas de pocos recursos o que viven en medios no urbanos.

Creo necesario reorientar la tendencia y abordar el estudio del comportamiento sexual en la vejez con un toque diferente, que incluya a las personas ancianas en contextos reales y cotidianos, tendremos que trabajar para que la concepción de la vejez, y sobre todo de una vejez con sexualidad, se incorpore en el imaginario de nuestra sociedad contemporánea. Debemos tratar que el estudio del comportamiento sexual de la vejez incluya aspectos vinculados a la violencia, las demencias, la religión y espiritualidad, y rompa la idea romántica del enamoramiento y del ciclo de la pareja. La experiencia clínica nos muestra que abundan los casos de parejas de ancianos que nunca se casaron, que han vivido y ejercido su vida sexual sin amor y carentes de sentido e información. Que el descubrimiento de la sexualidad solía vivirse con temor y como obligación, que también se cambiaban o alteraban los límites de la intimidad y de la propia persona.

Es evidente la ausencia de la concepción del cuerpo que se tiene en la vejez, suele hablarse de una sexualidad sin cuerpo y un cuerpo asexuado en una vejez que parece encontrarse en algún lugar en algún momento, pero que no corresponde a la persona anciana que vemos caminando en la calle, aquella preocupada por la jubilación o por los problemas de pareja o laborales de los hijos y nietos. Casi no se menciona la sexualidad de aquellos ancianos que atienden su pequeño comercio, o su puesto de frutas y verduras; tampoco se habla de la conducta sexual de la persona anciana que es dueña de negocios importantes, que se enamora o se divorcia en secreto, de aquellos ancianos que pagan miles de pesos para que no se sepa su secreto, más si es lesbiana u homosexual.

Pareciera que queda muy lejos de nuestro foco de interés la conducta sexual de los ancianos que ocupan cargos públicos, y que organizan fiestas invitando a jóvenes mujeres que animan los eventos o incluso comparten con ellos la intimidad; y qué decir de cuando se contratan los servicios de homosexuales para atender a hombres que les pagan generosas cantidades por su participación.

Sin embargo tenemos que aceptar que faltan datos válidos, más allá de la experiencia clínica, que se sustenten en la investigación especializada que nos permita tomar decisiones claras al tratar estos temas. La sexualidad es y ha sido una de las áreas del comportamiento humano más desconocida y en la que aún abundan mucho más la anécdota que el conocimiento científico, aquel conocimiento que permite poder tomar decisiones y nos lleva a hacer las cosas gracias a la información y no solamente por el gusto personal. La mera existencia de manifestaciones sexuales de cualquier tipo en los ancianos aún es sistemáticamente negada, rechazada o entorpecida por gran parte de la sociedad, pero esto empieza a cambiar; incluso hay aspectos sexuales que los propios especialistas no se dan cuenta que no han podido pensarlos, y esto habla de sus propios procesos psíquicos y de obstáculos epistemofílicos (aquellos que surgen por las cargas emocionales y afectivas asociadas a un objeto, tema o persona) más que epistemológicos (aquellos que surgen por la falta de información y claridad sobre algo).

La información proporcionada en este documento proviene de tres fuentes principales, una es la que se genera en la investigación tanto básica como de campo, otra en la reportada en la literatura especializada, y la última en la que se genera a partir de la experiencia clínica en psicogerontología. Cada una de estas fuentes permite contar con una imagen del comportamiento sexual de las personas ancianas que facilita identificar diferentes indicadores a partir de los cuales se pueden elaborar o definir variables que puedan ser incluidas en próximos estudios, pero que nos permiten pensar sobre alternativas que no habíamos tomado en cuenta sobre la vejez en la vida cotidiana.

El libro está organizado en cuatro secciones con diferentes capítulos y un anexo. La primera sección se refiere a las perspectivas y tendencias en el comportamiento en la vejez. La segunda se refiera al comportamiento sexual y salud. En la tercera se abordan diferentes escenarios para el comportamiento sexual de los ancianos. En la cuarta y última sección se analiza la necesidad de organizar talleres de sexualidad para personas ancianas, y se incluye un capítulo sobre el futuro de la sexualidad en la vejez.

En los diversos capítulos que integran las secciones, el lector encontrará información sobre los ancianos en medios rurales, urbanos e institucionalizados. Encontrará casos que sirven de referencia para repensar la sexualidad en general y el comportamiento sexual en particular. También encontrará información sobre la actividad sexual y su relación con la salud y ciertas patologías predominantes en la vejez.

Dada la tendencia que ha tomado la sexualidad en general, de cualquier grupo generacional, es inevitable abordar temas como infecciones de transmisión sexual, prostitución y pornografía en la vejez. Pero también se plantean aspectos que caracterizan a este grupo generacional como son las enfermedades crónico degenerativas, incluidas las demencias, que tanto alteran el comportamiento sexual de las personas mayores.

En el primer anexo se presentan algunos de los talleres que hemos venido trabajando a lo largo de los años en la Clínica Universitaria de la Salud Integral en la Facultad de Estudios Superiores Iztacala (FESI) de la UNAM. Pero también los hemos trabajado en el Sistema para el Desarrollo Integral de la Familia (DIF), en cursos de capacitación en el Instituto Nacional para la Atención de la Persona Adulta Mayor (INAPAM) y diplomados que hemos impartido en la Secretaria de Salud en otros estados de la República Mexicana, es decir, el lector puede confiar en que son talleres que se pueden trabajar en diferentes escenarios, tanto con población anciana como con personal de la salud interesado en el tema.

En el segundo anexo se incluye un formato de historia clínica sexual gerontológica, este formato se orienta principalmente a explorar las necesidades de las personas adultas mayores sobre este tema, el profesional de la gerontología lo podrá utilizar de referencia y lo podrá complementar con su experiencia.

El lector notará que, aun cuando se trata de rescatar el comportamiento sexual en particular, es inevitable hablar de sexualidad en general. La experiencia nos ha mostrado que hemos caído en una tendencia a tratar la generalidad de la sexualidad, pero falta la particularidad que cada caso tiene en cómo se comporta sexualmente, sobre todo en el caso de las demencias y eventos vasculares cerebrales (EVC) que pueden modificar los patrones de comportamiento sexual pero no necesariamente las reacciones fisiológicas de la estimulación sexual. Estas son dos dimensiones diferentes que debemos reconocer.

El presente libro se orienta a un público básicamente interesado en las áreas de la psicología, gerontología, enfermería, trabajo social, salud, asistencia social, derecho y educación, pero es accesible a estudiantes universitarios y cualquier otra persona interesada en el tema, siempre y cuando se entienda que lo que comprendamos del comportamiento sexual depende del tiempo y la cultura en que se viva y que cambia según las épocas.

Advertencia al lector sobre la concepción de vejez

Actualmente existe la tendencia de denominar como adulto mayor a las personas que ya han llegado a la vejez, en los países en vías de desarrollo se considera adulta mayor a la persona con más de 60 años, y en los países desarrollados se le considera a la persona de 65 años. Sin embargo, para fines de este texto se utilizarán las denominaciones de adulto mayor, persona anciana, tercera edad y, en su momento, la expresión de viejo en referencia al mismo grupo generacional. Esta elección obedece a que al comentar el libro, en sus primeras notas, con personas mayores la expresión "adulta mayor" no era de su agrado y preferían las expresiones más tradicionales sobre ellos y ellas. Espero que quien lea estas líneas considere esta inquietud.

Sección I

Perspectivas y tendencias en el comportamiento sexual en la vejez

Capítulo I
Definiciones y reflexiones sobre los antecedentes del estudio del comportamiento sexual en la vejez

Desde un punto de vista biológico se define a la vejez como un proceso constante e irreversible de cambio que lleva un deterioro paulatino que termina prácticamente con la muerte. Desde un punto de vista social se le define considerando aspectos legales y económicos que varían mucho de un lugar a otro y hace referencia a una etapa en la que la producción del individuo tiende a disminuir y a aumentar sus riesgos laborales. Desde un punto de vista psicológico se define a la vejez como una etapa del desarrollo del individuo en el que se conjugan dos aspectos, la disminución de diferentes características físicas y psicológicas, pero también el incremento de la experiencia y fineza de algunas habilidades.

Según la gerontología fenomenología-existencial, la vejez es una etapa de crisis de identidad en la cual el individuo se confronta con el sentido y final de su existencia así como con el peso de su historia y su realización personal (Moragas, 1991).

Para entender el comportamiento sexual en la vejez primero hay que definir el propio concepto de vejez, en 1996 propuse la siguiente definición que intenta ser más general e incluyente pero no la única que se puede plantear y que se publicó en el número 12 de la revista Prometeo, esta propuesta incluye aspectos sociales, biológicos, históricos, psicológicos y recursos personales, pues plantea que *la vejez es la etapa de la vida previa a la muerte natural; etapa en la que se materializan los resultados de las condiciones individuales y sociales de un estilo de vida; época psicohistóricamente determinada, caracterizada por la polaridad entre el deterioro y las limitaciones personales y la depuración de recursos, experiencias y habilidades que caracterizan a un individuo dentro de un margen de edad máxima, especificada por un grupo social.* (Quintanar, 1996). Desde esta definición abordaré el tema del comportamiento sexual en la vejez.

Definir a la vejez requiere considerar qué es lo que piensan aquellos a los que les decimos viejos. Es imprescindible conocer su historia, su origen y su sentido de vida, ya que la historia es una fuerza en movimiento en la que todos somos actores, y querer atender las necesidades de los ancianos con criterios ajenos a su historia es un proceder con una lógica diferente a su origen y condenado al fracaso.

Importancia del estudio psicológico del comportamiento sexual de los adultos mayores

El envejecimiento debe analizarse desde dos vertientes. La primera de ellas se refiere a lo que se llama *envejecimiento biológico de los individuos*, que es irreversible y ocurre a lo largo de toda la vida. La segunda se refiere al *envejecimiento demográfico*, que se expresa en el aumento de la proporción de personas mayores de sesenta años, que ha cambiado la distribución por edades. En el envejecimiento biológico individual, se considera *vieja* a la persona que está en la etapa final de la vida, en la que dicho proceso se hace más acelerado y va comprometiendo las facultades físicas y mentales. El término *tercera edad* no es sinónimo de vejez, sino que sólo se refiere a una etapa específica de esa condición y varía según la cultura, el país, la clase social, etcétera. En términos generales podemos contar con algunos elementos que ya han sido investigados sobre la vejez y que conseguimos enunciar en los siguientes puntos:

- Aún no ha podido definirse claramente qué es la vejez y qué es envejecer.
- El criterio de la edad para designar la vejez es sólo estadístico, en función de estudios comparativos que ya se han realizado.
- La edad no implica, ni determina absoluta y globalmente, la vivencia de la vejez.
- El envejecimiento tiene un carácter diferencial, y en ello influyen la cultura, la salud, el medio ambiente, lo psicológico, lo económico, el género, el nivel de realización de actividades diarias, etcétera.
- Las prácticas que un individuo ha desarrollado en el curso de su biografía, producto de los acontecimientos de la vida y de la historia social que lo condiciona, darán un estilo diferente a su proceso de envejecimiento.

- Se envejece de acuerdo a como se ha vivido, de acuerdo con las características de la personalidad; por ello, cómo se llega a ser viejo es una decisión individual.
- La actitud general de casi todas las sociedades hacia la vejez, es el *viejismo*.
- En la actualidad la vejez y el envejecimiento se han convertido en un problema, pero las viejas realmente son las sociedades.
- El envejecimiento, de acuerdo con los problemas socioculturales, es mayoritariamente un problema del género femenino (los roles, las cargas sociales, los estereotipos, los prejuicios, las representaciones sociales, entre otras).
- El porcentaje mundial de mujeres viejas es mayor que el de los hombres (mueren más viejos que viejas, entonces las mujeres están condenadas a estar solas y con todas las cargas sobre sus espaldas).
- Los viejos, por lo general, se sienten excluidos, marginados, sin roles sociales verdaderamente auténticos.
- Nadie quiere ser viejo.
- Las formas con que las personas se enfrentan a la vejez son tres: *resignación, aceptación y desesperación;* pero bien podríamos agregar una cuarta, la *búsqueda*.

Durante siglos se pensó que la sexualidad en los hombres, al igual que en los animales, era básicamente instintiva. Esta idea fue la base para las teorías sobre formas no naturales de la sexualidad entre las que se incluían todas aquellas prácticas no dirigidas a la procreación. Las investigaciones sobre comportamiento sexual en animales muestran un comportamiento sexual variado y diferenciado (como en los humanos), que incluye homosexualidad, seducción o conquista, así como variantes de la masturbación y de la violación. Pero en el caso de los humanos se deduce que la sexualidad es en buena parte aprendida y simbólica, incluso al llegar a la vejez.

La sexualidad es el conjunto de cambios y condiciones anatómicas, fisiológicas y psicológico-afectivas, propias del mundo animal, que caracterizan cada sexo e incluye los fenómenos emocionales y de conducta relacionados con el sexo que marcan al ser humano en todas las fases de su desarrollo. Los seres humanos utilizamos la excitación sexual no solamente con fines reproductivos, sino también para mantener vínculos sociales que le agregan el goce y el placer personal y el de la pareja. La actividad sexual también desarrolla facetas profundas de la afectividad y la conciencia de la personalidad.

La complejidad de los comportamientos sexuales en los seres humanos es producto de su cultura, inteligencia y complicadas sociedades; el motor base de gran parte del comportamiento sexual humano siguen siendo los impulsos biológicos, aunque su forma y expresión dependen de la cultura y de elecciones personales que propicia una gama muy compleja de comportamientos sexuales. Las relaciones sexuales son un componente más de la sexualidad y son una forma de expresión del comportamiento sexual.

Desde el punto de vista psicológico, la sexualidad es la manera de vivir la propia situación. Es un concepto amplio que abarca todo lo relacionado con la realidad del sexo, y se manifiesta a través de los roles genéricos que son la expresión de la propia identidad sexual y de género.

La diversidad sexual nos indica que existen muchos modos de ser mujer u hombre, más allá de los rígidos estereotipos, son el resultado de la biografía personal, que se desarrolla en un contexto sociocultural. La sexualidad se manifiesta también a través del deseo erótico que genera la búsqueda de placer erótico a través de las relaciones sexuales, es decir, comportamientos sexuales tanto autoeróticos (masturbación), como heteroeróticos (dirigidos hacia otras personas y pueden ser heterosexuales u homosexuales). La libido (o deseo erótico) es una emoción compleja, es la fuente motivacional de los comportamientos sexuales. El concepto de sexualidad no se refiere exclusivamente a las "relaciones sexuales", éstas son tan sólo una parte de aquel. Flores (1998a) menciona que sexo es lo que nos caracteriza como hombres y mujeres, la sexualidad humana representa el conjunto de comportamientos que conciernen la satisfacción de la necesidad y el deseo sexual, la sexualidad sería el sexo en funciones que se derivan de una biología, una psicología y una cultura determinadas para cada persona, con una historia individual y colectiva. Definir la sexualidad y el comportamiento sexual es un paso importante para el punto de partida pues estamos todavía muy impregnados del modelo biomédico que imperó hasta no hace mucho en que lo biológico marcaba cualquier devenir humano.

La sexualidad nos acompaña desde que nacemos hasta que morimos y su expresión lleva a diferentes formas de comportamiento sexual. Aunque va cambiando su manera de manifestarse, está presente en personas ancianas; incluso es algo que en la práctica clínica se observa cuando estas personas piden hablar con su pareja acerca del trato que se dieron en la intimidad, el respeto que se brindaron o los reclamos que tienen pendientes. Hemos observado que se comentan sus inquietudes, se aclaran las dudas, e incluso se recupera la dignidad, sobre todo en mujeres viejas que vivieron de la prostitución.

La sexualidad es una función muy amplia que incluye la reproducción, pero no se reduce a eso; tiene que ver con el sexo y la genitalidad pero no es sólo sexo. La sexualidad lleva implícito la ternura, el amor, el contacto físico, el placer del vínculo afectivo con otro, la capacidad de conectarse satisfactoriamente con lo cotidiano de la vida, pero también para expresar formas vulgares y grotescas que puedan ser sexualmente satisfactorias, y en estos casos se puede estar en un cuadro de sexualidad patológica. Podemos plantear que la sexualidad forma parte de nuestra personalidad, y que es una energía vital que la naturaleza ha proporcionado a los seres vivos superiores como una forma de darle continuidad a la vida misma. La sexualidad es esencial para el bienestar individual, interpersonal y social.

La sexualidad tiene un conjunto de determinantes biológicos y desde la concepción tenemos un sexo biológico o cromosómico, que nos llevará a tener un género como mujer o varón. No lo elegimos, se da fortuitamente de la unión de un óvulo con un determinado espermatozoide. Tiene que ver con los cromosomas XX para la mujer y XY para el varón. Esto influirá para que se formen ovarios o testículos. Luego viene todo un interjuego hormonal que hará el resto y la maduración de los órganos sexuales primarios y secundarios se completará en la pubertad pero los cambios propios de la vejez modificarán su forma de expresión a lo largo del tiempo.

También hay determinantes psicológicos y sociales de la sexualidad con los que al nacer se nos asigna el factor de identidad, el nombre y el género femenino o masculino. No es lo mismo nacer mujer en una sociedad urbana que en una rural, más si esta última se conforma de grupos étnicos con su propia cultura y normas de gobierno.

Hablar de la vejez, y particularmente de su comportamiento sexual, es abordar un tema que aún se encuentra rodeado de ideas equívocas y de una gran variedad de conceptos generados de distintas fuentes. La vejez es un concepto que se puede definir desde diferentes puntos y según como se le defina es como se tratará al anciano, y lo mismo pasa con la idea que se tenga de sexualidad. Pensar básicamente en el comportamiento sexual no es priorizar un enfoque principalmente conductista, más bien se trata de poder observar otros aspectos que se pasan por alto al pensar en la sexualidad en general. En relación a lo anterior en este libro, y para fines de su desarrollo, por comportamiento sexual voy a definir toda forma observable o identificable del actuar de las personas en la actividad sexual, en relación a otro y consigo mismos, en referencia a la interacción y trato personal según las condiciones biológicas y sociales de género. Esta definición la propongo como punto de partida para poder abordar otros aspectos en el tema de vejez y sexualidad y se centra principalmente en patrones de comportamiento.

Cualquiera que sea la perspectiva de la cual se parta, lo que se piense del comportamiento sexual modelará el concepto que se tenga de sexualidad en la vejez en su más amplio sentido sin restringirlo a la genitalidad. Recordemos que el concepto de sexualidad es diferente del de sexo. La palabra sexo se refiere a una cualidad o condición biológica que hacen que un sujeto se constituya como hombre o mujer en términos físicos. Sexualidad es un concepto pluridimensional del ser humano que engloba las dimensiones biológica, psicosocial, conductual, clínica y cultural que propician que un sujeto se asuma como hombre o mujer; es una capacidad exclusivamente humana en la que se manifiesta el placer y el deseo que se ponen en juego en un contexto histórico y cultural. Por el simple hecho de nacer y ser personas todos los individuos somos seres sexuados, por lo tanto la persona anciana es también un ser sexual que piensa, siente, responde y se comporta como cualquier ser humano.

Si la sexualidad del ser humano la vemos desde la dimensión de un ente bio-psico-social y trascendente, entonces podemos decir que la persona anciana verá afectada su sexualidad por:

Aspectos biológicos. Condiciones y limitaciones generados por los cambios en su cuerpo y estructuras biológicas.
Aspectos psicológicos. Cambios en la organización y funcionalidad de sus condiciones y características psíquicas y conductuales.
Aspecto social. Hay cambios en su entorno cotidiano, en la organización familiar, laboral y comunitaria que pueden influir en la participación en actividades cotidianas y relaciones interpersonales.

Aspecto trascendental. Se plantea cuestionamientos a nivel existencial y espiritual según su concepción religiosa.

La sexualidad no nada más se refiere a las relaciones sexuales, es placer compartido desde la necesidad de satisfacer los deseos eróticos del otro, sin que ello signifique una relación coital, por esta razón Guillén (2001) considera importante el despertar del deseo, el conocer el propio cuerpo para descubrir las zonas erógenas asociadas a una gran variedad de puntos que despiertan sensaciones voluptuosas con apenas acariciarlos, pues el placer sexual no solamente se limita al pene en el hombre y al clítoris en la mujer, y plantea que los puntos sensibles del cuerpo se clasifican en tres grandes rubros o zonas erógenas:

Zonas erógenas primarias (exhibición sexual). Boca, oreja, nariz, ojos, nuca, brazos, manos, cuello, ombligo, glúteos, espalda, piernas, pies.
Zonas erógenas secundarias (alto contenido erótico sexual). Ano, perineo, región púbica, senos.
Zonas erógenas arcaicas (órganos básicos más primitivos de la existencia sexual). Clítoris y pene.

Autores como Herrera (2003), Viguera (2005) y Quintanar (2005) entre otros, han comentado que la mayor parte de los estudios que se han realizado sobre la sexualidad de los ancianos han sido hechos en Estados Unidos, Inglaterra, Canadá, Suiza, Dinamarca y Alemania principalmente; básicamente se centraron en la actividad sexual, su frecuencia, modalidad y tipo. Se encontró que la mayor parte de los ancianos con edades entre los 60 y 80 años aún conservaban su actividad sexual aunque en menor frecuencia, tardaban más tiempo en presentar erecciones y tener el orgasmo o existía una disminución de la sensibilidad en zonas erógenas pero no desaparecía. Quienes habían sido homosexuales desde jóvenes también lo seguían siendo aún de ancianos. Se reporta que la vida sexual del hombre solía ser más amplia que la de la mujer y mucho de esto se daba por las experiencias en la guerra o en los cambios sociales.

Otro punto que se reportaba era que quienes habían vivido una vida sexual caótica seguía siendo así el resto de su vida, quienes acostumbraban masturbarse continuaban haciéndolo sin importar que fueran hombres o mujeres, y quienes tenían una vida sexual más variada y satisfactoria tenían un mejor concepto de sí mismos y un reconocimiento a su pareja.

Un punto que se reconoció como importante y que se generó en la psicología fue el de locus o foco de control interno o externo. En los casos de los estudios a los que se recurrió para ver cómo los ancianos vivían su sexualidad, desde el locus de control, se encontró que quienes tenían un locus de control externo tenían más restricciones respecto de su vida sexual y la vivían con más culpa. Pero quienes tenían un locus de control interno tenían también mayor libertad sexual, control sobre sus actos y elecciones, y una autoestima mayor.

Otro aspecto que se ha abordado en relación a la sexualidad y salud de los ancianos fue que a mayor actividad sexual menor depresión y mayor autoestima a pesar de que el ejercicio de la actividad sexual se pudiera ver afectado por problemas físicos y médicos.

En el caso de las personas ancianas que no tenían pareja por diversos motivos el asunto se complicaba, incluso dentro de la familia se les presentaban limitaciones o su vida sexual se veía afectada por el ciclo vital de la familia, el síndrome del nido vacío, y la salida de los hijos mayores del hogar.

Como puede verse, la mayoría de las investigaciones se había centrado en estudios estadísticos de tipo, frecuencia y control de la vida sexual, pero no se ha abordado con mayor claridad el significado y sentido que tiene la sexualidad para los ancianos mexicanos y latinoamericanos. La forma en que se han realizado las investigaciones hace pensar que también se requiere comprender la importancia de estudiar la vida sexual de las personas ancianas desde un punto de vista psicológico, pues sabemos que el interés sexual y la actividad sexual subsisten en el anciano en mucho mayor grado del que en general se admite en nuestra cultura.

Cuando se afecta la vida sexual, se afecta la relación íntima con otra persona y la imagen que se tiene de sí mismo. En un estudio no publicado que tuve oportunidad de realizar en 1997 en una muestra de 29 ancianas y 8 ancianos ambulantes no institucionalizados a los que se les realizaba entrevistas abiertas pero con preguntas dirigidas a explorar su vida sexual y relación de pareja encontré que:

a. Al explorar qué tan satisfactoria consideran las personas ancianas su sexualidad se detectó que las ancianas de poca escolaridad o primaria incompleta consideran que su sexualidad ha sido insatisfactoria, se sienten utilizadas y agredidas, se quejan de que su pareja no las respeta e incluso reportaron que se llegan a sentir violadas e impotentes por no poder protestar, con esto se les hace más difícil atender y mantener la familia y la casa. 12 se ven indiferentes, cansadas y sin iniciativa para el acto sexual, 10 aún responden sexualmente con iniciativa y 7 viven con culpa el ejercicio de su sexualidad. De los 8 ancianos 4 tienen una vida sexual activa y variada, 3 están imposibilitados por problemas genitales y quirúrgicos y uno no tiene actividad sexual en lo absoluto.

b. En cuanto a qué es lo que prefieren en su vida sexual se encontró que las ancianas más que el acto sexual en sí prefieren compañía y cariño, un contacto físico no sexual que signifique apoyo y correspondencia. Sus parejas no comprenden esto y eso les molesta, siendo así que con mayor razón se sienten utilizadas. Para los hombres, se encontró que quisieran sentirse tranquilos y que les perdonen sus faltas, prefieren también una compañía pero que no les recrimine el pasado.

c. En cuanto a la dificultad de su relación de pareja, y de familia, encontramos que es mayor la proporción de mujeres que la tienden a vivir como una relación difícil y conflictiva en la cual no siempre hay apoyo ni respeto a las imágenes parentales. Por el contrario, los hombres no comparten este punto de vista, pero cabe reconocer que ellos no se encuentran todo el tiempo en la casa o bien son los que más demandan de la familia atención y respeto. Sin embargo en dos de los 8 casos estudiados el problema de las dificultades se daba por la imposibilidad para trabajar debido a embolias y otros problemas incapacitantes que, según reportaban, la familia no los comprendía.

d. Al cuestionar con qué se relaciona lo satisfactorio de la vida sexual se encontró que las personas ancianas veían una relación entre una espiritualidad satisfactoria, independiente de un credo religioso en lo particular, con la sexualidad satisfactoria en la cual no había culpa ni sentimientos de recriminación. Pero la sexualidad insatisfactoria se relaciona con distintos sentimientos de culpa que giran en relación al trato que se le dio a la pareja.

e. Uno de los puntos más importantes fueron las respuestas al cuestionamiento acerca de qué es lo que les hizo falta en relación a su sexualidad. Las respuestas fueron unánimes en el sentido de que todos consideraron que si hubieran tenido orientación sexual no hubieran procreado tantos hijos, tantos problemas y, las mujeres respondieron que, se hubieran dado a respetar más por sus parejas, y sobre todo no hubieran vivido con tanto miedo e ignorancia la maternidad y la sexualidad. Ellas consideran que la orientación en aspectos sexuales debía incluir tanto a hombres como a mujeres, que esto los hubiera comprometido más a los dos en lo que es el cuidado del hogar y la familia.

Después de tanto tiempo las mujeres consideran que uno de los motivos por los cuales se cansaron de su pareja es que más que compañía recibían demandas y agresión, en dos casos una mujer viuda y otra separada relataron, cada una por su lado, que sus parejas las tenían dominadas pero que con el tiempo ellos les pidieron perdón, y les explicaron que las trataban así porque tenían miedo de perder su imagen ante ellas pero que reconocen que cometieron un error.

Sobre este tema también hay aspectos que casi no se reportan en la literatura. Uno de ellos es el tema de la sexualidad en la plática de los ancianos, otro es la relación de los ancianos con quienes hablan de ella en términos profesionales y personales, y el último es la sexualidad de los ancianos en las instituciones.

Respecto del primer caso, se encontró que hablar acerca de su vida sexual, sus hábitos, fantasías y preferencias sexuales, con sus congéneres es también un tema común en sus relaciones interpersonales. Tanto hombres como mujeres comentan que a veces les hace falta hablar con otros de lo que les sucede sexualmente y cuáles son sus temores o deseos.

En cuanto al segundo aspecto, se encontró que fue relativamente fácil hablar y preguntar libremente a las personas ancianas acerca de su sexualidad. Quienes habían tenido distintas parejas sexuales hablaban con mayor libertad lo mismo que quienes tenían algún nivel de preparación, en comparación con quienes casi no tenían estudios, pero también se pudo hablar con ellas. En este sentido se encontró que las ancianas con mayor preparación o mayor número de parejas realizaban el acto sexual en forma creativa y sin censuras en comparación con las personas que tenían menos preparación o casi no habían tenido pareja sexual.

Por último, basta revisar lo que se reporta en congresos organizados por instituciones oficiales y en muchos cursos de gerontología, para notar que la gran ausente del tema es la sexualidad. En mi experiencia ésta ha sido uno de los factores más ignorados en el campo de trabajo psicológico con ancianos institucionalizados, sobre todo en aquellos que presentan principios de deterioro cerebral. Cuando se empiezan a presentar problemas de demencia senil, uno de los aspectos que más se alteran es el de la conducta sexual en general, y en nuestro trabajo directo con ellos lo que más se presenta es el riesgo de establecer una relación matizada de alguna forma por factores sexuales. En mi trabajo con ancianos nos encontramos con casos en los cuales teníamos que abordar aspectos sexuales de los ancianos seniles, pero estos siempre quedaron ocultos por la idea de que la manifestación de conducta sexual se debía a sus problemas seniles y nunca se tocó la posibilidad de rescatar sus vivencias para incluirlas dentro de un trabajo psicológico o terapéutico con apoyo de la institución, esto lo hicimos por iniciativa de nuestro equipo de trabajo.

La importancia de estudiar la vida sexual del anciano reside más en detectar las implicaciones que tiene en sus relaciones interpersonales y de pareja, así como en su estilo de vida y no en los datos estadísticos que proporcione. Es necesario que las investigaciones sobre sexualidad en la vejez también se interesen en buscar procesos, sentidos y dinámica de desarrollo, además de buscar porcentajes, tendencias, correlaciones, factores principales o efectos de manipulación de variables.

Tipo, calidad y frecuencia de las relaciones sexuales en el adulto mayor

El proceso de envejecimiento es, sin duda alguna, una etapa por la cual todos los seres humanos tendremos que pasar, sin embargo también es muy cierto que no todas las personas la transitarán con satisfacción. Es un fenómeno que se produce de forma paulatina y para el cual se han generado diversas teorías, en las cuales intervienen factores tan variados como la nutrición, las enfermedades, el desgaste, la propia desvinculación y el mismo ambiente (Cutipa y Schneider, 2005).

En el abordaje de la sexualidad en la tercera edad persisten actitudes retrógradas que tienden a rechazar, burlarse o, en el mejor de los casos, ignorar la existencia de actividad sexual en las personas mayores de 55 años.

Estas actitudes retrógradas ante la sexualidad en esta edad pueden tener dos explicaciones. En primer lugar, en nuestra sociedad se establece una incorrecta asociación entre sexualidad y reproducción, la cual está influida, en gran parte, por los valores religiosos impuestos en dicha sociedad. Gracias a esta asociación se considera que sólo es normal la actividad sexual durante la edad reproductiva y, por tanto, los ancianos no tienen por qué practicarla. En segundo lugar, la existencia del prejuicio "viejo", término con el que se denomina al adulto mayor y que se equipara a "estar enfermo", es tan poderoso que se aloja en los destinatarios del mismo como ideas fuertemente arraigadas, que luego determina su comportamiento erróneo.

Un estudio actual realizado por Lorenzo C. (2003), en una muestra de nivel socioeconómico medio-bajo, ha demostrado que la actividad sexual del anciano está influida por un grupo de factores que pueden, incluso, hacerla desaparecer. Dentro de ellos se encuentran los factores de pareja como la causa que más provoca abstinencia sexual, sobre todo en la mujer. Existe mayor tendencia a la viudez en la mujer y la sociedad no aprueba que una anciana trate de buscar una nueva pareja después de enviudar y, por lo tanto, estas mujeres renuncian a la sexualidad. La salud es otro factor que influye en la desaparición de las relaciones sexuales; innumerables enfermedades mentales y físicas pueden influir negativamente en la sexualidad en la tercera edad. Finalmente, un factor que también afecta son las condiciones domésticas, no es extraño que en nuestro país coincidan tres generaciones habitando la misma casa y, generalmente, los ancianos tienen que compartir su habitación con otra persona, pues no se piensa que ellos necesitan privacidad. Sin embargo, Cutipa y Schneider (2005) mencionan un estudio realizado en 2003 por Muñoz en una muestra de nivel socioeconómico elevado, reveló que a pesar de la apreciación que se tiene respecto de la tercera edad, de considerarlos como seres asexuados y carentes de deseo sexual, la gran mayoría de los adultos mayores mantenían relaciones sexuales con sus parejas y además, la frecuencia de éstas era considerablemente mayor de lo esperado. También es importante recalcar que la edad de las personas no constituyó un factor condicionante para el término de la actividad sexual.

El autor de la investigación se propuso estudiar la sexualidad de manera explícita en la muestra, tratando de esclarecer aspectos referidos al tipo, donde se reseña aquel tipo de relación sexual que incluya o no la penetración, si se recibe alguna estimulación, ya sea por parte de la pareja o individual, si se practican relaciones sexuales anales u orales y, a su vez, si hay estimulación previa por parte de la pareja, la cual puede consistir en besos, caricias, contemplación de la desnudez, contactos o palabras estimulantes. También estudia la calidad de la sexualidad, donde se aborda la importancia que tiene para un adulto mayor el mantener una vida sexual activa, así como la valoración personal que le dan a sus relaciones sexuales. Se resalta la importancia de la presencia de orgasmo en una relación sexual, además de quién toma la iniciativa dentro de la relación sexual y si éstas son programadas, espontáneas o forzadas. Finalmente se investiga la frecuencia de las relaciones sexuales en el adulto mayor, la cual estaría determinada por la cantidad de relaciones sexuales que mantienen en un período de tiempo.

En el estudio de Cutida y Schneider (2005) se investigaron tipo, calidad y frecuencia de las relaciones sexuales, en una encuesta elaborada por el Centro de Salud Pública de la Universidad Católica de Santiago de Chile se encontró que la sexualidad es un tema al que el adulto mayor le da poca importancia, generando en muchos casos, verdaderos sentimientos de renuncia hacia el tema. Muchos participantes decían que ya no mantenían relaciones sexuales, que eso era para personas jóvenes, o que sus creencias no se lo permitían, incluso llegando a contestar que eso sólo era para personas enfermas.

A esto se puede agregar el gran número de adultos mayores que se negaron a hacer la encuesta por sentir que se invadía su privacidad, teniendo en cuenta que se les garantizaba el anonimato de sus respuestas; estos es un claro indicador de que el tema de la sexualidad es muy incómodo a esta altura de sus vidas. La mayoría de los adultos mayores encuestados considera indiferente la sexualidad y, por lo tanto, no mantienen una vida sexual activa. Esto comprueba lo planteado en la teoría que explica la pérdida de interés en la sexualidad por parte del adulto mayor, debido a que se identifica la sexualidad con procreación, y cuando se rebasan los años de reproducción, este aspecto de la vida queda relegado a un segundo plano (Baur y Crooks, 2000).

En cuanto al tipo de relaciones sexuales, queda claramente evidenciado que la mayoría de adultos mayores que aún mantienen relaciones sexuales, las realiza con penetración, coincidiendo con los resultados obtenidos por Muñoz (en Cutida y Schneider 2005), donde 93% de los entrevistados que mantenían relaciones sexuales lo hacían con penetración, y sólo 7% lo hacía sin penetración.

La frecuencia en las relaciones sexuales en aquellos adultos mayores que aún tienen una vida sexual activa, no se ve mermada en esta etapa de sus vidas, lo que es un claro indicio de que la sexualidad puede seguir siendo parte importante en el transcurso de la vida. A esta edad las relaciones sexuales son satisfactorias, lo cual deja entrever que aquellas personas que por motivos de ideas y creencias equivocadas dejan de tener relaciones sexuales, están sumamente equivocados, y definitivamente están perdiendo una forma más de gozar esta última etapa de sus vidas. Se puede apreciar también que los juegos previos aún se manifiestan en esta etapa de la vida, enriqueciendo aún más la vida sexual.

En cuanto a la toma de iniciativa de las relaciones sexuales, la mayoría señala que la iniciativa es tomada por su pareja. En el transcurso de la investigación esta respuesta iba acompañada de otras afirmaciones, como que tenía que acceder ante la petición de su pareja, ya que si no lo hacía ésta se podía poner agresiva. Además, esta aseveración fue reforzada por un alto porcentaje que señaló que son forzadas, siendo motivo de presencia de violencia intrafamiliar.

Al comentar sobre los programas de orientación sexual se puso en claro que dichos programas deben estar dirigidos, en primer lugar, al cambio de actitudes erróneas e ideas irracionales, para luego transformar comportamientos inadecuados en el adulto mayor, los cuales están provocados por sociedades "viejistas", que van generando desde la juventud actitudes negativas hacia las personas de la tercera edad y que con tiempo llevan a que la persona se convierta en destinatario de sus propios prejuicios.

Lamentablemente, en los ejemplos aquí reportados, el número de sujetos estudiados ha sido reducido, lo que no permite una adecuada generalización de resultados. Los datos de la investigación revelan una tendencia, generan algunas hipótesis y sientan las bases para futuras investigaciones, las cuales se puedan realizar con un mayor número de sujetos, así como comparar diferentes grupos socioeconómicos, nivel sociocultural, edades y sexo de los entrevistados.

Aún hoy muchos jóvenes se sorprenden, desconciertan y avergüenzan al ver manifestaciones de cariño entre personas ancianas y suelen hacer comentarios agresivos e irónicos. La problemática de la población envejecida es de difícil abordaje y no se pueden negar u olvidar las falsas creencias y mitos acerca de los factores que contribuyen a la desvalorización de los ancianos entre las que se encuentran las siguientes:

1. Las desviaciones sexuales son más frecuentes en la vejez.
2. La actividad sexual es mala para la salud, especialmente en la vejez.
3. Es indecente y de mal gusto que los ancianos muestren interés por la sexualidad.
4. Actitudes ante la vida sexual de los mayores: censura, reproche, miedo, sorpresa, risas y chistes.
5. Las personas de edad no son sexualmente deseables, no tienen deseo sexual y no son sexualmente capaces.
6. En la menopausia termina la vida sexual.

La actividad sexual del anciano está influenciada por un grupo de factores que pueden llevar a que disminuya o se asuma como inexistente y son:

a. *Accesibilidad a una relación de pareja.* Es la principal causa de abstinencia sexual sobre todo en la mujer. Hay mayor tendencia a la viudez en la mujer y la sociedad no aprueba que una anciana trate de buscar una nueva pareja después de enviudar y por lo tanto estas mujeres renuncian a la sexualidad.
b. *Deterioro de la relación matrimonial.* Este aspecto influye en la monotonía de la relación sexual y en los problemas de la comunicación, muchas veces es consecuencia de la historia y origen de la vida de pareja la cual no siempre fue de respeto y apoyo sino de dominio, temor y falsas expectativas.
c. *Salud.* Las enfermedades crónico-degenerativas y diversas y numerosas enfermedades mentales (incluida la depresión) pueden influir negativamente en la sexualidad en la tercera edad. Toda enfermedad debilitante que afecte la estructura psíquica, por diferentes mecanismos, puede afectar toda actividad sexual. La diabetes mellitus es el principal ejemplo de enfermedad crónica que puede afectar las relaciones sexuales en el anciano. La artrosis, sobre todo en la mujer, puede dificultar la realización del acto sexual.
d. *Fastidio sexual.* Es muy común que la pauta sexual de la pareja sea impuesta por el hombre y termine cansando a la mujer a lo largo del tiempo, sobre todo si no hay satisfacción para ella, y se da el

caso de que la mujer pueda quedar por debajo de sus deseos o aceptar la actividad sin deseo, para mantenerse a tono con su pareja.
e. *Condiciones domésticas.* Es muy frecuente en nuestro país, y otros de América Latina, que coincidan tres generaciones habitando la misma casa y generalmente los ancianos tienen que compartir su habitación con otra persona, generalmente los nietos, pues no se piensa que ellos necesitan privacidad.
f. *Jubilación.* Este cambio en el rol social y la preocupación derivada de él actúan de forma negativa en las relaciones sexuales del anciano; cuando no se está preparado para afrontarlo se generaliza a cambios en la familia y la relación de pareja.
g. *Restricciones de acceso al tiempo libre.* Tener actividades de recreación y tiempo libre facilita la creación de vínculos sociales que posibilitan el reencuentro con la pareja o una pareja nueva, el tiempo libre permite la posibilidad de una nueva experiencia amistosa que puede derivar en una relación íntima. Carecer de este recurso recreativo disminuye las relaciones sociales positivas.

Hay que tomar en cuenta que el envejecimiento en sí mismo al ser un proceso fisiológico, no se le considera una enfermedad. Mientras más se cuide un individuo en su juventud, cuanto menos beba, fume o consuma medicamentos, cuanto menos kilos tenga y más ejercicio y actividad física haya efectuado, sin llegar a la fatiga, tendría mayor posibilidad de vivir sin problemas serios de salud, si a esto se agrega haber tenido un ejercicio gozoso e intenso del erotismo, llegará a la vejez con una funcionalidad saludable genito-sexual.

Las personas de la tercera edad, con relativa buena salud y que disfruten las relaciones sexuales, son capaces de mantener un comportamiento sexual saludable. Esta posibilidad depende de la vida pasada y de la actitud con respecto a la ancianidad en su conjunto y en particular de sus propias creencias y representación social que tengan de sí mismas.

Es común pensar que en la vejez, existe mayor experiencia sexual, mayor entendimiento en la interacción con la pareja, mayor ternura y sabiduría, pero la experiencia clínica no valida estas ideas. No siempre se envejece con sabiduría, y la ternura solamente se da si así ha sido la relación de pareja a lo largo de la vida, quienes trabajamos estos temas debemos tomar muy en cuenta que aquellas ideas de una buena vejez no siempre tienen sustento. En esta etapa de la vida se agudizan los juicios que se hacen de la realidad personal, se toma mayor conciencia de lo que puede y no puede hacerse con el sexo; el erotismo está vigorizado en comparación con el acto sexual propiamente dicho, con una mayor consolidación de la pareja si es que la relación era funcional desde antes. Al desaparecer los intereses o las preocupaciones reproductivas, la sexualidad en la vejez se orienta básicamente a dar y recibir placer, pero también se pueden arraigar formas de comportamiento sexual no funcionales, y en el caso del proceso de envejecimiento esto debe ser considerado como indicadores de un estado psicológico que trataremos más adelante.

La intervención psicológica en cuestiones sexuales de la vejez, y de pareja, requiere que el psicólogo, y psicogerontólogo, aborde los presupuestos e ideas anticipadas e idealizadas de la vida de los ancianos en general. El psicólogo como profesional de la salud, puede contribuir de forma eficaz a la eliminación de tabúes y prejuicios sobre la sexualidad y la vejez, mejorar la calidad de vida de los ancianos y lograr que estas personas estén en condiciones de asumir, a lo largo de toda su vida, su sexualidad de una manera enriquecedora, placentera y responsable; de lograr una relación entre adultos ajena a la idea que se tenía del sexo en la juventud, de desarrollar una autoimagen positiva para sustentar su autoestima y autonomía, asumiéndose en la originalidad de su identidad de género; de poder vivenciar su sexualidad distinguiendo la función reproductiva del placer; pero también de desarrollar la capacidad de sentir, gozar, amar y ser amado. Pero también hay que educar a la familia para que respete, comprenda y apoye la sexualidad de las personas ancianas. De forma general, en este grupo de edad predominan los que tienen pareja estable. Los solteros se comportan casi igual en ambos sexos, pero el divorcio y la viudez, predominan en el sexo femenino.

En nuestro medio por lo general los hombres hablan con menos tabúes sobre este tema pues, aún después de la viudez o el divorcio, buscan mantener su vida sexual activa. Generalmente, cuando una mujer enviuda o se divorcia en esta etapa de la vida, se retrae y se resiste a buscar una nueva pareja, por ideas estereotipadas subestiman sus posibilidades y crean una barrera psicológica fundamentada en factores físicos, como la pérdida de determinadas capacidades, flexibilidad, estética y juicios sociales.

La actividad sexual en la vejez depende en gran medida de la existencia de un compañero, pero también de la aceptación y ejercicio del propio erotismo. Insisto, la tercera edad (o vejez, ancianidad, ser adulto mayor) no es sinónimo de incapacidad sexual, la energía sexual no desaparece con la edad, sólo cambia la intensidad de su respuesta y sigue siendo placentera.

Diversos estudios muestran que la frecuencia aproximada de las relaciones sexuales, según el sexo de los que refieren tener vida sexual activa, muestra que la mayoría plantean realizarla en una frecuencia mensual, seguidos por los que plantean realizarla de forma quincenal.

Realmente no es tan relevante la frecuencia de las relaciones sexuales, pues ella depende de las posibilidades, necesidades y gustos de cada pareja, lo más importante es la fuente de bienestar, placer y felicidad que proporcionan los encuentros sexuales para percibir una mejor calidad de vida de los ancianos.

Lorenzo (2003) encontró que al analizar la opinión de los ancianos sobre las relaciones sexuales, 37 de sus encuestados plantean que son buenas y saludables para el organismo, si hay deseos por ambos miembros de la pareja; 11 plantean que son normales. Estas respuestas positivas representan el 53,4 % del total. El resto brinda respuestas negativas tales como, que las relaciones sexuales en esta etapa de la vida no son necesarias, que deben cesar al avanzar la edad, pues no causan placer, algunos casos refieren que son dañinas para la salud e incluso hay quien refirió que resultan ridículas. En este estudio sobre opinión de los ancianos acerca de las relaciones sexuales se encontró que las principales ideas son:

1. Deben cesar al avanzar la edad, si no afectan la salud
2. Son innecesarias
3. Son inadecuadas a esa edad
4. Son buenas y saludables, si ambos desean
5. Son por gusto, no hay deseo ni placer
6. Son perjudiciales para la salud
7. Son ridículas
8. Son normales
9. Desgastan y dañan la salud

Estos resultados coinciden con otros donde la mayoría de los ancianos ven el sexo como un hecho bochornoso y ridículo, tal como algunas falsas concepciones de los más jóvenes, acerca de las relaciones sexuales durante la tercera edad. Aquí aparece el "viejismo" como una actitud comparable al "racismo", se aprende desde la infancia y la persona crece y asume como naturales algunas ideas que no siempre corresponden con la realidad de la vejez y terminan por convertirse en destinatario de sus propios prejuicios.

El logro de satisfacción sexual en ancianos está íntimamente relacionado con el modo y estilo de vida de una región geográfica en particular (características de la sexualidad, costumbres, vivencias, etcétera) y un grupo de variables como edad, sexo, estado conyugal, conocimiento sobre sexualidad, antecedentes de crisis familiares, satisfacción sexual, frecuencia del coito y forma de ejercer la sexualidad. Como formas de satisfacción sexual se consideran el coito sin eyaculación, juegos sexuales, coito con eyaculación u otro tipo, y se suele relacionarlas con el logro de satisfacción sexual según edad, sexo, enfermedades crónicas y tipo de actividad sexual.

En diversos estudios se ha encontrado que la satisfacción sexual está relacionada con la idiosincrasia de la población de estudio y sus características socioculturales, ésta varía en dependencia del área geográfica de residencia, la bibliografía también lo relacionan con variables como edad, sexo, conocimiento sobre sexualidad, asociación de enfermedades, en el caso del sexo femenino se plantea que experimentan satisfacción sexual con juegos y caricias sexuales, lo cual es más frecuente en hombres que residen en áreas geográficas urbanas.

En conjunto, la información de Lorenzo (2003) y de otras investigaciones han permitido concluir que:

1. La mayoría de los ancianos se encuentran en las edades comprendidas entre 60 y más de 70 años predominando el sexo femenino.
2. En ambos sexos predominan los que tienen pareja estable, seguidos de la viudez, siendo ésta más representativa en el sexo femenino.
3. En cuanto a ocupación el mayor número de hombres correspondió a jubilados y las mujeres a amas de casa.
4. La mayoría de las familias donde conviven los ancianos están clasificadas como extensas.
5. La mayoría de la muestra estudiada refiere falta de privacidad para las relaciones sexuales.
6. En cuanto al funcionamiento de la familia se constata que existe un predominio de las familias con alteraciones en la dinámica.

7. En su mayoría los ancianos clasifican sus relaciones afectivas con la pareja como regulares.
8. Más de la mitad de los ancianos de la muestra refieren tener relaciones sexuales activas, predominando en el sexo masculino.
9. En cuanto a la frecuencia de relaciones sexuales predomina la mensual seguida de la quincenal.
10. La opinión predominante sobre las relaciones sexuales en la vejez es que son agradables y normales si ambos miembros de la pareja lo desean.
11. La información que reciben nuestros pacientes de la tercera edad sobre sexualidad es deficiente.

Llama la atención que el principal interés en la sexualidad del adulto mayor se ha reducido a información de tipo estadístico. También es necesario conocer cómo se ha descubierto la sexualidad personal, es necesario saber de qué manera se fueron asumiendo compromisos y decisiones que permitieron un envejecer saludable, y cuáles fueron los motivos de fricciones y malestares por cuestiones sexuales en la pareja. No confundamos los datos con la vivencia personal, ni dejemos que la intimidad se pierda entre gráficas y porcentajes.

Capítulo **2**

Modelos y mitos de la sexualidad de la persona adulta mayor

La mayor parte de las culturas tienen normas sociales sobre la sexualidad. Por ejemplo, muchas culturas definen la norma sexual como una sexualidad que consiste únicamente en actos sexuales entre un hombre y una mujer casados. Los tabúes sociales o religiosos pueden condicionar considerablemente el desarrollo de una sexualidad sana desde el punto de vista psicológico.

Durante siglos se consideró que la sexualidad en los animales y en los hombres era básicamente de tipo instintivo. En esta creencia se basaron las teorías para fijar las formas no naturales de la sexualidad, entre las que se incluían todas aquellas prácticas no dirigidas a la procreación, pero una revisión de los avances en comportamiento sexual de los animales muestra que hay diversas formas de comportamiento sexual que incluye relaciones homosexuales, violencia sexual y diversas formas de seducción sexual. Esto abre nuevas opciones para el estudio del comportamiento sexual en los humanos y obliga a revisar muchas de las ideas que se tienen al respecto.

Expresiones y desarrollo del comportamiento sexual

Podemos definir la identidad sexual como la conciencia propia y definida de pertenecer a un sexo u otro, ser varón o mujer, esta definición implica multitud de factores entre los que podemos destacar el psicológico, social y biológico. La identidad sexual suele intentar diferenciarse de la orientación sexual, en la que pueden darse individuos heterosexuales, homosexuales, bisexuales y asexuales. De igual manera que la orientación sexual, la identidad sexual no se puede elegir pues se encuentra condicionada por factores biológicos que marcan muchas de las formas de comportamiento, lo psicológico y social suelen ser factores moduladores de lo biológico pero no pueden eliminarlo.

En el límite de las formas ampliamente aceptadas de conductas sexuales se encuentran las llamadas *expresiones del comportamiento sexual* como masturbación y homosexualidad, que hasta hace poco tiempo todavía eran consideradas parafilias o perversiones de personas degeneradas, o moralmente degradadas en gran parte por la influencia religiosa en la sociedad. La evolución en los usos y costumbres y el ensanchamiento del margen de tolerancia ha hecho que estas conductas se admitan como válidas en el marco de los derechos hacia una sexualidad libre y un comportamiento sexual saludable. Sólo en los casos de malestar o de conflicto del propio individuo con sus tendencias, o en aquellos en los que se pone en riesgo la integridad física y moral de terceros, podemos hablar de trastornos sexuales y en estos casos se encuentra la necesidad de tratamiento psicoterapéutico e incluso farmacológico.

Hoy en día el hombre está pagando el precio que la cultura ha promovido de su sexualidad a lo largo de la historia, y la mujer está asumiendo una responsabilidad que antes le era negada. La aparición de la dificultad para alcanzar y mantener la erección, puede conducir a que la persona crea que se trata de un cuadro de impotencia, reafirmándose a sentimientos de pérdida que se asumen "propios de la edad". La comparación falta de erección = fracaso sexual está basada en el nexo culturalmente establecido de sexualidad = genitalidad. En la vejez se materializa con mayor claridad la cultura que se ha recibido y que se expresa en los estilos de vida, muchos de los cuales hoy sabemos que no son los mejores ni los más realistas.

La valoración sociocultural dada a los cambios biológicos constituye el más duro obstáculo en la vida íntima y cotidiana de las personas mayores. El problema no radica en los cambios fisiológicos normales sino en el significado sociocultural por las inhibiciones y restricciones a las que conduce.

El sentir de los ancianos está socialmente programado. Desde lo comunitario se dictamina que los ancianos ya no son capaces de enamorarse, de apasionarse y se espera de ellos que busquen más afecto que placer en las relaciones, que busquen y necesiten un compañero y no un amante, incluso que lo que necesitan es confianza y no intimidad.

La imagen corporal está afectada por la norma social. Formamos parte de una cultura en la que se pondera un modelo estético que premia o descalifica, según el grado de concordancia con los parámetros establecidos. Se privilegia la apariencia por sobre los otros valores, la solidaridad y la comunicación con el otro. La percepción de que la autoimagen no es la esperada, produce una desilusión y supone la decepción por parte de la mirada del otro, favoreciendo así el aislamiento y la construcción de una autoestima baja.

La sexualidad para las ancianas está condicionada y casi siempre determinada (como en todas las etapas) por el género.

Entendiendo la sexualidad de la mujer anciana

Una de las principales causas de las situaciones de la sexualidad en la mujer anciana, es *la desinformación sexual*, que viene aparejada a las falsas creencias y mitos sexuales, y a la predestinación social del género que lleva a la ignorancia de algunas mujeres sobre la propia sexualidad. Otras causas de carácter objetivo y subjetivo al mismo tiempo son la menopausia y el climaterio (hechos biológicos reales, y la interpretación subjetiva de ellos, su significado sobre la base de lo que se conoce o desconoce de éstos, creencias que se tienen más que información), la renuncia a otras oportunidades, la soledad, el rol de súper abuela, el rol de cuidadora, la viudez, el divorcio, el abuso sexual, la mala calidad en las relaciones sexuales, falta de apoyo familiar, desconocimiento del propio cuerpo y genitales, un contexto poco propicio y varios más.

Algunas limitaciones que afectan de forma particular a las mujeres ancianas son:

- El número de mujeres viejas es mucho mayor que el de los hombres, por lo cual, en esta etapa hay muchas más ancianas que ancianos sin parejas.
- La sexualidad está legal y formalmente asociada al matrimonio, esta asociación se manifiesta con más fuerza para las mujeres que para los hombres (es menos probable que las ancianas tengan actividad sexual sin estar casadas, el número de viudas es mayor que el de viudos y las posibilidades de que una mujer vieja encuentre pareja y se vuelva a casar son menores).
- Los convencionalismos sociales sobre la edad de los esposos, también desfavorecen a la mujer anciana.

- Las adultas mayores, por lo general están más desvinculadas socialmente, por lo cual se reducen las oportunidades para conocer nuevas personas y establecer nuevas relaciones.
- Las ancianas sufren más las consecuencias negativas del modelo de belleza dominante.
- La moral sexual es más rígida con las mujeres.

Autores como Lorenzo (2008) y Larocca (s.f.) señalan que las causas fundamentales de los cambios sexuales en las ancianas lo constituye la disminución de los estrógenos y la falta de pareja, pero a pesar de los cambios, la capacidad de disfrutar de la vida sexual no disminuye y la mujer conserva su potencialidad multiorgásmica durante toda la vida. En relación con la respuesta sexual humana femenina en la vejez, aspectos como la lubricación y elasticidad vaginales, las sensaciones orgásmicas y el deseo sexual, comportan modificaciones. Lo que sí está demostrado es que, procesos como la menopausia y el climaterio, no constituyen el fin de la vida sexual activa. El envejecimiento sexual es extremadamente lento y gradual y siempre permite ajustarse a una forma de relación sexual distinta, quizás menos intensa si se compara con otras etapas de la vida, pero no por ello menos gratificante.

Las investigaciones sobre sexualidad, y la experiencia clínica así lo validan, indican que las ancianas y los ancianos se perciben deseables y capaces de asumir una sexualidad natural, correspondida y saludable.

Debemos tener cuidado de asumir como hechos algunas formas de pensar respecto a la sexualidad en la vejez, sobre todo en el caso de la mujer. Cuando se dice que las ancianas permanecen interesadas en el sexo hay que aclarar desde dónde se realiza semejante afirmación. No he podido localizar literatura seria que aborde este aspecto con claridad, pero a lo largo de más de veinticinco años de trabajar el tema aparece un patrón regular y es el de que dicho interés se da en quienes han tenido una relación satisfactoria con su pareja, o sus parejas. Es decir, el interés se da y conserva en aquellos casos en los cuales no hay historia de violencia, infidelidad, reclamo o mala salud.

La actividad sexual es posible en las últimas décadas de la vida y en ambos sexos, se reconoce como atractivos y sexualmente deseados por otros. La sexualidad activa contribuye al bienestar de los ancianos. La expresión sexual saludable en la vejez es un signo de salud mental y es un elemento presente e importante en la calidad de vida de las ancianas y los ancianos. En resumen podemos decir que:

- La sexualidad humana se halla profundamente condicionada por el contexto histórico y sociocultural en el cual se desarrollan las personas, y su expresión individual existe en relación con ello, de ahí los prejuicios, estereotipos y tabúes en relación con la sexualidad en la vejez.
- En el modelo de sexualidad heterosexual-reproductivo-matrimonial-juvenil promovido por la cultura occidental, las viejas y los viejos no tienen cabida.
- El desarrollo y vivencia de la sexualidad en las mujeres viejas afronta mayores dificultades que en el caso de los viejos, dadas las representaciones existentes sobre vejez, género y sexualidad.
- Las viejas y los viejos se sienten queridos y deseables sexualmente por otros, incluso más jóvenes.
- Ser viejas no implica renunciar a la sexualidad activa por imposibilidad biológica; lo que existen son cambios en el modo de vivir la sexualidad desde lo biológico, lo psicológico y lo social.
- La desinformación sexual en la mujer juega un papel importante en cómo se vive la sexualidad en la vejez.
- Los profesionales de la salud rara vez orientan a las personas ancianas en cómo poder experimentar una sexualidad saludable.

Según Herrera (2003) estamos muy conscientes de la importancia que tiene la salud sexual, tanto en lo mental como en lo físico, para nuestra sensación de bienestar y nuestra capacidad de participar en los dos aspectos más importantes y significativos de la vida humana: capaz de trabajar y de amar. En términos de salud mental es urgente comprender con claridad los aspectos biológicos, psicosociales y conductuales de la sexualidad en cada etapa de la existencia humana.

Nuestra incapacidad de ocuparnos de nuestra propia sexualidad en forma coherente y organizada es el reflejo de la confusión general que existe en nuestra sociedad sobre los aspectos sexuales.

En nuestra sociedad existe un escaso conocimiento sobre este tema, incluso dentro de los profesionales de la salud. Las creencias y conceptos erróneos se manifiestan aun en las historias clínicas donde no se recogen datos sobre la actividad sexual. Esto se explica erróneamente por el supuesto de que los ancianos son sexualmente inactivos, y también debido a la incomodidad de formular las preguntas o el temor de no poder responder adecuadamente a las dudas que plantee el paciente mayor en este tema.

Desde hace algunos años estamos asistiendo a un proceso de transición demográfica que obligadamente se debe acompañar de un proceso de revisión de la "cultura del envejecimiento", donde se incluye también la variable de la sexualidad. Estamos con mitos y estereotipos sexuales de los ancianos basados en la presentación, la eficiencia y la capacidad de identificarse con un joven con prodigiosas capacidades sexuales. Pareciera que entre estos dos extremos, la sexualidad negada o la sexualidad impuesta no pudiera existir una imagen sexual en la que los componentes físicos, psicológicos y sociales se combinaran de forma pertinente para crear una modalidad sexual específica que acompañe esta etapa de la vida.

Herrera (2003) retoma la definición de Salud Sexual Geriátrica como la expresión psicológica de emociones y compromiso que requiere la mayor cantidad y calidad de comunicación entre compañeros, en una relación de confianza, amor, compartir y placer, con o sin coito.

Así en la vejez el concepto de sexualidad se basa fundamentalmente en una optimización de la *calidad* de la relación, más que en la cantidad de ésta. Este concepto se debe entender en forma amplia, integrando en él el papel que juega la personalidad, el género, la intimidad, los pensamientos, sentimientos, valores, afinidades, intereses, etcétera. El proceso de envejecimiento da lugar a una mayor fragilidad orgánica, a un aumento de la vulnerabilidad frente a las enfermedades y en general a cualquier tipo de agresión.

El proceso de envejecer se caracteriza por ser la única edad que no introduce a otro ciclo de la vida y por ser el momento más dramático de la existencia como la etapa de "las pérdidas" y de "los temores". Pérdidas de todo tipo que se producen en esta etapa de la vida como son la del papel productivo, de capacidad laboral, posibilidad de perder la pareja, los amigos, los hijos, disminución de eficiencia física y de la independencia psicológica. De temores como pueden ser a la soledad, al aislamiento, a la incomprensión, a la falta de recursos económicos, a la discapacidad, a la fragilidad, a la dependencia entre otros.

Todos los prejuicios sociales castigan al anciano, privándolo de su derecho a mantener su actividad sexual satisfactoria. Esto, sumado a los cambios producidos por el envejecimiento en la sexualidad y a la dificultad o falta de interés por estudiarla, hacen que parezca hasta "improcedente" plantear siquiera la posibilidad que los ancianos vivan su propia vida sexuada.

Retomando lo anterior, tenemos que valorar las iniciativas de las personas ancianas para buscar una nueva relación, y también debemos estudiar más el proceso de enamoramiento, en el que se llegan a encontrar, pues la forma de enamoramiento también cambia con la edad.

Sección II

Comportamiento sexual y salud en la vejez

Capítulo **3**

Salud y comportamiento sexual en la vejez. Demencias, diabetes e hipertensión

La diabetes se ha convertido en uno de los principales padecimientos en el mundo que es motivo de fuertes costos en atención a la salud. Pero, dado que la persona puede vivir muchos años con este padecimiento, se requiere que las personas ancianas diabéticas sean atendidas en lo posible por un equipo interdisciplinario. Los psicólogos debemos descartar cualquier factor de origen médico antes de proponer estrategias de atención, y los médicos deben comprender que los problemas emocionales de los pacientes diabéticos no siempre se atienden únicamente con medicamentos. En el tema de lo sexual se debe poner a prueba la capacidad sensorial de los entrevistados mayores, ya que la capacidad de ver, oler, degustar, escuchar y tocar son factores determinantes para tener y disfrutar de las relaciones sexuales. De hecho las alteraciones sensoriales comprometen toda conducta.

Existen investigaciones que ya se han realizado en América Latina (Cutipa y Schneider, 2005; Hernández, 2004; Orihuela de la Cal, Gómez y Fumero, 2001) con resultados más o menos consistentes en cuanto a los porcentajes reportados, entre los que se encuentran los siguientes:

- La actividad sexual con una pareja durante el último año fue reportada por el 73% de las personas de entre 57 y 64 años; por el 53% de las que tienen entre 64 y 75 y por el 26% de las que tienen entre 75 y 85 años. Los más activos dijeron que lo hacían dos o tres veces al mes, incluso más.
- Las mujeres de todas las edades suelen ser menos activas sexualmente que los hombres. Sin embargo, ello se debía a que varias no tenían pareja, siendo incluso viudas.

- Las personas con excelente o buena salud son casi dos veces más propensos a tener actividad sexual que quienes tienen problemas o se encuentran sólo razonablemente bien.
- La mitad de las personas activamente sexuales informaron de algunos problemas comunes. En el caso de los hombres fue la disfunción eréctil (37%), en las mujeres la falta de deseo (43%), la resequedad vaginal (39%) y la incapacidad de llegar al orgasmo (34%).
- Uno de cada siete hombres empleó medicamentos para mejorar el goce sexual.
- Solamente el 22% de las mujeres y el 38% de los hombres hablaban de sexo con sus médicos desde los 50 años.

Estos resultados proporcionan un margen de referencia dentro del cual podremos movernos para sugerir o plantear opciones de atención y estrategias de intervención, pero deberemos tener más cuidado si trabajamos con población anciana rural o semirrural, pues sus referentes culturales difieren en comparación con los ancianos de medios urbanos.

Sexualidad y diabetes: la sexualidad masculina

Para Saz (2004a) la diabetes, sobre todo si se trata de una diabetes con un deficiente control glucémico mantenido durante años, puede dar lugar a alteraciones vasculares y nerviosas que, si afectan a vasos y nervios del área genital, generan problemas en la vida sexual de algunos hombres.

Este tipo de situaciones o problemas se denominan "disfunciones sexuales masculinas", e incluyen alteraciones de la erección, de eyaculación, del orgasmo, de sensibilidad e incluso en el deseo sexual.

En muchas ocasiones la diabetes, y su diagnóstico, puede suponer una situación de angustia, inseguridad, infravaloración y miedo al fracaso, que producir una disfunción sexual, pero cuando se asocia a factores físicos incrementan de manera considerable todos estos problemas y otros más.

Todas las disfunciones sexuales que aparecen en un diabético no deben ser atribuidas exclusivamente a la diabetes, ya que existen muchas otras causas que pueden originar y dar lugar a disfunciones sexuales masculinas y que no tienen nada que ver con dicho padecimiento, y que también pueden aparecer en los hombres diabéticos, como en cualquier otro, sumándose esos factores de riesgo a la propia diabetes.

La disfunción eréctil o "impotencia"

Según Saz (2004a) la disfunción sexual más frecuente en hombres con diabetes es la disfunción eréctil o "impotencia" y consiste en la dificultad o imposibilidad permanente y repetida (no esporádica) de lograr una erección que permita al hombre mantener relaciones sexuales satisfactorias. Se trata de una situación que afecta, en mayor o menor medida al 50% de los varones entre los 40 y los 70 años, independientemente de que sean diabéticos o no.

Razón de la impotencia

Para que se produzca la erección, el pene tiene los llamados cuerpos cavernosos, estructuras esponjosas situadas encima de la uretra a lo largo de todo el pene. Cuando se produce una estimulación sexual, los músculos de los cuerpos cavernosos se relajan y permiten la entrada de sangre hacia éstos, llenándolos y haciendo que el pene se expanda y aumente de tamaño, comprimiendo las venas, lo que impide que la sangre salga, produciéndose la erección. La impotencia se puede producir por alteraciones en cualquiera de los pasos que dan lugar a la erección:

- Alteración en los nervios y la sensibilidad del pene.
- Bloqueo de las arterias que no permite la llegada de suficiente flujo sanguíneo.
- Incapacidad para retener y almacenar la sangre.

Entre las causas que pueden originar alguna de estas alteraciones se encuentran enfermedades crónicas y degenerativas como diabetes, enfermedades renales, alcoholismo crónico, enfermedades vasculares, cirugía de la próstata; el uso de determinados medicamentos (antidepresivos, tranquilizantes, pastillas para adelgazar, antihistamínicos); hábitos nocivos como fumar ya que afecta a la circulación sanguínea; consumo excesivo de alcohol, uso de drogas y trastornos hormonales.

En otro orden de causas encontramos los factores psicológicos, causantes del 10 - 20 % de los casos de impotencia, entre los que destacan estrés, ansiedad, sentimientos de culpa, depresión, baja autoestima y el miedo a fallar. Estos sentimientos y temores se pueden ver incrementados en el hombre diabético por el miedo a sufrir una hipoglucemia.

Para poder atender esto es preciso insistir en que es necesario evitar encerrarse en uno mismo, callarlo y ocultarlo. En primer lugar se requiere hablar con la pareja y no dejarse vencer por la situación, no dejarse abatir por la idea de que se es un "inútil" que "no sirve para nada". La comunicación con la pareja y una actitud positiva pueden marcar una gran diferencia en la vida sexual.

Hay que hablar con el médico, éste podrá remitir a un especialista o bien determinar cuál es el tratamiento más adecuado para resolver el problema, ya que actualmente existe una gran variedad de opciones de tratamiento, que dependerán de la causa de la impotencia y de la lesión existente en ese momento. Pero los propios médicos deberán aprender a explorar este aspecto con confianza y seguridad.

Actualmente las alternativas terapéuticas consisten en una, o más, de las siguientes posibilidades:

- Psicoterapia o terapia conductual.
- Tratamiento hormonal con testosterona.
- Terapia intrauretral o de inyecciones de prostaglandinas.
- Dispositivo de aspiración al vacío.
- Cirugía para reconstruir las arterias dañadas.
- Implantes peneanos (inflables o maleables).

Es importante señalar que una buena parte de la solución de los problemas sexuales también requiere el desarrollo de habilidades sexuales que implican estrategias para relajarse con naturalidad, desarrollar la sensibilidad y aprender habilidades sociales y asertivas para comunicarse con claridad con la pareja.

Otras disfunciones sexuales

Los hombres, con o sin diabetes, pueden presentar otras disfunciones sexuales tales como:

- Eyaculación precoz, alcanzando rápidamente la excitación y originando unas relaciones cortas en el tiempo e insatisfactorias para la pareja.
- Eyaculación retardada, con retraso en la consecución del orgasmo y relaciones insatisfactorias.
- Anorgasmia o ausencia de placer durante el orgasmo. Dificultad para alcanzar el orgasmo.

Puede suceder ante la existencia de una avanzada neuropatía vegetativa, aunque es mucho más frecuente que sea debido a problemas de tipo obsesivo y angustioso.

- Dispareunia o coito doloroso. Generalmente causado por un rechazo a mantener relaciones, ocasionado por sentimientos de inseguridad y baja autoestima, o también por una profunda alteración en la sensibilidad del sistema nervioso.

Es importante mantener el mejor control posible de la diabetes como prevención de las disfunciones sexuales, y no caer en el error de esconder la cabeza pensando: "Yo no tengo problemas". Los niveles altos de glucemia pueden ir dañando los nervios y vasos sanguíneos, pudiendo afectar y alterar la actividad sexual de la persona.

La existencia o aparición de alguna disfunción sexual puede tener consecuencias psicológicas negativas, que agravan aún más la problemática.

Las disfunciones sexuales son situaciones que se presentan con mucha frecuencia. Ante la presencia de cualquier tipo de disfunción sexual se hace necesario tratar el tema abiertamente, con la pareja y consultar con el médico. Él es el más capacitado para indicar el tratamiento más adecuado.

Es muy importante recordar que, con los tratamientos que existen en la actualidad, se puede solucionar cualquier problema de disfunción sexual, permitiendo disfrutar de una vida sexual más placentera sobre todo si se detectan tempranamente.

Sexualidad y diabetes: sexualidad femenina

En el caso de las mujeres Saz (2004b) plantea que mientras que existen abundantes estudios e información sobre la sexualidad masculina y los problemas sexuales de la mujer con diabetes, la sexualidad femenina es mucho más desconocida, y es escaso el conocimiento sobre la misma y la repercusión de la diabetes sobre su sexualidad.

Para intentar conocer un poco más las repercusiones que la diabetes puede tener en la vida sexual de la diabética, es preciso conocer cómo se produce la respuesta sexual en la mujer. En esta respuesta se pueden establecer cuatro fases, cualquiera de las cuales se puede ver alterada modificando la vida sexual de la mujer. Estas fases son deseo, excitación, orgasmo y culminación.

Se concibe por *deseo*, o libido, el interés por el sexo, entendido como la frecuencia con que se sienten ganas de tener relaciones y no como la frecuencia con que se tienen. El deseo desencadena las demás fases, de manera que mantener relaciones si no existe ese deseo puede afectar negativamente al resto de las fases de la respuesta sexual.

Las primeras sensaciones de placer físico son el comienzo de la fase de *excitación*. En ella se produce la expansión y lubricación de la vagina. El nivel de excitación aumenta hasta llegar al *orgasmo*, y tras él todos los cambios que han tenido lugar durante la excitación sexual se recuperan y todo vuelve a la normalidad, apareciendo una sensación de satisfacción y relajación. Esta es la fase de *culminación* y si no se consigue el orgasmo, la fase de culminación se alcanza de forma más gradual y más lentamente.

Diabetes y problemas sexuales en la mujer

Para Saz (2004b) a pesar de que no hay constancia documentada de que las mujeres con diabetes sean más susceptibles a presentar problemas sexuales, en comparación con las mujeres sin diabetes, no significa que no puedan padecer estos problemas, de manera que se puede decir que, en algunos casos, la aparición de alguno de estos problemas puede estar relacionada directamente con la existencia de diabetes.

Entre los problemas que pueden guardar relación con la diabetes pueden destacar, por frecuencia y por ser los más comunes en la mujer, los siguientes:

a) Disminución o ausencia de la libido o del deseo

El deseo es la primera fase de la respuesta sexual y la que pone en marcha esa respuesta. En la mujer con diabetes el deseo puede estar disminuido, bien por motivos psicológicos (angustia, ansiedad, sentimiento de inferioridad, vergüenza, baja autoestima), bien por la existencia de relaciones insatisfactorias, motivadas, en ocasiones, por causas relacionadas con la diabetes, y que hacen que aparezcan con más frecuencia en mujeres diabéticas, como pueden ser las dificultades para alcanzar el orgasmo, debido a alteraciones de la sensibilidad, y que hacen que la mujer vaya perdiendo interés por las relaciones; infecciones; disminución de la lubricación, que da lugar a relaciones molestas, e incluso dolorosas, que hacen que la mujer llegue a rechazar las relaciones. También puede haber una disminución del deseo sexual por falta de equilibrio en su estado general de salud tales como vértigo, problemas de presión y otros.

b) Lubricación insuficiente

Es el problema sexual más frecuente en la mujer con diabetes, y consiste en la disminución de la lubricación vaginal, junto con una falta de expansión vaginal, es decir, existe una falta de preparación al acto sexual. El resultado son unas relaciones dolorosas e irritación durante las mismas, que pueden llegar a acarrear una disminución de la libido, e incluso al rechazo a las relaciones sexuales.

En este problema sí puede jugar un papel importante la diabetes, ya que, junto a alteraciones vasculares y de disminución de la elasticidad vaginal, la existencia y permanencia de hiperglucemia tiene como consecuencia una mayor sequedad y deshidratación, y una dificultad para la lubricación vaginal.

c) Vaginismo

Consiste en la existencia de contracciones vaginales dolorosas, debidas a un aumento de la sensibilidad vaginal, algunas veces secundaria a la existencia de una neuropatía sensitiva, aunque la mayoría de las ocasiones es debida a una falta de lubricación. La existencia de vaginismo tiene como consecuencia la aparición de un coito poco gratificante, que puede llevar a una aversión hacia el acto sexual por resultar doloroso.

d) Incapacidad para alcanzar el orgasmo

Aproximadamente un tercio de las mujeres, con o sin diabetes, no pueden alcanzar el orgasmo durante las relaciones sexuales si no se acompañan de una estimulación directa en el clítoris. Ahora bien, aunque la diabetes no tiene por qué afectar la consecución del orgasmo, sí es cierto que, algún problema durante la fase de excitación, como la falta de lubricación, que sí está relacionada con la diabetes, puede causar molestias y dolor pudiendo hacer que disminuya la respuesta orgásmica. La incapacidad para alcanzar el orgasmo puede ser también motivada por una disminución o falta de deseo, que a su vez puede estar ocasionada por la existencia de relaciones insatisfactorias, molestas o dolorosas; pero en la que también puede tener un papel determinante el control de la glucemia, ya que los niveles de glucosa elevados pueden ocasionar sensación de cansancio, lo que originará una disminución del deseo.

e) Infecciones vaginales

El mantenimiento de unos niveles de glucosa elevados suponen un mayor riesgo y frecuencia de infecciones vaginales, que pueden producir incomodidad a la mujer, y una sensación de "suciedad"; sensaciones que se ven favorecidas por el hecho de que las infecciones vaginales producen un olor desagradable. Todo ello hace que la mujer rechace y evite la actividad sexual.

Saz también menciona que es preciso señalar que la avalancha de productos de higiene femenina, y la publicidad de éstos, parecen haber avivado el mito de la "suciedad de los genitales femeninos", y parece olvidarse que unos genitales saludables no requieren más atención, para mantenerlos limpios, que una apropiada higiene, sin necesidad del uso de productos especiales.

f) Hipoglucemia

Muchas mujeres se preocupan ante la posibilidad de una hipoglucemia durante las relaciones sexuales, temiendo la reacción de su pareja, y también ante la posibilidad de confundir los síntomas de la hipoglucemia con las manifestaciones de la excitación. Este temor puede llevar a la mujer a evitar las relaciones o a intentar mantener cifras elevadas de glucosa, para evitar las hipoglucemias.

Es preciso tener en cuenta que, a pesar de todo lo que se ha dicho y escrito, la actividad sexual no reduce los niveles de glucosa de manera significativa, por lo que no es una gran causante de hipoglucemias.

Aspectos psicológicos de la diabetes y sexualidad

La sexualidad va más allá del acto sexual, es una parte integrante de la personalidad, en el hombre y en la mujer. Pero, al contrario de lo que ocurre en el hombre, el componente físico es la parte menos importante de la sexualidad femenina, por lo que los factores psicológicos, de cómo vive la mujer su diabetes y cómo adapta la diabetes a su vida, van a afectar su sexualidad de forma significativa.

Para muchas personas, el estrés del diagnóstico de la diabetes, y el sentimiento de inseguridad y de incapacidad para realizar correctamente todo lo que la diabetes le supone, en su tratamiento y control, puede crear sentimientos de rabia, depresión, ansiedad y angustia; estos sentimientos pueden condicionar la relación con el resto de las personas, incluyendo la pareja.

La diabetes puede tener repercusión en la autoestima y en la imagen personal, dando lugar a sentimientos de inseguridad, de sentirse "diferente", de haber "perdido interés para los demás", de haber perdido "la capacidad de seducir", y todo ello lleva a que la mujer trate de evitar cualquier relación amorosa que implique intimidad. Algunas mujeres buscarán establecer relaciones no comprometidas, o no tanto como les gustaría, por temor al rechazo y a que "nadie vaya a querer una pareja con diabetes", por lo que estas relaciones no le permitirán alcanzar una satisfacción plena.

El momento del diagnóstico es un aspecto que puede resultar muy importante, ya que los diagnósticos recientes implican cambios en el estilo de vida, y también en la relación de pareja. Así, el diagnóstico de diabetes en una mujer después de varios años de relación, suele representar una mayor angustia con respecto a su pareja que en una mujer que es diabética desde la infancia. Esa sensación de angustia suele acarrear paralelamente un sentimiento de inseguridad, de miedo a fallar o de no responder como antes, de temor al fracaso, y se suele acompañar del rechazo a la actividad sexual.

La mujer puede tener una vida sexual totalmente placentera. Estar convencida de ello es el primer paso. En la mujer con diabetes adquieren una relevancia primordial los aspectos psicológicos y los sentimientos de inseguridad, de baja autoestima, de la imagen personal desvirtuada, de temor al fracaso. Hablar con la pareja y expresar los temores, sentimientos y necesidades, resulta fundamental para superarlo.

Salud, sexualidad, envejecimiento y calidad de vida

Orihuela de la Cal, Gómez y Fumero (2001) plantean que el desarrollo sexual humano es un proceso que abarca toda la vida y que la problemática de la expresión sexual en el anciano se agrava no sólo por los estereotipos sociales, sino también porque muchas veces existe la falta de la otra pareja y el apoyo de su familia.

La sexualidad es un elemento fundamental en la buena calidad de vida de los ancianos, por lo que se hace necesario el conocimiento de algunos factores que permitan poder brindarles una atención óptima e integral. Los autores realizaron una encuesta cuyo análisis arrojó que el 59,1 % de los abuelos considera que no importa la edad para llevar a cabo la sexualidad, mientras que la mayoría de las ancianas creen que es propia de la juventud (49 %), aunque el 42,9 % coincidió con los ancianos. Con porcentajes muy bajos esta pregunta quedó sin repuesta.

La actividad e interés sexual en los ancianos está conservada según el 52,3 % y por un 24,5 % en las abuelas. La indiferencia predomina en ellas con el 42,9 % y por un 25 % entre ellos. El 32,6 % de las abuelas y el 22,7 % de los hombres refieren que terminó su actividad sexual.

Se pudo comprobar que en ambos sexos sobresale la hipertensión arterial y la artrosis como entidades que pudieran afectar su sexualidad. Se citan otras, pero con porcentajes más bajos

La mujer anciana puede compensar los cambios mejor que los hombres, pues por lo general basta con tener una lubricación adecuada para disfrutar la relación. Se debe tener en cuenta también que muchos medicamentos pueden inhibir el funcionamiento sexual como las drogas antihipertensivas, los diuréticos, las benzodiacepinas, etcétera. La actividad e interés sexual está más conservada en los hombres, mientras que en las mujeres sobresale la falta de interés.

Entre las entidades crónicas que padecen, y que han podido afectar su sexualidad, encontramos la hipertensión arterial, la artrosis y la diabetes mellitus. Las drogas que más se ingieren en estas edades son los sedantes y las antihipertensivas, que son grupos de medicamentos que pueden también reducir la actividad sexual.

Es vital incrementar la preparación sobre la sexualidad en esta etapa de la vida, también al personal de la salud, en función de mejorar la calidad de vida de estas personas con un enfoque amplio de criterios y acciones. Recordemos que la educación cotidiana no solamente es represora sino también distorsionadora del deseo, y que investigar la sexualidad requiere experiencia de vida por parte del investigador.

La necesidad para un mayor estímulo directo es un factor que puede facilitar la respuesta sexual en ancianos, un toque breve con la mano, o cualquier estimulación peneana directa causará a menudo una erección en un hombre saludable de 18 años, pero al paso de los años, aparece una necesidad casi imperceptible de una estimulación peneana adicional para alcanzar una erección. Cuando el hombre se acerca a la edad de la jubilación, esa necesidad para una mayor estimulación llega a ser notoria, y se percibe a menudo como una franca impotencia. La causa de esta relativa insensibilidad del pene permanece incierta, pero es seguramente una combinación de degeneración natural de las neuronas y el desarrollo de enfermedades crónicas como la diabetes mellitus las cuales se sabe que alteran la función nerviosa.

La necesidad de una mayor estimulación peneana con el envejecimiento se relaciona con una disminución gradual en la velocidad de conducción nerviosa y una pérdida asociada de la sensación vibratoria a nivel del pene. Esta disfunción nerviosa se manifiesta no sólo como una disminución en la sensibilidad peneana sino también como una lentitud en el tiempo de respuesta a los estímulos ambientales. Las causas de esta disfunción neural son probablemente múltiples. Al envejecer las neuronas se deterioran y disminuyen su capacidad para funcionar a los niveles previos de eficiencia. Adicionalmente, hay un aumento gradual en la prevalencia de las enfermedades crónicas, muchas de las cuales debilitan la eficiencia neuronal.

Mulligan (1998) también plantea que las enfermedades que comúnmente afligen al varón anciano, y que pueden debilitar la función sexual en general, incluyen la artritis, la hipertensión, la enfermedad vascular y la diabetes. De estas enfermedades, sólo la enfermedad vascular y la diabetes juegan un papel importante en alterar la función neural. Todos los hombres desarrollan virtualmente algún grado de enfermedad vascular ateroesclerótica en el envejecimiento. Con la disminución gradual de la capacidad de los vasos sanguíneos para enviar el oxígeno hacia los nervios, hay un deterioro lento pero progresivo en la función neural. Además, aproximadamente 20% de los varones ancianos sufren de diabetes mellitus, y más o menos la mitad desarrollarán impotencia diabética. Un pequeño porcentaje adicional sufre de otras formas no-diabéticas de disfunción nerviosa que incluyen abuso de alcohol y deficiencia de vitamina B12. Cualquiera de estos trastornos puede tener un efecto adverso sobre la respuesta a la estimulación peneana.

Cuando se es hombre joven, las erecciones son casi invariablemente rígidas y el pene erecto es difícil de doblar. Aunque la rigidez declina gradualmente, al comienzo de los sesenta la mayoría de los hombres cae en la cuenta que sus erecciones ya no tienen la misma rigidez que solía tener. Usualmente, sin embargo, las erecciones son aún adecuadas para un coito vaginal durante el período de sesenta a sesenta y cinco años. Al acercarse los setenta, a menudo hay una aceleración en la disminución de la rigidez eréctil, a pesar de una gran estimulación peneana directa, que lleva a erecciones que dejan de ser adecuadas para la penetración vaginal. En este tiempo el varón viejo reducirá las relaciones sexuales, altera sus prácticas sexuales, o busca la asistencia de un profesional de la salud, así se inicia el cambio de algunas formas de comportamiento sexual.

Casi todos los hombres, por otro lado, demuestran usualmente una relativa disminución progresiva en la función eréctil que en realidad se relaciona más con una combinación de degeneración neural y enfermedad vascular.

La enfermedad vascular está simultáneamente en varios lugares del organismo, y la enfermedad coronaria aún es una causa común de mortalidad. Sin embargo, la enfermedad vascular raramente se localiza sólo en el corazón, más bien es una enfermedad difusa que además afecta al pene. La incapacidad de mantener un volumen adecuado de sangre dentro del pene resulta en una rigidez peneana deteriorada. La enfermedad vascular peneana es la causa más común de erecciones inadecuadas en la vejez entre los varones. Es difícil determinar si las fallas en las erecciones se deben a enfermedad oclusiva arterial peneana o a insuficiencia venosa peneana, pero es una distinción importante.

En muestro estilo de vida es común que los hombres acostumbren celebrar convivios por diferentes motivos, incluidos los eventos deportivos, en ellos no puede faltar la comida. En respuesta a la dieta, alta en grasa y colesterol, hay un depósito gradual de colesterol en las paredes de las arterias, y la formación de placas ateroescleróticas y estas placas ocluyen gradualmente la arteria y afectan el flujo sanguíneo arterial. Debido a que la rigidez eréctil depende de un flujo arterial aumentado, la enfermedad arterial oclusiva puede impedir la rigidez eréctil. Sin embargo, a pesar de un flujo arterial correcto, las erecciones pueden ser aún inadecuadas por la insuficiencia venosa peneana. La enfermedad arterial oclusiva peneana es así, siempre parte de una ateroesclerosis difusa.

La sexualidad es una dimensión humana que abarca todo nuestro ser y desaparece sólo con la muerte; el interés y la actividad sexual en ambos sexos disminuyen con la edad, ocurren cambios biológicos que deben conocer el anciano y los médicos para evitar confundir situaciones como la impotencia en el hombre y la interpretación correcta de las molestias y el dolor que durante las relaciones sexuales puede padecer la mujer. La sexualidad se puede conservar con la edad y a pesar de los problemas de salud, pero los comportamientos sexuales cambian tanto en hombres como en mujeres al modificarse las respuestas fisiológicas, la naturaleza de las relaciones personales y las condiciones sociales de los escenarios de la vida cotidiana; y los especialistas de la salud deben poder diferenciar estos aspectos para poder brindar una mejor atención a la población anciana, pues no es lo mismo orientar sobre la sexualidad en general que sobre formas particulares de comportamiento sexual.

En cuestiones de salud el interés sexual y la sexualidad se expresarán de diferentes formas, pero estás estarán comprometidas por los estilos de vida y los condicionantes que, de forma inesperada, se presenten a lo largo de la vida. En este sentido, y como idea a explorar, pareciera que en la vida cotidiana a la mujer le es más fácil evocar la forma en que vivió su sexualidad, que buscar seguir ejerciéndola si no hay condiciones para hacerlo.

Capítulo **4**

Factores que influyen en el comportamiento sexual del adulto mayor

La práctica de la sexualidad en la tercera edad es fisiológicamente posible y enriquecedora en el camino emocional y afectivo según Valdivieso (s.f.), siguiendo los trabajos de la Dra. Elena Sepúlveda explica que es necesario difundir que la sexualidad es algo bueno y enriquecedor para el adulto mayor, si éste lo desea. La forma de ejercer la sexualidad durante la vejez está determinada por la actitud que la persona ha tenido ante el sexo durante toda su vida. Sin embargo, obviamente el transcurso de la vida produce algunos cambios en la fisiología sexual, entre los que destacan una mayor lentitud y una menor intensidad de las respuestas del ciclo sexual.

Generalmente la limitación del ejercicio sexual en la mujer se debe a la falta de un compañero sexualmente activo, mientras que en el hombre la culpable es la monotonía, las preocupaciones, la fatiga, las enfermedades, los excesos de alcohol y de alimentos y el temor a fallar. En los hombres los cambios físicos suelen ser más drásticos, enfermedades como la diabetes o problemas vasculares o de la próstata pueden causar impotencia, así como algunos medicamentos para la presión, el alcohol, los antidepresivos, tranquilizantes y antihistamínicos. A nivel físico, la mujer sólo experimenta una resequedad vaginal que tiene fácil solución con lubricantes artificiales que se venden sin receta médica.

El modelo de acto sexual como se practica en la juventud no es aplicable tal cual en la vejez, en donde cobra mayor importancia la cercanía, la intimidad corporal, la afectividad y la comunicación.

Para que la sexualidad sea exitosa, se requiere de una salud razonablemente buena. En el sexo no basta el acto biológico coital, sino que también sea gozoso, feliz, gratificante, que permita el intercambio del dar y recibir. En el caso del anciano, el disfrute sensorial se atenúa convirtiéndose en un gozo más psíquico, más voluptuoso, no comparable con el sexo de un joven, ya que ambas sexualidades cumplen funciones diferentes, cada una en su respectivo contexto, pero no por ello sin calidad. Por todo esto, podemos asumir que en esta etapa de la vida, lo importante en la relación sexual es:

- El cariño y las diferentes formas de expresión afectiva.
- El apego al reconocimiento de la pareja como tal.
- La expresión del sentido de lo compartido a lo largo de la vida.
- La comunicación asociada a la madurez entre adultos.
- El compañerismo como presencia personal ante el otro.
- El mutuo cuidado del sentir y necesidad de la pareja.

En cuanto al plano sexual, Valdivieso recomienda realizar ejercicios de desnudez que inviten al encuentro sexual. Si a esto se le suman las caricias y el recuerdo de la juventud, estas personas pueden volver a tener una relación sexual plena y feliz, olvidando que el tiempo ha pasado por sus cuerpos, pero reconociendo la experiencia que se ha adquirido.

Condicionantes de la sexualidad en la vejez

Para la mayoría de investigadores, la disminución de la actividad sexual en la vejez se relaciona tanto con los cambios físicos, debidos al envejecimiento descritos anteriormente, como con la influencia de actitudes y expectativas impuestas por el entorno social, así como con factores psicológicos propios del anciano.

Muchos de los factores psicosociales que influyen en la aparición de problemas en la actividad sexual en los jóvenes también intervienen en los que presenta el anciano. Existen numerosos problemas que impiden que el anciano mantenga una actividad sexual continuada. El primero es la propia actitud del anciano ante lo que son cambios fisiológicos normales. El progresivo alargamiento del período entre las erecciones y la mayor dificultad para conseguirlas puede producir una ansiedad creciente en el hombre, y esta ansiedad perjudicará aún más su capacidad de respuesta sexual. Para Valdivieso (s.f.) lo mismo sucede con la dispareunia de introducción en las mujeres debida a la disminución de estrógenos post-menopausia. Las molestias que pueden sentir provocan ansiedad anticipadora con el consiguiente riesgo de aumento del dolor, creándose un círculo vicioso difícil de romper.

Puesto que en nuestra sociedad aún se mide la actividad sexual según el coito, y como la frecuencia con que éste es posible en la vejez es menor, muchas parejas de ancianos van optando progresivamente por la abstinencia. Gran número de personas mayores se niegan a cambiar sus costumbres y no aceptan variar la actividad sexual. Las mujeres, además, han recibido una educación en la que se rechazaba la necesidad sexual femenina, por lo que es infrecuente que sean ellas quienes inicien la actividad sexual.

Si el anciano sufre alguna enfermedad crónica, aunque ésta no afecte directamente a la capacidad sexual, el miedo y la actitud negativa ante los problemas de la edad limitan más la actividad sexual de ambos miembros de la pareja.

Otra limitación importante de la sexualidad, como hemos señalado anteriormente, es la disponibilidad de una pareja y la capacidad de la pareja para mantener relaciones sexuales. En los ancianos existe un desequilibrio numérico a favor de las mujeres, que llegan a formar las dos terceras partes de la población de su edad con menor disponibilidad de hombres. La ausencia de actividad sexual se relaciona, por tanto, directamente con la no existencia de una pareja estable, tanto en los hombres como en las mujeres.

La sociedad, por su parte, no ayuda en absoluto a que las personas ancianas puedan vivir y manifestar libremente su sexualidad. En parte, el negativismo cultural en lo que atañe al sexo en la vejez es el reflejo de una actitud de rechazo del individuo por el hecho de ser mayor.

La sexualidad en el anciano no puede asociarse con la procreación, y tiende a negarse su existencia, o al menos es un tema tabú. En este sentido y como reflejo de ello, en las residencias de ancianos no se facilita y, por el contrario, se limita cualquier posibilidad de actividad sexual entre los residentes. Los límites que aparecen en las residencias de ancianos son fundamentalmente la falta de privacidad y la actitud del personal que trabaja en esos lugares criticando e impidiendo cualquier manifestación sexual de los residentes, generalmente debido a la falta de conocimientos con respecto al tema.

Algunas personas de edad avanzada han aceptado el estereotipo cultural negativo de la persona anciana como un inválido desexualizado. La incapacidad de aceptar la vejez puede hacer que estas personas tengan prejuicios frente a otros ancianos y se nieguen a relacionarse con ellos, inhibiendo cualquier manifestación sexual.

La preponderancia elevada de trastornos psicopatológicos en los ancianos como son depresión o trastornos de ansiedad y la existencia de factores estresantes, por otra parte muy frecuentes en la vejez, como puedan ser la pérdida de la pareja, el deterioro de la red social y del nivel socioeconómico o la presencia de problemas de salud en la familia, también contribuyen a la aparición de diversas dificultades en la actividad e interés sexual en el anciano.

Una fuente frecuente de dificultades en las relaciones sexuales son los problemas con la pareja, incluyendo conflictos conyugales que suelen ser de larga evolución, donde destacan los problemas de comunicación y antecedentes de violencia familiar; pero también la presencia de lo que se ha llamado el Síndrome de la Viudedad, es decir, la aparición de alteraciones en la erección en el hombre o de dificultades a la hora de mantener relaciones sexuales en la mujer, tras un período de inactividad a consecuencia de la muerte del cónyuge. En esta sintomatología contribuyen hechos como la existencia de un duelo no resuelto, sentimientos de culpabilidad o el incumplimiento de expectativas.

Brindar atención psicológica a personas ancianas en problemas sexuales partiendo desde la sexualidad en general lleva a olvidarnos de detalles particulares del comportamiento sexual como tal, pero insisto en que no parto de un enfoque conductual exclusivamente, sino de una concepción más amplia de comportamiento. En este sentido es posible identificar una serie de rubros en los cuales se pueden clasificar diferentes aspectos que condicionan el comportamiento sexual en la vejez. Una vez tuve oportunidad de dar un curso de gerontología a diversas personas, muchas de las cuales pertenecían a varias congregaciones religiosas, esa experiencia me permitió observar cómo respondían al tema de sexualidad en la vejez, y también pude ver lo común que es incluir los factores espirituales dentro de aspectos psicológicos o sociales, pero tienen su propia influencia y han existido antes de las ciencias sociales y de la conducta, por tal razón sería recomendable incluir los siguientes apartados a la hora de realizar una entrevista sobre la vida sexual de las personas ancianas, y los pondremos separados complementando los demás aspectos propuestos por Valdivieso.

I. *Aspectos psicológicos*
- Historia de la vida sexual del individuo.
- Rasgos de personalidad.
- Modelo de sexualidad con el que se identifica.
- Cambios psicológicos propios de la vejez.

II. *Aspectos sociales y demográficos*
- Estereotipos y falsos tabúes.
- Historia socio-laboral y cultural del individuo.
- Condiciones de la jubilación.
- Papel desempeñado en la familia.
- Educación en general y sobre la sexualidad en lo particular.

III. *Aspectos relacionados a la salud*
- Enfermedades cardiovasculares.
- Diabetes mellitus.
- Hipertrofia prostática en el varón.
- Desórdenes artríticos o enfermedades del pulmón.
- Trastornos mentales. Depresión y ansiedad.
- Tratamiento farmacológico.
- Adicciones.

IV. *Aspectos espirituales*
- Antecedentes familiares religiosos.
- Creencias y prácticas religiosas.
- Historia religiosa personal.

Los componentes de estas cuatro categorías influyen en la sexualidad de los ancianos marcando su disposición a experimentar y probar, aceptar y corresponder, esperar o iniciar, valorar o juzgar, y reconocer o negar el derecho al placer sexual.

Modelo de sexualidad basada en el placer

La sexualidad humana ha constituido durante mucho tiempo un importante y complejo objeto de análisis para los científicos del mundo y también para las personas en su vida cotidiana. Las concepciones actuales sobre la sexualidad humana han abandonado tanto la perspectiva exclusivamente biológica como la visión centralmente psicológica, que dominó los debates teóricos por muchas décadas. Actualmente se reconoce que la sexualidad humana debe ser entendida en dos niveles:

- *A nivel individual:* la sexualidad representa la forma en que una persona, estando físicamente equipada como ser sexuado (dimensión biológica) experimenta sus deseos sexuales y reflexiona (dimensión psicológica) sobre el significado de sus experiencias sexuales, a la luz de las normas sociales y las representaciones culturales dominantes sobre el tema (dimensión social).
- *A nivel colectivo:* la sexualidad humana es una parte de la cultura, ya que toda cultura incluye un conjunto de representaciones, ideologías, normas y significados vinculados a contenidos sociales, los cuales organizan la visión de lo sexual dentro de la cual todos los sujetos son socializados.

Entonces, lo relacionado con la sexualidad se sustenta en un modelo de sexualidad, se erige como un fuerte estereotipo que se transmite constantemente a los integrantes de un grupo social dado, a través de un conjunto de características, códigos e ideales, a los que deben ajustarse para reconocerse como varones o mujeres y modela una tipificación más o menos rígida, cuya resultante más suave es la generación de fuertes tensiones emocionales (Rodríguez, 2003).

Un detalle que llama la atención en el trabajo con grupos de ancianos es que, al abordar el tema de la sexualidad, pocas veces se observa un proyecto de vida, un actuar con sentido. Es común encontrar que muchas personas ancianas tuvieron una vida sexual activa desde muy jóvenes, carentes de orientación y, por tanto, con riesgo de llegar a vivir una relación de pareja que no fue del todo satisfactoria. Sobre todo las mujeres solían encontrarse en condiciones donde la pareja les era infiel con mujeres más jóvenes, o en reclamarles a ellas que no fueran como antes; incluso es común encontrar que a pesar de lo conflictivo de la relación de pareja, la mujer mayor suele sentir una dependencia afectiva con el varón. Estas experiencias son dolorosas y frustrantes, dejan en la relación de pareja una sombra difícil de borrar que en buena medida tienen su origen en los modelos sexuales de la juventud y el placer más que en el acompañamiento y apoyo afectivo.

Visto desde un punto de vista individual estos aspectos de la historia sexual pueden ser vistos como parte de la información necesaria para la atención de casos clínicos. Pero vistos desde un punto de vista colectivo se puede observar que hay elementos culturales que favorecieron o dificultaron estilos de vida asociados a determinadas formas de comportamiento sexual tales como la práctica o no de la masturbación, el reconocimiento de la pareja, el ejercicio o búsqueda de la prostitución, expresión de violencia sexual, el consumo de pornografía, o incluso el tipo y contenido de fantasías sexuales tanto para hombres como para mujeres. El conjunto de estos elementos son parte del perfil psicológico que los psicohistoriadores suelen llamar psicoclases, que son grupos psicológicos de personas que comparten un mismo estilo de crianza dentro de la cual se incluye la educación sexual.

La función del orgasmo

Es de llamar la atención que la mayoría de los autores no mencionan los trabajos de Wilhelm Reich en sus reportes e investigaciones, y resalta debido a que fue Reich uno de los autores más críticos del siglo pasado y disidente del psicoanálisis que impulsó el estudio de la sexualidad tanto desde una dimensión biológica como histórica y social. En su libro "La Función del Orgasmo" Reich (1984, primera versión 1955), expone un punto de vista muy diferente acerca de la sexualidad que nos permite repensar la forma en que las personas ancianas de nuestra época fueron educadas respecto de su sexualidad. Es evidente que nuestros ancianos fueron educados sexualmente por personas que también vivían su propia sexualidad de forma no saludable.

En entrevistas clínicas con ancianos, hombres y mujeres, hemos podido notar que buscar obtener un orgasmo implica cambios en el cuerpo y el estado de ánimo que afecta otros aspectos de las personas ancianas y sus relaciones de pareja o personales; es necesario conocerlos para poder incluirlas y trabajar en los talleres de sexualidad. Los principales cambios son:

- Restituir el equilibrio fisiológico y de tensión del organismo.
- Reconectar y reenergetizar los componentes biológicos del organismo.
- Redimensionar la magnitud del cuerpo.

- Generar correspondencias emocionales que permiten construir vínculos afectivos.
- Generar una conexión recursiva entre el cuerpo y la "psique" partiendo del placer físico y la fantasía.
- Disminuir la agresión, depresión y aislamiento al fortalecer la vinculación afectiva con una persona.
- Intercomunicar la información de los sentidos a partir de la experiencia del placer.
- Recuperar la presencia personal individual compartida con otra persona.

Estos cambios se han considerado como epifenómenos (fenómenos secundarios), de la sexualidad, apartándolos de los cambios centrales (generalmente fisiológicos) que se dan durante el acto sexual. Dado el sentido que pueden tener para la vejez es necesario incorporarlos como parte de nuestro objeto de estudio de la sexualidad y comportamiento sexual en la vejez.

Algunos varones se quejan de que ya no logran la erección de otros tiempos, que demoran en alcanzarla, que la pierden con facilidad, que no les queda ni la capacidad de fantasear, que ya no tienen interés en el sexo.

Cuando el hombre acepta como una evolución natural que ahora demorará más tiempo en lograr la erección, que la perderá con más facilidad, que el tiempo entre una relación y la siguiente será mayor, que necesitará más estímulos de su compañera (o propios); cuando logre adecuarse a sus nuevos tiempos, su sexualidad será más satisfactoria para ambos. Debe hacer un cambio de actitud y disposición que permita disfrutar del contacto sexual sin que se implique la búsqueda del orgasmo.

La insatisfacción laboral, la desesperanza frente a los sueños perdidos, la inquietud por la menopausia de su mujer que lo enfrenta con sus propios cambios, aparecen como fantasmas agregados a la relación de pareja. La necesidad de replantearse su vida, la dificultad de compartir sus cambios y preocupaciones con su compañera, con sus amigos, lo llevan a agigantar el problema y a sentirse más desdichado. Peor será si no se cuenta con la disponibilidad de la pareja o si hay un reclamo pendiente.

Es común pensar que las "aventuras" son un falso intento de demostrarse que aún es joven y más que nada que es potente. Pero también son muestras de que se pueden correr riesgos y explorar otras opciones de convivencia en la vida cotidiana, correr riesgos realistas también es un indicador del envejecimiento saludable. Conocer los cambios de la andropausia, clarificar cuánto existe de compromiso físico y cuánto de psicológico, le ayudarán a vivir mejor esta etapa y superar falsas creencias.

Hernández (2004) menciona que en 1996 Grozdenovich y Suárez, a partir de un estudio realizado, exponen entre otras, las siguientes creencias negativas:

- La cultura como represora y negadora del placer sexual.
- El amor como prerrogativa de lindos y jóvenes.
- El modelo de viejo asexuado, viejo verde o vieja reblandecida.
- Sexualidad ligada solamente a la procreación.
- Confusión entre sexualidad y genitalidad.
- Actitudes ante la vida sexual de los mayores tales como censura, reproche, asco, miedo, sorpresa, risas, chistes.
- En la menopausia termina la vida sexual.
- Desexualización del hombre.
- Rechazo social de los deseos de la mujer añosa: al embellecimiento de su cuerpo por cirugía estética y a la conservación de la sexualidad femenina.

Para Hernández (2004) la sexualidad y el envejecimiento, son dos aspectos que atraviesan todo el curso de la vida de las mujeres y los hombres, generando significados y comportamientos que, mediados por lo sociocultural y lo psicológico, condicionan, e incluso determinan, la vivencia de lo humano.

Cada día la mujer se enfrenta al reto de vivir en un contexto dominado por *lo masculino* en lo global, y hasta el derecho al disfrute pleno de su sexualidad es puesto constantemente en un cuestionamiento, no positivo, desde un discurso basado en el sexismo y lo juvenil, ironía esto último de nuestro tiempo histórico, no obstante las reivindicaciones alcanzadas por las mujeres en diversos planos de la vida.

En todo lo revisado hasta este momento nos permite pensar que en la investigación de la sexualidad, y del comportamiento sexual, de la persona anciana hay que tomar en cuenta las particularidades y no solamente las generalidades.

Capítulo **5**

Envejecimiento y cambios en el comportamiento sexual

Cada período histórico ha tenido para cada edad una significación y unas exigencias determinadas, en todo momento se valoran y se desprecian diversas cualidades y características humanas. La vejez ha sido objeto de dispares tratamientos y significados a lo largo de diversas épocas. Conforme la ciencia y la cultura fueron avanzando se fueron reconociendo diversas características propias de la vejez y, lo más importante, los cambios propios del envejecimiento fueron tomando cada día una mayor significación económica por las consecuencias sociales que traían consigo.

Cambios biológicos con el envejecimiento

El envejecimiento fisiológico es una clave importante para entender, en parte, la disminución de la actividad sexual que se produce en esta etapa de la vida, aunque no es posible explicar todos los cambios que ocurren teniendo en cuenta sólo este hecho.

Es común confundir envejecimiento y enfermedad aunque el proceso de envejecimiento incluye la susceptibilidad a las enfermedades, los cambios producidos por el proceso de envejecimiento son universales, afectando a todos los individuos de todas las especies animales. Pero también es cierto que existen ejemplos de un envejecer activo y saludable, incluso en edades avanzadas.

También hay notables diferencias individuales con respecto a los efectos de la edad en la capacidad sexual, en ausencia de enfermedades y que, a pesar de los cambios fisiológicos y anatómicos que se producen, tanto los hombres como las mujeres de edad avanzada pueden continuar disfrutando de las relaciones sexuales, si se dan las condiciones necesarias.

En general, en las mujeres hay menor preocupación por la función sexual y más por la pérdida del aspecto juvenil. No así en los hombres, donde la preocupación excesiva por los cambios fisiológicos que se producen con el envejecimiento, pueden llevar a la aparición de ansiedad.

En la vejez, el interés o deseo sexual se mantiene mejor que la actividad sexual en los hombres mientras que en las mujeres existe un declive en ambos aspectos de la sexualidad, pero se mantiene en lo referente a la afectividad y enamoramiento.

Para comprender la impotencia

Definir diferentes aspectos de la sexualidad tiene algunas implicaciones que no siempre llevan a las mejores consecuencias y desarrollo de estrategias. En el caso de la impotencia, definirla como la imposibilidad de mantener una erección adecuada para permitir un encuentro sexual satisfactorio, es una definición que confunde encuentro sexual con penetración. Este mal entendido hereda los prejuicios contra el puro placer erótico, que justifica el acto sexual sólo para la procreación y nunca para el goce. Esta definición de impotencia tiene algunos puntos objetables como los siguientes:

- Centra el placer exclusivamente en la penetración.
- Desconoce la importancia de las caricias, los toques, los besos y otros estímulos eróticos que hacen a la excitación una fuente de encuentro y acercamiento.
- Olvida que la esperanza y exigencia de una erección plena en el caso del hombre, o de una excitación rápida en el de la mujer, son enemigos seguros del placer, de la erección e incluso de la intimidad.

Pensar en el acto sexual como una actividad para el goce no es suficiente, también puede pensarse que lleva a dimensionar la actividad sexual más allá de la procreación y el compromiso, esto permite poder trabajar estrategias de fortalecimiento de vínculos afectivos, de redefinición de la autoimagen y autoestima. La exploración del goce y el placer amplifica las expectativas personales, tiene efectos positivos en la salud al ser formas de comportamiento que se contraponen con la depresión e incluso con la angustia personal.

Los ancianos que crecieron antes del siglo XXI no lo hicieron en una educación que permitiera abrirse y descubrir las diversas sensaciones de todo el cuerpo, sin premuras ni exigencias, como una de las llaves del goce y del sexo pleno. Estos ancianos crecieron también en una sociedad que parcializaba las relaciones sexuales y no se trataba a la pareja como la relación entre iguales, sino como una obligación a cumplir para continuar la inercia social de la familia y los géneros masculino y femenino.

La sociedad tardó en descubrir que para cumplir con las expectativas del hombre que desea ser un buen amante, es necesario aclarar que el placer femenino se construye con caricias en todo el cuerpo y en los genitales; pero que él no está exento de lo mismo y que la penetración no es el estímulo mayor, que muchas veces es más una consecuencia de la adecuada actitud y estimulación, y que no es una meta como tal.

Blasco (1999) señala que los testículos son los principales encargados de producir testosterona: la hormona masculina vinculada con el deseo sexual. El nivel de testosterona disminuye con la edad y acompaña, en la mayoría de los casos, una caída del interés sexual y disminución de la potencia; aunque no la incapacidad de generar hijos. Pero cada hombre es único y esta regla no es igual para todos ni se produce en la misma edad cronológica.

También la testosterona fluctúa a lo largo del día. Generalmente los niveles son más elevados por la mañana razón por la que algunos hombres se sienten sexualmente bien dispuestos en el momento de levantarse.

El mismo Blasco (1999) retomando lo escrito por Klatz, en relación al climaterio, señala que uno de los secretos mejor guardados es que los hombres viven una menopausia llamada andropausia. Sólo recientemente han comenzado los estudios acerca del climaterio masculino. Hay cambios hormonales que también causan cambios físicos y psicológicos en los hombres.

Indicadores más frecuentes de cambios físicos:
- Se cansa más rápido.
- Cuando enferma, le cuesta más recuperarse.
- Ha subido de peso.
- Ha perdido pelo y el que queda ha cambiado de color.
- Se le olvidan más las cosas.
- La piel de manos y cara es menos firme.
- Aparecen manchas en la piel.
- Reconoce que no se tiene la misma fuerza y resistencia.

Indicadores más frecuentes de cambios psicológicos:

- Sensación de ya no ser el mismo.
- Sentimiento de inseguridad e incapacidad.
- Dificultad para tomar decisiones.
- Falta de un proyecto claro de vida.
- Dificultad para poder concentrarse.
- Perder fácilmente la calma.
- Deprimirse por cosas que antes sólo preocupaban ligeramente.
- Sentirse triste, feo y desagradable.
- Sentir disgusto por lo que se ve en un espejo.
- Pelear con la compañera, no poder entenderse como antes ni en el amor, ni el sexo.
- Tener miedo de que estos cambios signifiquen la "jubilación sexual".

Indicadores habituales de los cambios sexuales:

- Sentir menos deseo sexual que antes.
- Excitarse más lentamente.
- Perder la erección con facilidad.
- Tardar más en lograr una erección que no es tan contundente como en otras épocas.
- Necesitar caricias concretas y más fantasías para lograr una erección.
- Disminuye la fuerza y la cantidad de la eyaculación.
- Tener dificultad para reconocer si llegó al orgasmo o no.
- Los testículos están más bajos y se levantan menos cuando hay excitación.
- No tener la urgencia de eyacular igual que antes y reconocer que eso ayuda a que pueda satisfacer mejor a la pareja.
- Reconocer que lo excitan las mismas cosas y caricias que antes.
- Reconocer cambios en la pareja que no son agradables.

Cambios en el hombre

Mulligan (1998) hace un análisis de los cambios que sufren los hombres y mujeres y menciona que la tipología normal del deterioro de las funciones reproductivas del hombre es muy diferente de la que caracteriza a las mujeres, ya que no existe un término claro y definitivo de la fecundidad masculina. Aunque la producción de esperma disminuye a partir de los 40 años, ésta continúa hasta más allá de los 80 y 90 años. En tanto que la producción de testosterona declina gradualmente desde los 55 o 60 años.

Los cambios en la fisiología sexual del hombre no se presentan de forma súbita ni de la misma forma en todos los individuos, pero, el no ser conscientes de este proceso fisiológico puede llevar al anciano a presentar síntomas de angustia anticipadora sobre su desempeño sexual, empeorando éste. Dentro de los cambios fisiológicos en el hombre se encuentran los siguientes:

- La disminución del tiempo para lograr la erección con la edad, se requiere más tiempo para la estimulación y para alcanzar el clímax sexual, siendo el orgasmo de menor duración.
- Disminuye el número de erecciones nocturnas involuntarias, lo cual generalmente no tiene ninguna relevancia clínica.
- El período refractario tras la erección aumenta marcadamente, llegando a ser de días. La eyaculación se retrasa, por este motivo se reduce también la frecuencia de eyaculación prematura, lo que se convierte en una ventaja en los hombres que presentan este trastorno.
- Se reduce el líquido pre-eyaculatorio.
- La eyaculación es menos intensa.
- Al envejecer aumenta el umbral del dolor para poder ser reconocido.
- Al envejecer disminuye el tiempo de reacción aun cuando esté presente la respuesta.

Todos estos cambios parecen estar en relación con múltiples factores hormonales, neuronales y vasculares, entre los que destaca la disminución gradual en la producción de testosterona.

Podemos llamar andropausia o climaterio masculino a la progresión de cambios que le ocurren al varón en esta etapa de su existencia y que lo compromete física, psicológica, social, interpersonal y espiritualmente. Aunque en el caso del varón no existe un signo exterior puntual que marque un cambio decisivo; en las mujeres, en cambio, el cese de la menstruación no puede ser ignorado.

Disminución de la libido. Es común observar que el interés sexual cambia con el envejecimiento. Durante la adultez temprana, los niveles de testosterona alcanzan su pico máximo, así lo hace también la libido. En esta época muchos hombres empiezan a buscar una compañera sexual e incluso una relación matrimonial. Con el comienzo de la edad madura, hay un cambio gradual en el deseo sexual, a menudo imperceptible. Los hombres en los cuarenta y cincuenta casi invariablemente permanecen libidinosos, pero encuentran que su interés en el contacto sexual empieza a cambiar. Los intentos para la relación sexual en sí misma llegan a ser menos frecuentes y aumenta la importancia de las caricias. Algunos hombres pueden sentirse menos interesados en el sexo debido a trastornos de salud como la enfermedad coronaria, o en respuesta a una reacción adversa a una droga como antihipertensivos o marihuana. Al comienzo de la vejez, los hombres frecuentemente tienen dificultades con el retiro laboral y la pérdida asociada de la productividad financiera. Las alteraciones en la autoimagen pueden dar lugar a una disminución en la autovaloración y en el sentimiento de lucir atractivos. Estos sentimientos de insatisfacción se acompañan por la disminución progresiva con el envejecimiento de los niveles de testosterona, que influyen en las alteraciones posteriores de la libido. Aunque los hombres muy ancianos usualmente no experimentan un interés fuerte en el sexo, como fue característico en la adultez temprana, muchos informan un interés continuo hasta un grado leve o moderado, y recordar lo experimentado les sigue siendo altamente gratificante.

La causa de esta disminución gradual en la libido con el envejecimiento es obviamente multifactorial, pero la secreción testicular de testosterona juega un papel central. Al envejecer, hay disminución gradual en el volumen testicular y fibrosis global del testículo.

Con el envejecimiento, hay un cambio gradual en la capacidad de las venas peneanas para cerrarse en forma adecuada y atrapar en el pene la sangre necesaria para la erección. Aún no es claro qué tanto es el papel de los factores arteriales y/o venosos en la disfunción eréctil que se asocia con la edad, pero probablemente ambos son importantes.

Fuerza expulsiva disminuida. De modo semejante a la sensibilidad peneana y a la rigidez, la fuerza expulsiva del semen declina con el envejecimiento. Entre los varones jóvenes saludables, la fuerza expulsiva es notoria, con una salida a chorro de semen durante el orgasmo. Con el envejecimiento hay una disminución gradual de la fuerza expulsiva. Los hombres viejos informan con frecuencia que las contracciones musculares orgásmicas son menos intensas, el semen sale a gotas más que por chorro. Esta alteración de la fuerza eyaculatoria se relaciona con una pérdida de tono muscular en el cuerpo. En vista de la respuesta de los músculos al ejercicio regular, se puede predecir que la fuerza expulsiva podría ser menor en los ancianos sedentarios y mayor en los que hacen ejercicio.

Volumen seminal disminuido. Adicionalmente a la disminución de la fuerza expulsiva seminal, también hay una declinación en el volumen seminal que se asocia con la edad. Durante la adultez temprana el volumen del semen liberado se aproxima a una onza. A medida que los testículos, la próstata, y las glándulas de Cooper envejecen, hay una disminución lenta pero gradual en el volumen total del semen por orgasmo. Entre los hombres muy ancianos el volumen seminal por eyaculación es aproximadamente de media onza. Hay que señalar que este cambio es poco llamativo para el hombre, las preocupaciones suelen estar orientadas hacia otros aspectos pero este en particular parece llamar poco la atención. Pareciera que la preocupación central es si hay o no expulsión seminal y no cuánta cantidad se expulsa.

Disminución de la necesidad eyaculatoria urgente. Al envejecer uno de los cambios sexuales más importantes emocionalmente es la disminución de la necesidad eyaculatoria urgente. La mayoría de los hombres pueden recordar que en su juventud, la estimulación sexual se asociaba con un deseo extremadamente fuerte de alcanzar el clímax. La incapacidad para controlar este deseo puede haber llevado a eyaculación prematura. Esto es notorio sobre todo en los últimos años de la adolescencia y en la adultez temprana, pero la declinación gradual de la necesidad eyaculatoria facilita su resolución después de los 30 años de edad. A medida que el hombre alcanza los sesenta o setenta años, la declinación en la necesidad eyaculatoria continúa de tal forma que se puede ocupar en el contacto coital prolongado sin la urgencia para el orgasmo.

Con fines de educación sexual hay que tener dos factores en mente pues la declinación de la urgencia eyaculatoria puede ser una espada de doble filo para la compañía sexual. La disminución de la demanda promueve la capacidad del varón viejo para continuar el juego amoroso o la relación sexual lo suficientemente prolongada para satisfacer a su pareja;

algo que las mujeres jóvenes a menudo desean que sus jóvenes maridos deberían hacer. Lo crítico es que al declinar el deseo del clímax puede dar la impresión, sin intención en la esposa anciana, que ella ya no es tan adecuadamente estimulante para su esposo.

Período refractario prolongado. La última alteración mayor asociada con la edad en la actividad sexual masculina es la prolongación del período refractario. La mayoría de los hombres jóvenes encuentran que son capaces de lograr una erección, tener un coito, alcanzar el clímax, y después de un breve reposo de sólo minutos, repetir el proceso. Con el envejecimiento, el período de reposo requerido antes del coito puede ser gradual y repetidamente prolongado. Durante la edad media este período refractario puede durar varias horas, y durante la vejez esta prolongación puede llegar a ser molesta en algunos casos Tal vez, esta prolongación gradual del período refractario, es una explicación adicional para la disminución en la frecuencia de las relaciones coitales al envejecer.

Cambios en la mujer

Los estudios actuales no han producido indicios de que en los años siguientes a la menopausia se encuentre un aumento de los índices de enfermedad depresiva o de otros trastornos psiquiátricos graves. Parece que los datos disponibles se han exagerado sobre las implicaciones de los cambios que se producen en la mujer tras la menopausia y que, en la práctica, la menopausia puede ser un episodio más de adaptación, e incluso, para algunas mujeres éste es un período de liberación disfrutando más de sus relaciones sexuales ya que desaparece el temor a un embarazo no deseado.

Por otro lado, el envejecimiento no es por sí solo un factor que origine la disminución de interés sexual de la mujer, ni su capacidad de respuesta sexual. La mujer de edad avanzada puede mantener, generalmente, sus patrones de conducta sexual anteriores, los que presentaba en la juventud, hasta el final de la vida o hasta que aparece una enfermedad lo suficientemente debilitante que lo impida.

No obstante, el ciclo de la respuesta sexual de la mujer post-menopausia lleva consigo una serie de cambios fisiológicos y anatómicos a nivel del aparato genital y de todo el organismo. Estos cambios no acontecen de forma súbita ni se presentan del mismo modo en todas las mujeres.

Tras la menopausia hay una disminución severa de la producción de hormonas causantes de los cambios que se producen en el aparato genital femenino:
- Los ovarios disminuyen progresivamente de tamaño.
- Las trompas de Falopio se hacen filiformes.
- El útero regresa a su tamaño pre-púber.
- El endometrio y la mucosa del cuello uterino se atrofian.
- La vagina se hace más corta y menos elástica.
- La mucosa vaginal se hace más delgada.
- Disminuye la capacidad de lubricación de la vagina, lo que hace que el coito pueda ser doloroso.
- Las mujeres mantienen su capacidad multiorgásmica pero más débil y con menor número de contracciones.
- Al atrofiarse los ovarios, disminuye la producción de andrógenos, que parecen estar relacionados con el interés sexual.

Es importante remarcar que, aunque tanto los cambios anatómicos como los cambios fisiológicos ocurren de forma universal, no tienen la misma relevancia en todas las mujeres, quienes presentan variaciones individuales muy importantes.

Podemos sospechar que la viudez y la soledad restringen el deseo sexual, el cual se puede incrementar al haber mayor convivencia social pues el trato con otras personas estimula las relaciones afectivas.

Para poder abordar estos cambios debo señalar que mi experiencia en la atención a ancianas que se dedican a la prostitución, aún en edad avanzada, nos hace pensar que aún hay más vacíos de los que suponemos en el tema del comportamiento sexual, este tema lo desarrollaremos más adelante con mayor amplitud.

El enfoque está principalmente en los cambios fisiológicos y físicos. Es importante puntualizar que el efecto que estos cambios tienen sobre la actividad, la capacidad y el interés sexual varía mucho según las personas. Además, los efectos están bajo la enorme influencia del ambiente psicosocial que parece ser menos favorable en la mujer. En la mujer envejecida se pueden presentar los siguientes cambios.

La libido. El interés sexual en la mujer vieja parece seguir un patrón un poco distinto al del hombre. En contraste con los varones, el pico de interés sexual femenino está entre los treinta y los cuarenta años, y a menudo se mantiene hasta después de los sesenta años. Ya que la menopausia ocurre en la mayoría de las mujeres entre los cuarenta y cinco y los cincuenta y cinco años, la menopausia por sí misma no parece tener un efecto negativo mayor sobre el interés sexual. Contrariamente a la mitología de la menopausia, un gran número de mujeres postmenopáusicas experimentan un aumento de la libido, que en parte se puede deber al efecto sin contrarrestar de los andrógenos por la deficiencia estrogénica postmenopáusica, o al declinamiento del temor a un embarazo no planeado.

Según Mulligan (1998) la caída más notoria en el interés sexual femenino tiene lugar entre los sesenta y cinco y los setenta y cinco años, se puede relacionar más de cerca con el cambio en la conducta sexual masculina que con otros factores intrínsecos de la mujer. Otros investigadores han propuesto que la disminución del interés en la mujer se debe a actitudes protectoras y defensivas como respuesta a la falta de oportunidades pues a los ochenta años las mujeres casi triplican a los hombres en número. Además, en contraste con los hombres, las mujeres por lo general tienen necesidad de una relación estimulante emocionalmente como un prerrequisito para el deseo de actividades sexuales. Los cambios físicos normales que implican un cuerpo menos firme, el cabello gris, las arrugas y manchas en la piel, tienden a hacer sentir a algunas mujeres que son menos atractivas para el sexo opuesto, y pueden dudar antes de expresar su interés sexual. Sin embargo la experiencia con ancianas dedicadas a la prostitución muestra que, aún en edades avanzadas, la energía sexual o libido puede ser muy intensa.

Es común que muchas ancianas prostitutas reconozcan que ya no tienen tantos clientes como antes, que pareciera que dejaron de ser atractivas pero aún son capaces de provocar sexualmente a los hombres. Cuando se les ha preguntado si disfrutaban las relaciones sexuales comerciales la respuesta ha sido que muchas veces era así.

La menopausia. En esta época, hay muchos cambios importantes en la vida que tienen efectos importantes en la mujer. Su papel como madre cambia drásticamente a medida que los hijos maduran y por lo general se independizan del hogar. Puede retornar a un empleo o buscar otro según los intereses distintos o nuevos. Es el momento en que algunas parejas encuentran la oportunidad de más tiempo para ellas, y podrían experimentar un interés renovado en sus actividades sexuales. La menopausia puede servir también como una excusa para evitar las futuras relaciones sexuales cuando no han disfrutado su actividad sexual con su compañero por un largo tiempo, o sólo la consideran como un deber. Algunas mujeres se vuelven temerosas debido a la falta de un conocimiento real sobre los efectos de la menopausia en ellas mismas y en su compañero sexual. El conocimiento y la comprensión de los cambios fisiológicos normales pueden resaltar los aspectos positivos de otra fase de crecimiento y desarrollo de las mujeres. Las mujeres casi siempre empiezan el climaterio o la transición entre las fases reproductiva y no-reproductiva hacia los 45 y los 55 años de edad, llegando a poder vivir una libertad afectiva y sexual que antes no se experimentaba.

Sin embargo, la menopausia puede empezar más pronto de lo esperado; o muy tarde, pasados los 50 años de edad. A medida que la mujer se aproxima a la menopausia el ciclo menstrual se alarga, llega a ser irregular, y termina por cesar. El período de transición referido como perimenopáusico se caracteriza por cambios hormonales múltiples. Estos cambios hormonales tienen efectos pronunciados, aunque progresivos, en el cuerpo entero, pero sobre todo en las estructuras urogenitales, y son más aparentes a la edad de setenta años, a menos que la mujer haya tenido reemplazo hormonal. En la postmenopausia hay una disminución en la elasticidad de la piel, del tejido glandular, y del tono muscular. Una redistribución gradual del tejido graso de la periferia a las vísceras lleva a cambios en el contorno corporal que incluye las mamas caídas. Hay una pérdida gradual de los tejidos del área genital, sobre todo en la región vulvar lo que resulta en el aplanamiento del monte de Venus y una disminución de la firmeza de los labios mayores. El patrón rugoso y grueso de la pared de la vagina disminuye, su revestimiento llega a ser delgado y menos elástico. La vagina se alarga y su amplitud disminuye como lo hace su capacidad para expandirse. El flujo de lubricación que normalmente ocurre con rapidez en la mujer joven durante la fase de excitación sexual, aparece de modo más lento y hay un descenso en su cantidad. La alteración en la acidez vaginal puede cambiar la flora bacteriana y hacer a la mujer postmenopáusica más susceptible a las vaginitis bacterianas.

Muchas mujeres pasan a través de la menopausia con incomodidad mínima o sin problemas. Otras experimentan grados variados de insomnio, ansiedad, aumento en la irritabilidad, palpitaciones, cefaleas y aun depresión. La controversia continúa alrededor de la causa de estos síntomas, y mucho todavía se atribuye a respuestas emocionales de la mujer. Sin embargo, la ansiedad, la cefalea y la depresión frecuentemente mejoran con la terapia de reemplazo hormonal. Los cambios fisiológicos y físicos que ocurren en los períodos peri y postmenopáusico en la mujer sana normal tienen mínimos efectos en su capacidad para la actividad sexual o en su realización.

La capacidad sexual. A pesar de los varios cambios que tienen lugar en la mujer, los resultados en su funcionamiento sexual no son tan severos como sí sucede en el hombre. Parece que no hay un tiempo biológico más allá del cual la mujer no pueda experimentar una respuesta sexual completa. Probablemente se necesiten algún ajuste y ciertos cambios para continuar disfrutando, por eso es importante que mujeres y hombres entiendan las modificaciones normales que ocurren en el envejecimiento.

En este sentido se debe señalar que cuando la mujer reconoce su capacidad sexual se puede encontrar con los cambios en el hombre, esto puede llevar a un desfasamiento de posibilidades físicas entre los dos. El patrón de la respuesta sexual sigue las mismas etapas en las mujeres de todas las edades, pero no siempre se corresponden con los cambios que se dan en los hombres.

La fase excitatoria. La erección de los pezones continúa con el mismo patrón que en la mujer joven, a pesar de la pérdida de mucha elasticidad mamaria. La mujer anciana también experimenta menos vaso congestión en las mamas, de modo especial si son grandes y colgantes. El clítoris tiene una disminución modesta en el tamaño pero su sensibilidad permanece intacta. Esto puede requerir estímulos más directos y suaves que antes, pero el aumento en la vaso congestión ocurrirá durante la fase excitatoria. La vagina normalmente produce lubricación adecuada durante esta fase, sin embargo, en la mujer postmenopáusica comienza a disminuir. Una mujer a los 30 años produce a menudo lubricación correcta para el coito en 15 a 30 segundos mientras una de 60 años puede necesitar hasta 5 minutos. Sin embargo, con un juego sexual y estímulos adecuados y suaves, la mujer anciana producirá también una lubricación apropiada. Hay evidencia suficiente que las mujeres con actividad sexual continua, tienen cambios mínimos para producir lubricación. En situaciones selectivas se pueden necesitar cremas o lubricantes vaginales. Si la mujer ha experimentado dispareunia regularmente debido a la penetración peneana previa a una adecuada lubricación, puede desarrollar contracciones musculares vaginales involuntarias. Este es un grado de vaginismo (constricción involuntaria del tercio inferior de la vagina) y se deberá sospechar siempre que haya una historia de coito doloroso. Practicar la contracción y la relajación del introito vaginal puede ser de extrema utilidad para aliviar este problema. La posición de lado o cruzada en el coito también lo puede atenuar, al permitir un estímulo suave y prolongado del clítoris y controlar asimismo el grado de penetración vaginal.

La fase de meseta. El rubor de la tensión sexual que se desarrolla en las mamas con la tumescencia areolar no se ha demostrado en mujeres mayores de 60 años. El clítoris se eleva y el glande debajo de su caperuza de los labios menores se expone durante esta fase en forma semejante como sucede en mujeres jóvenes. La vagina experimenta una expansión de los dos tercios internos, pero la extensión disminuye en la sexta y séptima décadas. La mujer anciana también experimenta alguna disminución de la vaso congestión en el aspecto externo de la vagina durante esta fase.

La fase orgásmica. La mujer saludable permanece orgásmica y multiorgásmica hasta la vejez avanzada, pero el orgasmo es algo menos explosivo y de una duración que se acorta levemente. Las mamas no muestran alguna reacción especial durante esta fase a cualquier edad, y tampoco lo hace el clítoris. El meato urinario está menos protegido al envejecer la mujer debido a que el tejido adiposo disminuye y hay atrofia de los labios. Ocasionalmente, esto puede resultar en pérdida involuntaria de orina, irritación, y aun cistitis. La llamada "cistitis de la luna de miel" puede ocurrir a cualquier edad pero la mujer anciana es más susceptible a ella, especialmente si un trauma pesado ocurre en el curso de un coito que se prolongue. Durante el orgasmo, las contracciones vaginales se desarrollan en una forma semejante en todas las edades. Estas contracciones por lo general tienen una naturaleza rítmica. A veces en las mujeres premenopáusicas, pero más común en las postmenopáusicas, estas contracciones se pueden experimentar como no placenteras, espásticas, o como una sensación de calambres en el útero. Como el orgasmo que se produce por estimulación vaginal o del clítoris es fisiológicamente idéntico, esta incomodidad, a menudo comparada con el trabajo de parto, no se puede eliminar mediante una actividad sexual alterna. Sin embargo, las pocas mujeres que la encuentran suficiente para evitar las relaciones sexuales, han tenido alivio con el tratamiento combinado de estrógeno y progesterona.

La fase de resolución. La erección de los pezones disminuye de modo gradual, aunque interesantemente a una tasa más lenta que en las mujeres jóvenes. El clítoris retorna con rapidez a la posición relajada. Los dos tercios superiores de la vagina se encogen mucho más pronto en la mujer anciana, debido a la disminución de la elasticidad. La mujer no experimenta ninguna alteración relacionada con la edad en el período refractario. Después de un período de reposo mínimo de unos minutos es físicamente capaz de repetir el ciclo de la respuesta sexual.

En la revisión de la literatura resalta la información sobre el acto sexual en sí y no lo que sucede antes o después. Creo que estos dos momentos deben de estar incluidos dentro del ciclo de respuesta sexual. El acto sexual no se da en automático cada vez que lo desea la persona, hay un momento previo que se caracteriza por ser el momento en que se dan señales de invitación, disponibilidad y aceptación. La etapa previa al acto sexual marca el rumbo que la relación podrá tomar, en ella es cuando la pareja podría hablar y aclarar lo que se espera o desea uno del otro. Antes de esto es importante señalar que este momento es aquel en donde se cruzan los fantasmas del pasado, para bien o para mal. Estos son aspectos que por lo general se han dejado fuera del ciclo del acto sexual pero influyen psicológicamente en cómo se responde en él. Por otro lado, al terminar la relación sexual también es importante el último momento. En este instante se puede consolidar la relación y confianza con la pareja. Considero que el acto sexual no termina físicamente momentos después del orgasmo, continúa minutos después, y lo que sucede en esos momentos es parte del acto mismo y hay que tomarlo en cuenta. La forma de relación que se da en la pareja en esos momentos es algo que ayuda a definir la forma de convivencia que se pueda tener, en esos diálogos personales (por breves que sean) se concreta el sentido de lo experimentado, y se puede reconocer el compromiso asumido con la pareja.

Lo que establece vínculos con la pareja sexual no es el acto sexual en sí mismo, es el conjunto de detalles que merodean su inicio y su final. En ellos se plasma el sentido que el acto sexual tiene y la posibilidad de poder comunicarse con otra persona en un nivel de intimidad, y al mismo tiempo es una muestra que refleja el concepto que tenemos de nosotros mismos y de los demás.

Los profesionales de la salud y el comportamiento debemos entender que a los cambios en la fisiología y anatomía de la persona mayor, asociados a su expresión sexual, también se encuentra vinculada una dimensión existencial e histórica, en las que casi nunca nos ponemos a pensar. En la actividad sexual en la vejez hay un cuestionamiento y redescubrimiento de lo realizado a lo largo de la vida, y de la forma de convivencia con la pareja; lo que se pueda reconocer de los cambios personales será una de la bases para entender lo que se espera lograr y recibir en la intimidad, y esto no necesariamente puede ser algo romántico y agradable. Por otro lado, en la actividad sexual, y en los cambios corporales asociados a ella, repetimos formas de comportamiento que se han incorporado a la cultura a lo largo de la historia, en el acto sexual se le da continuidad a lo culturalmente aceptado o censurado. Descubrir lo que sucede en este sentido es parte del proceso terapéutico del reconocimiento de cómo ejercemos nuestra sexualidad e intimidad.

Capítulo **6**

Comportamiento sexual saludable y disfuncional en la vejez

Lo que hoy consideramos como sexualidad saludable ha sido tema de muchas discusiones y desacuerdos. Pero si observamos con atención podremos notar que hay un desvanecimiento de los límites de la intimidad, que se ha desligado la afectividad de la sexualidad. Por otro lado se habla de cambios en la conducta de las mujeres pero faltan cambios en la conducta de los hombres ante sí mismo y ante la misma mujer. En la vejez las personas tendrán que replantearse qué esperan realistamente de su sexualidad, de eso dependerá lo que se considere como un comportamiento sexual saludable o patológico, lo mismo que una sexualidad saludable o no. Pero deberemos tener cuidado de caer en fenómenos propios de los procesos grupales en los que se justifique que algo es correcto, adecuado o saludable porque todos lo comparten y se comportan de la misma forma. Compartir una actitud o comportamiento colectivo no da la razón a quienes así la asumen.

Tessler, Schumm, Laumann, Levinson y O'Muircheartai (2007) realizaron un estudio para estimar la prevalencia de la actividad, conducta y problemas sexuales en la población de ancianos en Estados Unidos. Trabajaron con una muestra de 3005 ancianos. Entre los resultados que obtuvieron encontraron que la prevalencia de la actividad sexual declinó con la edad (73% entre quienes respondieron con edades entre 57 y 64 años, 53% entre los que respondieron con edades de 65 a 74 años y 26% entre los de 75 a 85 años); las mujeres de todas las edades informaron una actividad sexual significativamente menor que los hombres. Entre encuestados sexualmente activos, cerca de la mitad de ambos sexos informó al menos un problema sexual importante. En las mujeres los problemas sexuales más comunes fueron el poco deseo (43%), la sequedad vaginal (39%) y la anorgasmia (34 %). Para los hombres, el problema sexual prevalente fue la dificultad eréctil (37%). El 14% de los hombres usaba medicación o suplementos para mejorar la función sexual. Los hombres y las mujeres que consideraron su salud como mala tenían menos actividad sexual y, los que respondieron sexualmente activos fueron los que más informaron problemas sexuales. Un total de 38% de hombres y 22% de mujeres informaron haber hablado sobre sexo con su médico a partir de los 50 años.

Se obtuvo una historia marital o de cohabitación, con información sobre la oportunidad de hasta tres encuentros sexuales más recientes en los últimos 5 años. La actividad sexual fue definida como "cualquier actividad mutuamente voluntaria con otra persona que comprende el contacto sexual, con penetración y orgasmo, o sin ellos." Se consideraron sexualmente activos a aquellos que tuvieron al menos una pareja en los últimos 12 meses. También fueron consideradas la frecuencia del sexo y la participación en actividades como la penetración vaginal, el sexo oral y la masturbación. En las personas que no tuvieron sexo en los últimos 3 meses se recabaron las razones posibles. A los sexualmente activos se los interrogó acerca de problemas sexuales relacionados con el interés, la excitación, los orgasmos, el dolor y la satisfacción y fueron catalogados siguiendo los criterios diagnósticos para la disfunción sexual.

Los resultados del estudio indican que la mayoría de los adultos mayores mantiene una relación marital o de otro tipo y considera a la sexualidad como una parte importante de la vida. Sus resultados confirman que la prevalencia de la actividad sexual declina con la edad, pero todavía sigue habiendo un número importante de hombres y mujeres que se relacionan sexualmente, con penetración, sexo oral y masturbación, aun en la octava o novena décadas de la vida.

Los investigadores hallaron varias diferencias entre la sexualidad de los hombres y las mujeres de edad avanzada. El impacto de la edad si el sujeto tiene cónyuge u otra pareja íntima es particularmente marcado entre las mujeres. El 78% de los hombres de 75 a 85 años informó tener esposa u otra relación íntima, a diferencia del 40% de las mujeres. Esta diferencia es explicada por varios factores, como las características del matrimonio (en general, los hombres están casados con mujeres más jóvenes), los diferentes patrones de las segundas nupcias y el hecho de que los hombres mueren antes que las mujeres.

Una encuesta multinacional de personas de 40 a 80 años también mostró que las mujeres consideran al sexo como una parte sin importancia de la vida e informan la falta de placer con el sexo, en comparación con los hombres. A pesar de que las mujeres tienen una tasa de prevalencia de problemas sexuales similar a la de los hombres, los autores también comprobaron que los ancianos son menos proclives a comentar esos problemas con su médico, ya sea por vergüenza, diferencia de sexo y/o edad con sus médicos, por censura social acerca de la sexualidad de las personas ancianas, o por prejuicios religiosos. Los autores sostienen que en este estudio, la sexualidad está estrechamente relacionada con la salud de los ancianos, más en los hombres que en las mujeres. Las personas con buen estado físico tienen más posibilidad de estar casados o de mantener una relación íntima y tener una sexualidad activa. También comprobaron que la diabetes se asocia con dificultad en la erección como así la prevalencia más baja de actividad sexual con una pareja o la masturbación; también la prevalencia de dificultades de erección son mayores en los ancianos que en los más jóvenes. Por el contrario, la prevalencia de algunos problemas sexuales, como el dolor, o entre los hombres, el orgasmo precoz, es más baja en el grupo de adultos mayores. La salud se relaciona más con muchos problemas sexuales que con la edad sola; esto indica que los adultos mayores con problemas médicos o que reclaman un tratamiento que podría afectar su función sexual deben ser aconsejados más por su estado de salud que por su edad.

Los autores sólo evaluaron la prevalencia de problemas sexuales específicos entre las personas sexualmente activas; por lo tanto, es posible que los hallazgos subestimen la amplitud de los problemas sexuales en la ancianidad. En general, dado que los datos aquí reportados sobre problemas particulares pueden cambiar conforme se avance en edad, y dado que las personas que experimentan problemas sexuales tienen más tendencia a discontinuar la actividad sexual, se sugiere que se busquen datos prospectivos y longitudinales para comprender mejor las asociaciones entre los problemas sexuales y la actividad o las relaciones sexuales futuras. Como en la mayoría de las investigaciones sobre sexualidad, los autores mencionan como limitación de su estudio que los datos provienen de la información de las personas, aunque los métodos de la entrevista están aceptados como válidos.

Disfunción sexual de causa orgánica en el adulto mayor

Como hemos venido señalando hasta ahora, con la edad hay una disminución progresiva de la actividad sexual en el individuo sano, causada por la intervención de los cambios fisiológicos normales debidos al envejecimiento en interrelación con los factores psicosociales descritos anteriormente.

Por otro lado, también se produce un aumento de la incidencia de disfunciones sexuales debidas a causas médicas, psicológicas y/o como efecto secundario de la medicación administrada.

En ocasiones resulta difícil diferenciar los cambios normales relacionados con la edad de los síntomas debidos a patología.

Disfunción eréctil

Cualquier signo de impotencia provoca en el anciano gran preocupación, con frecuencia esta alteración se asocia con el envejecimiento debido casi siempre al desconocimiento. Este hecho lleva generalmente a no consultar a los especialistas. Sin embargo, en la última década se ha producido un cambio importante con respecto a la sexualidad lo que ha permitido que aumente considerablemente el número de ancianos que buscan ayuda para el tratamiento de las disfunciones eréctiles. A pesar de esto todavía para gran parte de esta población y para muchos profesionales de la salud, la sexualidad en el anciano sigue siendo un tema tabú al que se le resta importancia.

En la mayoría de los casos los trastornos en la erección se deben a múltiples factores, siendo el trastorno vascular el más frecuente en la vejez.

Las causas de impotencia incluyen:
1. *Trastornos vasculares.* Son la causa más frecuente de impotencia, pueden ser entre otros por alteraciones del sistema arterial, síndrome de insuficiencia venosa, síndrome de Raynaud, entre otros con afectación sistémica o sólo localizada a nivel genital.
2. *Medicación.* El proceso del envejecimiento influye en la distribución de los fármacos en el organismo, en su metabolismo y en su excreción; este hecho unido a que generalmente los ancianos están poli medicados, hace que los medicamentos sean los responsables del 25% de las disfunciones eréctiles a esta edad. Fármacos como los antihipertensivos, psicofármacos como algunos

ansiolíticos, antidepresivos y antipsicóticos, diuréticos, o incluso anticonvulsivantes, son utilizados muy frecuentemente y pueden producir impotencia.
3. *Tóxicos.* Como el alcohol y el tabaco pueden ser causa, junto a otros factores, de disfunciones eréctiles.
4. *Trastornos metabólicos y endocrinos.* Las enfermedades metabólicas como la diabetes son frecuentes en la vejez, y tanto en hombres como en mujeres puede producir como síntomas disfunciones sexuales. En el hombre es frecuente que produzca no sólo alteración en la erección, sino también disminución de la libido.
5. *Trastornos neurológicos.* Neuropatías, accidentes cerebro-vasculares, epilepsia temporal, esclerosis múltiple. Son algunas de las enfermedades neurológicas que pueden cursar con alteraciones de la erección en el hombre.
6. *Enfermedades sistémicas.* Cualquier enfermedad que produzca debilitamiento, fiebre o dolor va a producir alteraciones inespecíficas en la función sexual. La insuficiencia renal, enfermedad pulmonar obstructiva crónica (EPOC), insuficiencia cardiaca, cirrosis y cáncer son patologías frecuentes en el anciano y como enfermedades que afectan a todo el organismo también se van a manifestar con alteraciones sexuales, entre otras razones porque pueden dificultar la capacidad física necesaria para realizar el acto sexual. Otras enfermedades como la artrosis o la artritis reumatoide pueden afectar la actividad sexual porque provoquen dificultades en la adopción de posturas o movimientos.

Disfunción sexual en la mujer

Es difícil para las mujeres de edad avanzada, influida fundamentalmente por la educación recibida, que consulten por este tipo de problemas. Es necesario que los profesionales de la salud consideren la posible existencia de dichas alteraciones e interroguen a las pacientes al respecto porque frecuentemente son cuestiones que pasan inadvertidas y sin embargo, la sexualidad es una parte importante de la existencia humana que mejora considerablemente la calidad de vida.

La dispareunia o coito doloroso es el síntoma más frecuente dentro de las disfunciones sexuales en la mujer. Además la atrofia vaginal postmenopausia, con disminución de la lubricación de la mucosa, convierte a la vagina en un órgano más susceptible a las lesiones por roce y también a posibles infecciones.

Cualquier enfermedad sistémica, como ocurre en el varón, que produzca debilidad, va a alterar la actividad sexual de manera inespecífica en la mujer.

La presencia de incontinencia urinaria, trastorno muy frecuente en mujeres mayores, generalmente multíparas, inhibe el deseo y la respuesta sexual. El 46% de las mujeres que presentan incontinencia urinaria reconoce que este problema altera su actividad sexual.

La histerectomía, que resulta la intervención quirúrgica más frecuente a la que se ve sometida la mujer, puede suponer la aparición de problemas en las relaciones sexuales, debido a que puede ser vivido por la mujer como una pérdida de la feminidad que secundariamente puede llevar a un trastorno depresivo.

Factores que influyen en el comportamiento sexual saludable en la vejez

Los cambios fisiológicos, anatómicos y funcionales, en los órganos sexuales en los ancianos no condicionan obligadamente el cese de la actividad sexual, sino que exigen una adaptación del comportamiento sexual a su nuevo funcionamiento, evitando así frustraciones y situaciones de ansiedad ante las siguientes relaciones sexuales, que podrían llevar al cese innecesario de la actividad sexual.

Está demostrado que el sexo y la sexualidad juegan un papel importante en el envejecimiento saludable y pleno, pero las personas ancianas tienen una conducta sexual heterogénea en relación a sus apetitos e intereses. Además de factores como envejecimiento fisiológico, patología crónica, efectos secundarios de medicamentos, se suman los factores sociales que inciden fuertemente en la actividad sexual en la edad adulta.

Factores fisiológicos

Como ya se mencionó, los textos especializados en sexualidad humana reconocen cuatro fases en el ciclo sexual humano: excitación, meseta, orgasmo y resolución. Estas fases son producto de la evolución sexual de la especie y los cambios fisiológicos en su proceso pueden producir modificaciones en las respuestas sexuales.

Factores biológicos en la mujer anciana y el hombre anciano

Los factores biológicos están marcados por la naturaleza del organismo humano, por tal razón la duración e intensidad de su ciclo sexual cambia incluso en ausencia de factores patológicos y modifica las cuatro fases del acto sexual ya comentadas. Todas las fases del ciclo se mantienen pero con una intensidad menor a lo largo de la edad. Dentro de estos factores biológicos hay que considerar los que son intrínsecos al organismo, como la herencia, y los que se presentan por estar incluidos en la naturaleza tales como los atributos físicos desarrollados en la vida.

Factores hormonales

El personal de salud deberá informar ampliamente a los propios ancianos de los cambios hormonales, evitándose así una interpretación errónea de los mismos que pueda repercutir negativamente sobre la actividad sexual de este grupo. Este conocimiento permitirá una mayor comprensión y mejor ajuste a los cambios fisiológicos del proceso de envejecimiento y la adaptación de la actividad sexual de la pareja de ancianos a dichos cambios permitirá una sexualidad más completa, positiva y gratificante.

A los cambios derivados del envejecimiento fisiológico se pueden sumar la repercusión de otras patologías orgánicas crónicas y el consumo de fármacos, ya sea por adicción o por prescripción. Estos pueden modificar el comportamiento sexual del anciano ya sea por alteración del sistema hormonal, o por las secuelas físicas y/o psico-sociales de las enfermedades crónicas que pueden originar algún grado de discapacidad. Hay que considerar que la mayor parte de los cambios hormonales, que afectan la sexualidad, no necesariamente pueden ser evitados, controlados y reprimidos a voluntad, el tratamiento médico es de mucha ayuda en estos casos.

Factores sociales

1. Autopercepción del atractivo sexual

La persona que mantenga una percepción positiva de su cuerpo y de su pareja mantendrá relaciones sexuales satisfactorias. La sociedad, en general, cree que las ancianas son las que pierden más pronto su atractivo sexual, posiblemente debido a que se produce una pérdida más precoz de la capacidad de procreación en relación con el hombre, pero también a que cambia la estética física del cuerpo envejecido. Hoy en las neurociencias se han realizado estudios que demuestran que la percepción de la simetría del cuerpo y la cara tiene que ver con el reconocimiento de la belleza, ya podemos anticipar las consecuencias que esto podría tener sobre la vejez.

Situación de la mujer mayor

En un mundo donde se privilegia a la juventud y la productividad no es difícil que exista miedo a "llegar a ser viejas", ya que, poco a poco, se les considera inútiles o "ya no útiles".

El climaterio anticipa este "sentimiento de vejez" en la mujer, sentimiento que en el hombre sucede dos décadas después, cuando comienza a reconocer que cambia su estado físico y emocional.

En general, para las mujeres la sexualidad sigue siendo algo negado, víctimas de la educación y la cultura. Lo único que se ha probado es que la duración de la fase orgásmica en la mujer de 50 a 70 años sufre una disminución paulatina que no tiene mayor importancia, pero se conserva el apetito sexual.

Muchas mujeres creen erróneamente que terminada su función reproductiva se pierde, también, la función sexual. Pero, la sexualidad permanece sin muchos cambios. La respuesta sexual física a la estimulación se mantiene a pesar de los cambios hormonales de la posmenopausia (lo que se puede obviar con administración de hormonas femeninas). En su experiencia Herrera (2003) ha observado que:

- Los cambios físicos sufridos, secundarios al proceso de envejecimiento, no han logrado afectar en gran medida la sexualidad de la mujer anciana, más bien han sido capaces de adaptarse a ellos (excepto, el hecho de presentar una menor lubricación vaginal, dependiendo de si la mujer recibe o no terapia de reemplazo hormonal).
- Las mujeres perciben su sexualidad como un aspecto relevante en sus vidas y el sexo está vinculado a su intimidad y al amor hacia su pareja: es una expresión más de amor.
- El amor se constituye como parte fundamental de la relación de pareja y en su vida en general, los años de convivencia no han menoscabado su intimidad, es más, demostraciones como abrazos, besos y caricias se observan en la cotidianidad de muchas relaciones. La mayoría concuerda que la vida en pareja es digna de vivirse.

- Uno de los hechos más relevantes ha sido comprobar que uno de los mitos que más fuertemente existe para la sociedad en general, para los ancianos y muy particularmente para la mujer anciana, ya es prácticamente inexistente. La salida de los hijos del hogar afecta de forma positiva la vida en pareja y la vida sexual, dado que pueden contar con un mayor espacio físico lo cual les ha permitido una sexualidad más libre, no siendo necesario esperar el momento adecuado para tener relaciones sexuales y disfrutar de la mutua compañía; se cambia el mito de "síndrome de nido vacío" por el de "misión cumplida".
- Otro mito que se está derribando es que la mujer mayor no requiere del sexo, que es innecesario en sus vidas y de que es impropio, "anormal" a sus años; mayoritariamente se observa una paulatina disminución del prejuicio "el sexo en el adulto mayor". Las mujeres no perciben el sexo como algo malo e incorporan el acto sexual como parte de sus vidas.
- Otro mito es que para las mujeres adultas mayores mantener relaciones sexuales significa un acto de entrega, ligado a la necesidad emocional. Para muchas la belleza es clave en la percepción de la sexualidad. Para algunas sentirse deseadas sexualmente incluye seguir sintiéndose bellas. El deseo de no verse "viejas", pasa por el culto de la belleza juvenil y la belleza física, tan propios de nuestra sociedad. Además, se percibe que esta sociedad permite a los hombres envejecer sin ser tan duramente juzgados por su apariencia física, se les permite envejecer de muchas maneras, lo cual no ocurre con las mujeres.

La sexualidad no está solamente relacionada con la procreación, es una parte integral de sus vidas. Pero surge una contradicción pues a las mujeres les resulta difícil asumir que tienen deseos sexuales, por tanto tienden a esperar que sea su pareja quienes las busquen e inicien la relación sexual. Esto se debe en gran medida a la socialización recibida por esta generación, lo que conduce en algunos casos a una disociación entre un discurso aparentemente abierto y una experiencia sexual negadora de placer.

2. Acceso a una pareja

Un porcentaje importante de responsabilidad sobre este aspecto recae en ciertos hábitos culturales y sociales, en general no se considera correcto hablar públicamente de la sexualidad, y en el caso concreto de los ancianos suele parecer hasta "improcedente" plantear la posibilidad de que vivan su propia sexualidad. Paradójicamente, la formación de nuevas parejas en la edad madura suele ser mal recibida, términos tan despectivos como el "viejo verde" y la "viuda alegre" encuadran estas ideas. Todos estos mitos y prejuicios sociales castigan al anciano, privándole de su derecho de mantener su actividad sexual satisfactoria.

Más aún, debido a la mayor longevidad de la población es cada vez más probable que los ancianos se casen con parejas sexualmente incapaces, lo cual es más frecuente en las ancianas que normalmente se vuelven a casar con ancianos de mayor edad, transformándose en "esposas cuidadoras". Sin embargo, en los ancianos no es infrecuente el matrimonio con mujeres mucho más jóvenes

La viudez

De acuerdo a estudios epidemiológicos, el hecho de perder la pareja es uno de los factores determinantes de mayor peso del cese de la actividad sexual. A esto se suma que, la interrupción prolongada de la vida sexual de un sujeto mayor dificulta la recuperación posterior de dicha actividad. Les resulta muy difícil la idea de obtener placer nuevamente con otra persona distinta a su antigua pareja, especialmente cuando la convivencia con la persona fallecida fue satisfactoria o prolongada.

La situación de viudez en las mujeres no tiene el mismo impacto sobre el cese de la actividad sexual que en los varones. Además de la diferencia demográfica, que juega contra las mujeres, tradicionalmente ha existido una fuerte tendencia social a considerar negativamente el establecimiento de nuevas relaciones afectivas e incluso de nuevos matrimonios en las mujeres viudas, lo cual limita aún más la actividad sexual de éstas.

3. Dificultad para acceder a la intimidad

Los ancianos que viven con sus hijos o los ancianos institucionalizados no cuentan con el ambiente más adecuado de intimidad para mantener relaciones sexuales o se lo prohíben expresamente. A mediados de las década de los 80´s yo era responsable del servicio de psicología en una casa hogar, y en un evento que se realizó por parte del sistema DIF me tocó abordar el tema de la sexualidad y la masturbación en los ancianos. Fue sorprendente e interesante la respuesta de los asistentes (incluidos directores y funcionarios del sistema), no podían creer que se abordara el tema como una necesidad natural, no era posible pensar que los ancianos del sistema pudieran tener necesidades sexuales. Había una atención sin sexualidad y una sexualidad lejana a la institución, a pesar de contar con matrimonios dentro de las instalaciones de la casa hogar. Fue evidente que las autoridades y funcionarios (hombres y mujeres adultos y profesionales de la salud) no pudieron disimular reacciones de desconcierto, pena y malestar por abordar el tema de la vida sexual de los residentes dentro de la casa hogar que era habitada por 180 personas ancianas de ambos sexos. En esa época lo mejor de la institución eran sus programas, su personal y sus servicios, pero donde se sacrificaba la vida sexual de sus residentes y donde no se aceptaba la posibilidad de la homosexualidad; esto aún se puede observar, pero ya hay cambios iniciales que comentaré más adelante.

Cambio del domicilio

No es infrecuente que el anciano tenga que abandonar su domicilio habitual, ya sea por problemas médicos o por incapacidad importante, acudiendo al domicilio de familiares directos o incluso ingresando en residencias o instituciones. Cuando esto ocurre, como mínimo se pierde la privacidad e intimidad de la pareja y muchas veces pueden presentarse conflictos con los familiares o cuidadores directos por no entender las expresiones sexuales del anciano, adoptando actitudes restrictivas o inhibitorias hacia ellos. Esta situación se agrava más cuando se separa a la pareja, con la intención de repartir las cargas del cuidado entre los miembros de la familia, sin pensar siquiera que exista una necesidad de manifestación sexual o simplemente de compañía entre iguales. Los familiares pueden intentar imponer las normas de conducta que consideran apropiadas, sin plantearse que en esas nuevas situaciones los ancianos necesitan aún más manifestar sus sentimientos y emociones. En los cambios de hogar, aun cuando sean bien intencionados, se afecta más al estado anímico de lo que uno puede suponer, la familia sacrifica esto por una comodidad funcional que no siempre puede cubrir todo.

Todo lo anterior se podría evitar si existiera un reconocimiento social generalizado de esta necesidad para así intentar, junto con los ancianos y sus familias, encontrar la mejor solución en el momento que se decida el cambio de domicilio.

Se debe mantener, en lo posible, el equilibrio entre la intimidad, dignidad y derechos del anciano, incluso cuando existe cierto grado de incapacidad mental, pues tienen capacidad para sentir placer, y en muchas ocasiones precisan tocar y ser tocados, sentir calor y cercanía.

A lo largo de la vida, las mujeres se ven enfrentadas a situaciones que están en la base de su mayor vulnerabilidad cuando llegan a viejas. La mayoría de ellas han dedicado su vida a la familia, a ser esposas, madres, hijas, sostenes de la familia y de la pareja y responsables de la armonía en el hogar; pero casi nunca aprendieron a ser responsables de su vida personal.

La vejez también tiene sexo

Como sucede con las restantes etapas de la vida, el inicio temporal de la vejez es relativo, al ser producto de acuerdos y convenciones sociales cambiantes. Su definición social tiene estrecha relación con la calidad y la prolongación de la vida. A diferencia del pasado, el comienzo de la vejez no sólo ha retrocedido sino que ésta se prolonga por más años. Frente al aumento de personas de ochenta años todavía activas, las de sesenta y setenta tienen mucho camino que recorrer aún. Por otra parte, no es lo mismo tener setenta años hoy que cincuenta años atrás. Asimismo las futuras mujeres de setenta años contarán con otros recursos y experiencias para enfrentar este momento de la vida, serán mujeres más informadas.

En un mismo momento histórico ser hombre o mujer de la tercera edad tiene distintos significados y riesgos. Un hombre viejo activo puede ser respetado por su experiencia y aportes, mientras las mujeres, por su situación discriminada, suelen ser descalificadas como personas que no se adaptan a los nuevos tiempos. Se acepta y valora que hombres mayores tengan una vida sexual activa y se relacionen con mujeres más jóvenes; en cambio las mujeres de esa misma edad tienen menos oportunidades de hacer pareja y vivir su sexualidad. También varía según el sector social, ya que los sistemas de seguridad social deficientes exponen a las mujeres de ingresos medios y bajos, en mayor medida que a los hombres, a una vejez empobrecida.

Las diferencias entre hombres y mujeres se basan en muchos estereotipos, prejuicios y discriminaciones que no dan cuenta de los cambios en la sociedad. Muchas mujeres que comenzaron su vida profesional muy jóvenes, la siguen ejerciendo hasta muy avanzada edad y su desempeño profesional suele ser igual o mejor que el de sus pares varones. Por su parte, el enorme porcentaje de mujeres que no trabajó remuneradamente a lo largo de su vida sigue realizando actividades de gran valor para la reproducción social pues son responsables del cuidado de sus nietos, continúan apoyando a sus hijos e hijas hasta edades muy avanzadas, ya sea con el trabajo doméstico o el cuidado de los menores. Las madres suelen ser indispensables para el despegue de las parejas jóvenes de menores recursos.

Finalmente, cuando los hijos crecen o ellas enviudan, muchas mujeres entran en momentos de bienestar y libertad al disminuir su carga de trabajo y no estar ya sometidas a la autoridad del otro. Estos sentimientos pueden ser un gran estímulo para el desarrollo y la creatividad personal. Los centros para la tercera edad, a los que asisten mayoritariamente mujeres, son una demostración de esto, y se han transformado en espacios excepcionales de recreación y solidaridad, con beneficios directos en el bienestar del estado mental de quienes asisten a sus centros.

Niveles de educación altos y estilos de vida independientes sustentan formas de vida más satisfactorias y preparan para una vejez más autónoma, física, económica y emocionalmente. La adultez mayor no tiene que considerarse una etapa sin oportunidades ni significados. No hay razones para terminar con el ejercicio de la sexualidad que debe incursionar nuevos caminos de disfrute, afecto e intimidad, ni tampoco para renunciar a introducir cambios en la rutina de vida.

A medida que van avanzando en el ciclo vital, las mujeres pueden ir generando vínculos entre sí y entre generaciones que les permiten contar con referentes afectivos y no aislarse. Al mismo tiempo, si disponen de tiempo para sí mismas y han aprendido a disfrutar, valorar y defender la autonomía, serán capaces de disfrutar aún la soledad como una oportunidad de tranquilidad y de encuentro consigo mismas, propicio para los balances de los tiempos vividos. También podrían estar mejor preparadas para enfrentar experiencias nuevas de gran intensidad vital como es la enfermedad, la pérdida del entorno inmediato y la posibilidad de la propia muerte.

Las instituciones deberán abordar las necesidades y demandas de esta etapa de la vida teniendo en cuenta las diferentes realidades sociales y de género para mantener la calidad de vida de la población y de paso prevenir crisis sanitarias y de asistencia social en el futuro.

Cada edad tiene riquezas que ofrecer y vivir plenamente significa saber apreciarlas y disfrutarlas. Quienes viven mal la sexualidad en su etapa de la madurez son aquellas personas que se han quedado limitadas a un modelo juvenil o incluso adolescente de las relaciones amorosas y sexuales. Son aquellas que han vivido su sexualidad en una relación de exigencia y no correspondencia, son quienes han preferido vivir la vida en esquemas conocidos a pesar de lo inadecuados que puedan ser, en lugar de vivir en una actualización personal para la vida cotidiana.

Otra cosa es conocerse y gustarse porque se sabe todo del otro, por haber profundizado en todos los aspectos y posibilidades del encanto amoroso. La sexualidad en la madurez ofrece a las parejas experimentadas esta riqueza. Se conocen hasta en los detalles más mínimos, cada uno tiene una experiencia completa del cuerpo del otro, sabe exactamente cómo disfrutar a la pareja sea o no en lo sexual.

El cese de la actividad sexual al envejecer ocurre porque diferentes problemas médicos, psicológicos o sociales interfieren con la expresión saludable de la sexualidad.

Los sentimientos, los deseos y las actividades sexuales están presentes a lo largo de todo el ciclo vital. Las relaciones íntimas humanas afirman la propia vida y son válidas a lo largo de toda la existencia, incluyendo la ancianidad.

Disfrutando de una buena salud y de una pareja con la que desee compartir sus momentos íntimos, los ancianos pueden retener tanto el deseo como la capacidad de hacer el amor, cada uno con sus peculiaridades, hasta el final de sus días, si es que así lo desean.

Cuando una persona anciana ha mantenido una relación sexual satisfactoria en su vida adulta hay menos probabilidades de que los cambios asociados al envejecimiento le afecten. El acceso a una pareja se va dificultando, y debido a la mayor longevidad de la población es cada vez más probable que nuestros ancianos se casen con parejas sexualmente incapaces; sobre todo las ancianas, que normalmente se vuelven a casar con ancianos de mayor edad.

No es fácil que el anciano tenga acceso a un ambiente adecuado de intimidad, sobre todo si viven con sus hijos o en residencias geriátricas. También es necesario hacer un lugar para poder atender a ancianos que viven en otros contextos diferentes a los institucionales y urbanos; por ejemplo, los ancianos de medios rurales y costeros han vivido en un ambiente que ha generado diferentes patrones de relaciones familiares debido al tipo de actividad productiva a la que se dedican.

Las personas de medios rurales y rurales-costeros suelen establecer una relación de pareja que no pasa por una etapa de enamoramiento como la entendemos en el entorno urbano. Por esta razón es importante que el profesional de la salud pregunte sobre cómo se fue estableciendo la relación de pareja. Esta exploración permite conocer el tipo de comunicación que existe en la pareja, sus mecanismos de apoyo, sus temores y fantasías, las metas que se lograron y los pendientes que existen. Pero también permite conocer cómo se daba el encuentro sexual, qué sentido tenía y cómo se ubican las relaciones sexuales dentro de un proyecto de vida personal, ya sea de forma explícita o implícita, pues muchas veces las personas ancianas de medios rurales viven al día y en un presente efímero.

El conocimiento de la sexualidad y el comportamiento sexual de las personas ancianas quedaría incompleto, o estaría equivocado, si no lo abordamos con claridad y con sus respectivas particularidades en diferentes medios y culturas.

Recomendaciones a las personas adultas mayores de cómo actuar ante la necesidad sexual

La sexualidad debe vivirse en esta época, como en todas, con la posibilidad de un compromiso personal (no quiere decir matrimonio o vida de pareja) de correspondencia con el otro y, lo que es más difícil, con aceptación de la experiencia. Integrando los cambios inevitables e incorporándolos a la actividad sexual de forma positiva, la frecuencia, el tiempo dedicado a las caricias y a la estimulación, aprendiendo a descubrir la afectividad. Superando los condicionantes culturales, que trascienden la aspiración de ver ancianos sin interés sexual, el "abuelito" que sólo lee el periódico y juega con el nieto o el perro, y la "abuelita" que sólo hace ganchillo y galletas o un pastel buenísimo.

La sensibilidad hacia los cambios del otro miembro de la pareja hará más satisfactoria para ambos la relación, dialogando y compartiendo las experiencias diarias, como a cualquier edad.

La sexualidad no debe interpretarse como rendimiento cuantitativo. La valoración de la cantidad de coitos o de orgasmos sólo es propia de la sexualidad inmadura. Aunque también conviene buscar la manera en que la actividad sexual coital sea tan satisfactoria como siempre, o más. Para ello es fundamental hablar de las limitaciones personales con el médico que ayudará en el ajuste de los medicamentos que puedan ser modificados, en la solución de los problemas que sean solucionables. A veces es tan sencillo como una crema de estrógenos para lubricar y vitalizar la mucosa vaginal de la mujer; otras no tan sencillas van desde la utilización de los últimos tratamientos farmacológicos como el viagra y las inyecciones intracavernosas (siempre con valoración de su médico), hasta ayudas externas como las bombas de vacío y las prótesis.

Dentro de todo lo revisado, y conocido hasta el momento, sobre la vejez y su sexualidad también debemos preguntarnos qué lleva a un especialista a interesarse en el tema, pero sobretodo deberemos cuidarnos de las primeras respuestas que se nos ocurran. El estudio de este tema también requiere de una reflexión personal en la cual se pueden encontrar las huellas de la educación recibida y la cultura predominante en la que se ha vivido.

Al revisar el tema del comportamiento sexual en la vejez es necesario abordar la relación de pareja, y cómo se ha vivido en ella la intimidad y la vida sexual. En este sentido la experiencia clínica nos ha mostrado que en el caso de muchas mujeres ancianas la vida sexual se inició de forma violentada y en desventaja, pues vivieron abuso sexual, maltrato de todo tipo, diferencias en edad, y creencias fantaseadas acerca de la relación de noviazgo, la pareja y el matrimonio que terminaron en desilusiones de la familia y el amor.

En la práctica clínica del Programa de Psicología del Envejecimiento, Tanatología y Suicidio, de la Clínica Universitaria de la FESI UNAM, es común que las mujeres ancianas reporten violencia o conflicto en qué decidir en relación a la pareja. Las historias de infidelidad, abandono, amenazas, miedo a la soledad, disgusto por el sentimiento de desprotección que llegan a experimentar, y otras condiciones más, han sido motivo suficiente para que ellas entren en un proceso de reconocimiento de su sexualidad, y busquen cambiar formas de comportamiento sexual inadecuado por uno más saludable en el que cambia la relación con la pareja, reconocen sus fantasías y deseos, recuperan sus límites en el acto sexual, se protegen de manera asertiva, y definen con más claridad si desean seguir una relación con cierto grado de dependencia o se retiran claramente de ella.

Capítulo **7**

Psicopatología en la vejez, demencias y sexualidad

La normalidad en las relaciones sexuales en el envejecimiento mantiene los mismos riesgos que tienen a cualquier edad respecto a las enfermedades de transmisión sexual, son las mismas enfermedades, con los mismos mecanismos de transmisión y de prevención, pero los ancianos están más expuestos a padecer problemas de tipo demencial y otras enfermedades crónico-degenerativas.

Es importante señalar que los problemas sexuales que afectan a ancianos pueden surgir a partir de dos condiciones generales no necesariamente excluyentes entre sí. La primera es la del proceso de envejecimiento natural y las enfermedades crónicas degenerativas que afectan al desempeño sexual. La otra es la de los problemas de comportamiento sexual generados por procesos demenciales que no siempre se asocian a otros problemas físicos de salud. La mayoría de la literatura sobre sexualidad en ancianos ha dejado de lado este último aspecto y se ha centrado más en el primero.

Actualmente hay una preocupación e interés por buscar alternativas para el tratamiento de los problemas demenciales y sus consecuencias para la familia y cuidadores. Esto ha llevado a generar propuestas de intervención múltiple que integran diferentes aspectos generados en la psicología, las neurociencias y el psicoanálisis; sus consecuencias son importantes debido a que hacen pensar de otra forma las diferentes problemáticas de comportamiento de los ancianos, incluidas las sexuales.

En Uruguay hay un grupo de psicogerontólogos de la Universidad de la República que han desarrollado una propuesta que abarca varios aspectos de las demencias tipo Alzheimer (DTA). La investigación biológica en el campo de las demencias degenerativas tipo Alzheimer, ha avanzado mucho en los últimos tiempos. Actualmente podemos describir con bastante precisión diferentes procesos neurofisiológicos, bioquímicos, neuroinflamatorios, genéticos, etcétera, que intervienen en estas patologías. Sin embargo, este tipo de conocimiento descriptivo, no ha permitido ni habilitado una comprensión estricta respecto a la etiología de estas enfermedades de cómo detener su instalación y avance. Muy por el contrario, estas investigaciones, en la medida que se han desarrollado desde un paradigma positivista que pretende ser hegemónico, han tenido el efecto negativo de no permitir el desarrollo de otras perspectivas teóricas y técnicas de comprensión y abordaje que habilite un conocimiento más integral de estas patologías (Pérez, 2005).

Para avanzar en un conocimiento integral de las DTA es necesario incluir la complejidad del fenómeno estudiado, con el suficiente rigor científico que habilite una actitud antidogmática y no soberbia respecto a los hallazgos, es decir, debemos asumir que las respuestas no son definitivas, por el contrario, serán parciales y tentativas.

La propuesta de Uruguay: tres errores de las investigaciones hegemónicas en demencias tipo Alzheimer

Según Pérez (2005), la perspectiva dogmática y hegemónica de la investigación científica respecto a las DTA ha cometido varios errores teóricos y epistemológicos, que se traducen en errores técnicos y de intervención. Este autor señala tres de ellos:

a) Pretender explicar los procesos psicosociales desde la lógica y perspectiva de los procesos biológicos. Numerosos estudios longitudinales han demostrado que los procesos psicológicos y sociales no siguen el mismo patrón de envejecimiento que los biológicos. Mientras que en estos últimos el modelo es de desarrollo seguido de paulatino e irreversible declive hasta la muerte, los procesos sociales y psicológicos luego de un gran desarrollo inicial, pueden mantener a lo largo de toda la vida una estabilidad o incluso de un crecimiento, de acuerdo a diversos factores culturales, sociales, económicos, etcétera, que hacen que el envejecimiento tenga una amplia variabilidad individual. De este error básico de concepción, se desprenden los siguientes dos errores:

b) Confundir y pretender explicar el cuerpo desde las lógicas y dinámicas del organismo. Investigaciones provenientes de diferentes campos científicos han puesto de manifiesto que mientras el organismo remite al sustrato biológico, el cuerpo hace referencia a la representación mental, a la significación y producciones de sentido, a la historia de cada persona, a los afectos y su sexualidad.

c) Querer explicar e intervenir en el psiquismo y en la subjetividad humana desde el estudio e intervención en el plano del Sistema Nervioso Central (SNC). O tal vez en algunos casos extremos, lo que es peor, pretender asimilar el psiquismo al SNC. Aquí, al igual que en el caso anterior, la diferenciación es bastante obvia y este error sólo puede ser mantenido en relaciones de poder y por regímenes de verdad y ocultamiento, pues mientras el psiquismo remite a la dimensión deseante, a las producciones subjetivas de significados y sentidos (categorías psicosociales), el SNC remite a una parte importante de la dimensión biológica de estos procesos, pero no la única.

Pérez señala que estos errores no tienen un claro sostén científico, en la medida que provienen desde un circuito de poder hegemónico tanto en los planes de gobierno como en los programas de estudio de las universidades, presentándose como verdades únicas, producen múltiples efectos negativos en la población y en los profesionales, pues capturan la perspectiva de las demencias en un modelo individual y biológico de la enfermedad. Lo que ya queremos dejar planteado aquí es cómo estos efectos de verdad hacen que tanto los profesionales como los pacientes y familias que sufren estas patologías queden capturados dentro de un círculo de desesperanza, que intentan paliar con fármacos y "consejos" (o, para ser más rigurosos, medidas funcionales adaptativas, tales como psicoeducación, de entorno, etcétera). Desde esta perspectiva no existe mucha posibilidad de cambio en estas situaciones. Muy por el contrario, se refuerza el deterioro a partir de la desesperanza que se instala paulatinamente al ir transitando hacia un destino que ya está definido de antemano desde este saber único, y que parece irreversible. Es común que los familiares lleguen inicialmente a la consulta psicológica con un discurso muy estructurado respecto a que a su familiar "ya no se le puede hacer nada, pues se va deteriorando día a día", con un "saber único" de la enfermedad, que a su vez construye el destino de la misma.

En la medida que hay un diagnóstico y un saber que nombra una situación por lo general "incomprensible" hasta ese momento, las angustias y ansiedades pueden ser canalizadas en función de una evolución de la patología (individualizada en el "paciente") previsible, esperada, y por lo tanto controlada. Es aquí cuando se nos hace presente el peso de los discursos científicos y sus efectos estigmatizantes.

En la medida que podamos comprender las inquietudes tanto de familiares como de cuidadores y pacientes, podremos comenzar a pensar posibles cambios en el vínculo, que al ser más comprensible (lo que no implica que sea gratificante), genere efectos terapéuticos en todo el grupo familiar. Para eso es necesario descentrar la demencia de su hegemonía biológica, para analizarla en su complejidad, pues se puede transitar una demencia de muy diversas formas y con calidad de vida muy distinta que incluya la dimensión de lo sexual.

Consideraciones clínicas en la definición de las demencias

Desde este tipo de clínica clasificatoria, las demencias son definidas por la American Psychiatric Association en su manual DSM IV (1995), por el déficit de una persona en la esfera cognitiva y su repercusión en la esfera familiar, laboral, social. Recordemos que para un criterio de demencia, el DSM IV plantea un deterioro de memoria y al menos otro déficit en algunos de los instrumentales de inteligencia (lenguaje, praxias, gnosias) y/o funciones ejecutivas (planificación, secuenciación, anticipación, juicio crítico, etcétera). Plantea también una serie de criterios de exclusión (otras enfermedades, delirios, cuadros agudos, depresión, etcétera) a los efectos de poder diagnosticar una enfermedad que se ubica en el SNC de una persona y que desde su dimensión biológica, irradia sus efectos a la esfera cognitiva y social.

Pérez (2005) piensa que si logramos descentrarnos del peso de lo orgánico y de la forma de pensar que deviene de la clínica sedentaria, podemos decir que, desde un modelo multidimensional una demencia es básicamente una desorganización somática, cognitiva, psicológica y familiar.

Pérez cree que no es posible investigar e intervenir en un cuadro tan complejo como lo son las DTA si no recurrimos a un arsenal teórico–técnico amplio, que permita un enfoque psicológico comprensivo y operativo. Los actuales referentes del equipo de Uruguay para pensar un modelo multidimensional, provienen de las investigaciones y producciones de cuatro campos: neurociencias, psicología cognitiva, psicoanálisis y psicología social del Río de la Plata.

En los últimos años las neurociencias han modificado mucho su forma de concebir las funciones cerebrales. Hoy se admite que si bien existen determinadas regiones cerebrales específicas para las diferentes funciones, el cerebro tiene la capacidad de actuar globalmente a partir de la continua construcción y modificación de redes neuronales. Todo lo que llamamos memoria, lenguaje, etcétera, desde el punto de vista de las neurociencias, son redes neuronales. Para el funcionamiento de las mismas, es importante la cantidad y la fuerza de las sinapsis. Estos descubrimientos son los que han llevado al concepto de plasticidad cerebral, base de los procesos de rehabilitación cognitiva. Hoy se considera al cerebro como un sistema dinámico en respuesta a cambios en su ambiente.

La psicología cognitiva aporta varias herramientas teóricas y técnicas para comprender las demencias. Algunas nociones se vinculan con la línea que viene de la neuropsicología al retomar la conceptualización de las funciones superiores, los instrumentales de inteligencia y las funciones ejecutivas, el cómo evaluarlas y de qué forma se puede intervenir sobre estas estructuras con técnicas de estimulación específica. El sentido que les damos a nuestras acciones, a nuestros actos, tiene una fuerte influencia de lo cultural, y esto a su vez modela la vida biológica del cerebro pero también de todo el cuerpo.

Hace más de 100 años ya que Freud planteaba las mutuas influencias entre lo biológico y lo psicológico en la vida anímica, a partir del concepto de series complementarias. El psicoanálisis ha puesto de manifiesto cómo la vida anímica de las personas tiene una serie de determinismos inconscientes y deseantes, no pudiéndose abordar el psiquismo sin tener en cuenta estos aspectos. Otro aporte que realiza el psicoanálisis para una comprensión multidimensional de las demencias, lo constituyen los trabajos respecto a la transmisión transgeneracional. Kaës (1977) ha llamado la atención respecto al papel de la transmisión psíquica entre generaciones y el papel de la misma en la "estructuración del aparato psíquico, procesos y formaciones del inconsciente, identificaciones, así como de dispositivos tanto de representación como de interpretación". Según él hay mensaje inconsciente trasmitido sin transformación de generación en generación que van dejando huellas que mantienen a cada sujeto de la familia en la imposibilidad de hacer propio "algo" que se sostiene grupalmente fuera de su psique y que, no obstante, lo afecta. Estos elementos psíquicos juegan un importante papel en la intervención clínica con familias con un integrante con demencia pero no con el propio anciano, pues él fue el trasmisor de estos elementos y ya no tiene conciencia de eso.

Finalmente, el conocimiento de las neurociencias respecto al doble circuito de procesamiento emocional, ha abierto un nuevo camino de diálogo entre la biología y el psicoanálisis, pero en el sentido conceptual de varios sucesos más no en el de la teoría y la técnica, es decir, en la investigación en neurociencias hay evidencia de que suceden procesos psíquicos pero eso no implica que se corrobore una teoría en particular desde el psicoanálisis.

Por último Pérez comenta que los actuales desarrollos de la psicología social de Río de la Plata es un referente ineludible a la hora de pensar los procesos grupales en la conformación de los sujetos. Los conceptos de familia, de adaptación activa, de emergente, la noción de la enfermedad sostenida grupalmente a partir de la teoría de las tres D (depositario, depositante y depositado), entre otros, son una poderosa herramienta para pensar e intervenir en las demencias tipo Alzheimer.

Los planteamientos formulados por Pérez proporcionan otros recursos que permiten pensar el comportamiento sexual y la sexualidad de los ancianos desde diferentes aproximaciones; por tal razón no podemos restringir lo sexual solamente a la persona anciana sino que debemos incluir su estado neuropsicológico, su condición psíquica, su dinámica psicosocial y el estado de su funcionamiento cognitivo.

Disfunción sexual de origen psíquico en el adulto mayor

La causa más frecuente de disfunción sexual de origen psicógeno es la depresión, que debe descartarse siempre, responsable del 10% de los casos de impotencia en el anciano. Como hemos visto, los psicofármacos que se utilizan en el tratamiento de dichos trastornos pueden también contribuir a empeorar la disfunción sexual, sobre todo los que tienen efectos anticolinérgicos, como algunos antidepresivos y la mayoría de antipsicóticos. Los antidepresivos pueden producir, además de disfunción eréctil en el varón, disminución de la libido y anorgasmia en la mujer.

Otras patologías psíquicas que pueden cursar con alteraciones en la función sexual es el trastorno de ansiedad en cualquiera de sus formas. Es también frecuente en el varón la aparición de ansiedad anticipadora respecto a su posible respuesta sexual que le lleva a presentar problemas de potencia sexual de carácter psicógeno, como se había comentado anteriormente.

En ocasiones, no es el propio trastorno el que provoca la disfunción sexual. En personas con cardiopatía isquémica se puede producir una disminución o anulación de la actividad sexual por miedo a la aparición de síntomas como la angina o disnea debido al esfuerzo, sin que existan razones orgánicas para dichas limitaciones.

Ciertos trastornos psíquicos como cuadros depresivos o trastornos de ansiedad pueden jugar un papel importante también en el vaginismo.

Uno de los síntomas de la depresión es la dificultad para mantener relaciones personales y sexuales placenteras, algunos de los tratamientos empleados también disminuyen el deseo sexual y facilitan los trastornos afectivos.

Krassoievitch (1998) plantea que el término delirio deriva del latín *de lira* y se refiere a salir del surco, las ideas delirantes se definen como pensamientos erróneos, de orígenes patológicos e incorregibles, incluyen creencias erróneas que habitualmente implican una interpretación equivocada de la realidad, de percepciones o experiencias. Un delirio incluye una serie de fenómenos ideoafectivos que abarcan intuiciones, ilusiones, interpretaciones, alucinaciones, exaltación imaginativa y pasional. Las ideas delirantes no parecen derivar de otros problemas psicopatológicos y su origen no es comprensible para quien observa.

Según Krassoievitch un trastorno delirante puede desarrollarse según dos modalidades. La primera recibe el nombre de desarrollo en sector, consta de una idea, llamada postulado delirante, alrededor de la cual gira todo el sistema delirante. Un ejemplo es el de los delirios pasionales, como el llamado erotomaníaco y el de celos (de ahí el motivo de la importancia de este tema en el estudio del comportamiento sexual del anciano). La segunda modalidad de desarrollo se llama en red y se puede reconocer en algunos delirios parafrénicos, se caracteriza por el hecho de que las ideas delirantes se yuxtaponen para formar una especie de mosaico que se va ampliando paulatinamente.

Es necesario que el especialista en psicogerontología conozca estos temas debido a que, conforme envejece la población, serán más comunes los padecimientos demenciales y problemas de control de impulsos asociados a ellos que se pueden manifestar con diferentes formas de comportamiento sexual patológicos o aberrantes, muchas veces no comprendidos por los familiares y cuidadores.

Ejemplos de lo anterior los tenemos en los siguientes casos:

a. Una anciana de 72 años de edad, con avanzado estado de deterioro por padecer demencia, tenía la costumbre de gritar expresiones provocativas al personal masculino que pasaba cerca de ella y que trabajaba en la casa hogar donde la anciana vivía. En una ocasión tuve la oportunidad de pasar cerca de ella al hacer mi recorrido de revisión del servicio, acompañado de una colega. La anciana me vio llegar cerca de su espacio y empezó a gritar ¡Tómame, tómame, yo sé lo que tú quieres!, su expresión era de una mirada perdida pero cargada de incitación sexual, se rasgó la ropa que tenía en ese momento y me señalaba sus pechos mientras me veía. Mi compañera se dio cuenta de lo que pasaba y me preguntó que si eso no me afectaba. Yo comenté que la expresión de esa residente era muy fuerte, pero que hay que saber diferenciar a qué estaba respondiendo, ella me decía que esas formas de comportamiento se le hacían muy agresivas e incómodas. Más tarde, en supervisión de equipo comentamos cómo se sentía el personal ante expresiones de este tipo, fue evidente que les era difícil de manejar, sobre todo cuando tenían que bañarla y cambiarla. Esta residente se había dedicado a ejercer la prostitución y había padecido de alcoholismo; su vida se vio rodeada de problemas con la ley y discusiones personales, su estancia en la casa hogar se había caracterizado por una relación conflictiva con las mujeres y de reclamo a los hombres.

b. El segundo caso también fue de otra residente de 78 años de edad que había perdido poco a poco el habla, y cada vez que hacía mi recorrido yo la saludaba. Con el tiempo fue evidente que esperaba verme pasar, pero una vez me percaté que ella esperaba algo más de mi parte (siempre que hacía mi recorrido lo hacía acompañado de alguna colega). Yo le tomaba la mano y simplemente dejaba que ella me observara, esta experiencia era muy fuerte por la actitud de la anciana y la carga afectiva que se manifestaba. Una vez llegó a la residencia un psiquiatra (el doctor Luis Enrique Sosa Guerra de quien en su momento recibí mucha orientación y apoyo en temas de psiquiatría y demencias) interesado en los padecimientos psiquiátricos del paciente anciano y me acompañó, en esa ocasión la residente estaba recién bañada y desnuda en su cama, solamente cubierta por una sábana. El psiquiatra y mi colega me acompañaron y les llamó la atención lo seductora que se había vuelto la anciana en esa situación; la residente me buscaba y trataba de balbucear algo, yo me acerqué y solamente me senté junto a ella. La residente se tapaba con la sábana y me veía con los ojos casi cubiertos, pero se ruborizaba y me buscaba con la mirada, había momentos que me veía y se volteaba sonriendo hacia otro lado hasta que me buscaba nuevamente con su mirada. Fue evidente que mi presencia le evocaba a una persona amada, pero al no poder hablar no podía saber de quién se trataba. Le ofrecí mi mano y ella la tomó acariciándola entre las suyas, la frotó en sus mejillas y sonreía; la experiencia era muy intensa y me sentía contagiado de su sentimiento. Poco a poco se quedó dormida tomando mi mano y nos pudimos retirar, mis acompañantes y yo nos reunimos en otro lugar y discutimos lo frecuente que puede ser encontrar estas formas de comportamiento entre los residentes. Esto era más común de lo que suponíamos, pero no todo el personal se daba la oportunidad de acercarse a los residentes ancianos en estas condiciones, más si eran mujeres que atendían a hombres. El suceso se presentó dos ocasiones más y cada vez era más evidente el deterioro de la anciana, ella murió casi tres meses después de esto.

c. El último caso es el de un residente varón de 71 años con el cual se vio involucrada una colega. Cierto día llegué a la casa hogar y en la tarde se acercó esta colega y me dijo con cierta expresión de orgullo "Fernando hoy le di apoyo sexual a un residente", el comentario me tomó por sorpresa y me puse a averiguar de qué se trataba. Esta colega realizó un recorrido por el centro y llegó a la sección de enfermería de varones, se puso a platicar con este residente y en un momento él le tomó la mano, poco a poco la fue llevando hasta su miembro y empezó a frotarse con ella. La psicóloga lo dejó y no le dijo nada hasta que el residente llegó al clímax, los siguientes comentarios fueron si estaba tranquilo y cómo se sentía. Ella asumía que eso era apoyo sexual. El residente tenía cáncer de hígado en estado avanzado, además tenía deterioro óseo en las rodillas; fue necesario llamar a junta de equipo de trabajo y exponer la situación, se le pidió a la psicóloga que entrara en terapia y se supervisara, cosa que nunca realizó y se le solicitó su renuncia. El paciente murió casi dos meses después.

Los casos anteriores muestran cuán expuestos estamos a situaciones sexualizadas con los ancianos, pueden ser consideradas como un riesgo laboral y pocas veces se plantean con claridad, diferenciando si se trata de ancianos sanos o con demencias. Los casos aquí expuestos muestran la importancia de que el psicogerontólogo cuente con una supervisión.

Krassoievitch comenta que uno de los temas delirantes más frecuente en los ancianos es el erotomaníaco. Este delirio consiste en la convicción delirante de ser amado y forma parte de los delirios pasionales, aparece con mayor frecuencia en las mujeres y, al igual que en el deliro de celos su postulado fundamental se refiere a una persona. El tema derivado de este postulado es que el Objeto (persona elegida) no puede ser feliz sin el Sujeto (paciente), y su relación de pareja está desecha o no es válida. En su forma más pura este delirio pasa por tres etapas sucesivas que se describe como fase de esperanza, fase de despecho y fase de rencor. La presencia de este delirio puede darse en la demencia tipo Alzheimer y otros síndromes orgánico cerebrales, puede presentarse como defensa contra la soledad y la depresión, razón por la cual podría cumplir una función adaptativa. El tema erotomaníaco puede estar presente durante el envejecimiento aunque de una manera menos notable que en personas más jóvenes. Retomando la opinión de diversos autores Krassoievitch comenta que el síndrome erotomaníaco en el anciano debe ser entendido como una negación de la realidad y se puede presentar en casos de esquizofrenia, trastorno esquizoafectivo y trastorno bipolar.

Patología demencial y comportamiento sexual

Flores (1998b) ha señalado que existen pocos trabajos referentes a la conducta sexual en la patología demencial, pero desde esa fecha no ha cambiado mucho el panorama. Flores plantea que la función erótica del paciente anciano con patología demencial está conservada en diferentes grados, pero la más alterada es la capacidad de amar a medida que avanza el déficit intelectual y simbólico. Pero se conserva la capacidad de sentir placer sexual y buena parte del lenguaje sexual primitivo como lo es el tacto. Cuando se afecta la capacidad de amar la primera persona afectada es la pareja, si es que la hay, y de ahí en adelante toda relación personal significativa e incluso la relación con personas ajenas y cuidadores.

La práctica clínica muestra qué tan común es que las parejas que envejecen juntas adoren y aprecien las arrugas y canas porque las han visto formarse paulatinamente en la persona amada, este sentimiento se asocia a la atracción erótica entre quienes han envejecido juntos. Pero cuando la demencia empieza a dejarse ver, la presencia del erotismo, el amor y el placer cambia de sentido.

Flores comenta que las atracciones paidofílicas (de viejos hacia jóvenes) suele haber una presencia franca de psicopatología, ahí donde las personas ancianas buscan la relación afectiva y sexual con jóvenes que no sienten lo mismo por ellos; pero la gerontofilia ya no existe como desviación y hoy se considera legítima y normal la atracción de jóvenes hacia personas ancianas.

Siguiendo con lo expuesto por Flores, hay diferentes actitudes que suelen adoptar las o los cónyuges cuando sus parejas presentan enfermedad tipo Alzheimer, estas son:

a. Las esposas que están sometidas al rol tradicional de acompañar al esposo hasta el final, en la salud y la enfermedad, suelen enfrentar la situación como una cruz a cargar y suelen satisfacer las necesidades o requerimientos sexuales de su pareja de cualquier manera.
b. Hay parejas que no se sienten obligadas pues han desexualizado a su pareja con enfermedad. Como en la demencia tipo Alzheimer suele haber confusión de la persona del otro, la actividad sexual puede estar cargada de culpa y vergüenza por lo que se piensa del otro y del deseo sexual con que se le ve.
c. Las personas que como cuidadoras han anulado todo deseo sexual por una atención obsesiva en el cuidado del otro; agotan su libido en actividades no sexuales donde el deber no da espacio al placer.
d. Existen personas que consideran que la sexualidad es irrelevante, pero que sí desean tener contacto físico como abrazo, caricias, besos o bailes en intimidad no sexual. Comparten con su pare-

ja gustos por la comida y su preparación, peinarlo largamente, arreglar manos y pies, bañarlo de forma amorosa y con cuidado, poner música y escucharla juntos, o disfrutar de un momento de la tarde cuando es posible. Son las personas que reconocen que la bragueta abierta de su esposo es solamente un olvido o el mal sentado de la mujer no es falta de educación, reconocen que estos eventos son un descuido y carecen de una connotación sexual. Hay que recordar que muchas personas pueden padecer alguna forma de demencia, pero conservan un cuerpo armónico o atractivo para su pareja, o incluso otra persona.

e. En este último rubro están las personas que tienen una actitud positiva hacia la vejez y que mantienen relaciones sexuales con naturalidad y regularidad a pesar de la enfermedad. Lo hacen dentro de un marco de reconocimiento real de la pareja y no por obligación. Este caso es el menos frecuente, pero conforme las personas envejezcan con mayor información sobre la sexualidad podremos anticipar que este caso será más frecuente.

Los trastornos sexuales comunes en la enfermedad de Alzheimer es la disfunción eréctil asociada a estados de ansiedad o depresión propia de una persona que llega a ser consciente de su deterioro progresivo y la incertidumbre del futuro. En las mujeres se dan trastornos del deseo y ausencia de lubricación vaginal. Flores señala que las parejas que tienen relaciones sexuales cuando su compañía está con demencia suelen quejarse de que, a veces, no se les reconoce o no se recuerda su nombre. La sensación que se tiene es similar a la de una infidelidad. Flores comenta que en los hombres con demencia tipo Alzheimer es común que "olviden" las etapas del acto sexual. También pueden confundir a sus acompañantes con sus parejas y hacerles solicitudes sexuales que no siempre son comprendidas en este sentido.

También hay conductas sexuales inapropiadas, un ejemplo es el acariciar sexualmente a su pareja en público. El acto en sí no es inadecuado sino la circunstancia en que se realiza y la falta de intimidad; igualmente es inapropiada una actitud sexual no habitual que aparece intempestivamente, en este sentido se convierte en una señal a revisar.

La masturbación en público también es un acto inapropiado pero no lo es la masturbación en sí. No existe sustento de que todos los pacientes con patología demencial sean exhibicionistas, abusadores de niños o atenten contra el pudor; si esta conducta se presenta lo más común es que existiera de alguna forma en la juventud del anciano.

La atención a la sexualidad del anciano está vinculada a la calidad de vida que se le pueda brindar, nosotros somos quienes anulamos la sexualidad, no tanto lo hace la enfermedad. Flores no plantea la pérdida del control de los impulsos, como una reacción común en los ancianos con demencia, pero esta reacción es fácil encontrarla en quienes ya tienen claras manifestaciones de ciertos tipos de demencia, aunque lo más frecuente es la disminución del interés sexual y no una hipersexualidad.

Como lo señala Oppenheimer (2005) el caso de la integridad cognitiva sirve a la preservación de una adecuada capacidad para superar las barreras culturales, psicológicas y físicas que puedan limitar la expresión completa y adecuada de la vida sexual.

Sección III

Escenarios para el comportamiento sexual en la vejez

Capítulo 8

Escenarios para la expresión sexual en la vejez

Conforme el estudio de la sexualidad, y el comportamiento sexual, van ocupando un lugar en la psicología del envejecimiento y la gerontología se va poniendo de manifiesto que no es pertinente hablar de la sexualidad en general, sino que también es necesario reconocer aspectos particulares poco conocidos presentes en la dinámica del envejecer.

Abordaje de la sexualidad en las instituciones gerontológicas

Hasta el momento de escribir este libro no he tenido noticia de que en alguno de los centros gerontológicos de la ciudad de México se realicen talleres de sexualidad para ancianos institucionalizados, sin embargo sí es un tema que se aborda en cursos para población anciana en grupos de tercera edad, es decir en población no institucionalizada. Labiano (2005) pregunta ¿qué lugar ocupan las pulsiones sexuales y cuáles son las posibilidades de tramitación psíquica de las mismas en pacientes con patología psiquiátrica?, ¿cuáles son los efectos de las manifestaciones sexuales en el grupo de pares y cuáles en el personal auxiliar, técnico y profesional de la institución? Por último, ¿qué respuesta da una institución gerontopsiquiátrica a las necesidades sexuales de sus pacientes?

Esta autora señala que en este punto entran en escena las responsabilidades médicas, y que por el temor que infunden borran fácilmente la capacidad de pensar en particularidades de cada caso. En reuniones del equipo interdisciplinario es común que se marquen las diferencias entre las opiniones del área médica (clínica y psiquiátrica) y del área psicosocial (asistente social, terapista ocupacional, psicólogos).

La sexualidad de los pacientes ancianos institucionalizados suele ser descalificada, entra en el orden de circunstancial o lo ridículo, de lo no necesario, más aún si el centro gerontológico es responsabilidad de alguna congregación religiosa. Esto se hace más evidente cuando se trata de pacientes con padecimientos psiquiátricos, quienes parecen haber perdido casi todos sus derechos humanos.

Para Labiano el único lugar posible de la sexualidad en la institución es el de la trasgresión, pareciera que no puede haber alguna forma de sexualidad si no se transgrede algo. En la expresión sexual no hay términos medios, es todo o nada, la necesidad sexual buscará ser satisfecha de alguna forma ya sea real o simbólica. Al controlar la sexualidad también se teme perder el control porque los pacientes se descompensan, y a veces esta descompensación es considerada "el mal menor" ya que preserva un cierto orden dentro de la institución, sobre todo si surgió y es administrada por una congregación religiosa; el control es funcional para la institución pero es disfuncional para la persona anciana. Se requiere cambiar la concepción del internamiento, centrándose en la dialéctica que supone la relación institución-paciente según lo propone Labiano.

El modelo de internación geriátrica es básicamente un modelo donde el poder está puesto del lado de la institución, los pacientes y el personal deben adaptarse a sus pautas, no es lo mismo que una institución esté orientada a la atención de ancianos a que se encuentre diseñada y organizada para la atención de los mismos. Cuesta mucho lograr que los distintos integrantes puedan intervenir activamente y fijar nuevas pautas, más ajustadas a las necesidades del conjunto. En la atención institucional y en buena parte de la atención a la sexualidad se impone aún el modelo médico tradicional, con fuerte concepción biologicista del hombre. Las necesidades del orden psicológico y social, si bien no son desestimadas, tienen una importancia menor. La vida sexual en pacientes mayores entra dentro de la esfera de lo psicológico y no es considerado de primera necesidad, pero es indispensable que repensemos la imagen del personal médico, pues no por ser profesionales de la salud se implica que tienen una sexualidad saludable y sin riesgos, y esta condición atraviesa el trabajo que se realice dentro de las instituciones asistenciales, pero lo mismo vale para otros profesionales y personal que labore en las instituciones gerontológicas.

En todo servicio personal o institucional, tanto en los profesionales como en los técnicos y auxiliares aparecen las fantasías sexuales preconscientes invadiendo la escena. Hay una proyección de estos contenidos que supera las posibilidades de analizar la situación específica en la que nos encontramos.

Hay que tomar en cuenta que en los demás ancianos, más allá del pedido de resguardo de la intimidad, aparecen fantasías y afectos de distinta cualidad, por ejemplo la envidia. Los deseos sexuales, más que actuados, son transmutados en deseos agresivos. Tal vez la reacción más evidente en todos, personal y pacientes, es el enojo por asistir a una escena sexual, que rememora en lo inconsciente y confronta con los propios deseos. Esta es la razón principal de la intolerancia frente al suceso y sobre la que se basan muchos de los prejuicios respecto de la sexualidad de los viejos, que son asociados a los propios modelos sexuales que generalmente son los propios padres.

A veces se asiste al fenómeno contrario pero igualmente proyectivo en el cual el personal alienta desmedidamente un vínculo amoroso, que se inicia y satisface ilusoriamente deseos propios a través del mismo. Se inmiscuyen perturbando el devenir de un vínculo que puede no tener la trascendencia que pretenden conferirle. Es notable la sanción que sufren relaciones cuya finalidad es la satisfacción sexual sin mayor compromiso afectivo. Producir cambios en las concepciones sobre la sexualidad dentro de una institución geriátrica no es fácil. Hace falta un trabajo profundo respecto de las creencias que no se da sólo con cursos o leyendo libros sino que debe desplegarse en el terreno de los hechos y afectos.

García (2005) plantea que una adecuada preparación a los cambios en la vejez, no sólo no es recomendable, sino que puede ser la plataforma adecuada para vivir otra manera distinta su sexualidad, lejos ya del miedo a los embarazos no deseados, de un deseo menos agobiante y de una mayor lentitud y tranquilidad en la respuesta sexual. Algo así como una revalorización de su vida sexual.

Es sabido que uno de los mayores rechazos a que las personas mayores tengan actividad sexual viene, a menudo, por parte de los hijos/as y familiares que tienden a negar la sexualidad de sus padres, así como de los responsables de instituciones en donde viven, por lo que los programas de formación deben incluirles. En las instituciones habrá que llegar a consensos sobre diferentes medidas de promoción de la salud afectivo-sexual, entre las que pueden incluirse las siguientes:

1. Que cada persona disponga de su intimidad.
2. Respeto a la libertad sexual de cada persona.
3. Garantizar la privacidad en las habitaciones.
4. Respetar el derecho a compartir habitación, si así lo desean las personas implicadas, facilitando esa posibilidad desde el punto de vista de recursos.
5. Facilitar el establecimiento de relaciones a través de actividades lúdicas (bailes, viajes y otros) tanto dentro de la institución como entre instituciones.
6. Disponer de profesionales que puedan informar adecuadamente y asesorar individualmente o en pareja en esta materia, a los ancianos y ancianas que lo deseen.
7. Favorecer el estudio y la investigación en este campo, con permiso de los propios ancianos y ancianas.

La intimidad es especialmente importante, por lo que es preciso que adquiera un pleno reconocimiento aun cuando no hace referencia sólo al sexo, si bien la intimidad facilita una vivencia libre de la sexualidad en un clima de respeto a la libertad individual.

García (2005) plantea que si la sociedad no parece ser muy tolerante ante este tipo de hechos, no lo son más los propios familiares, incluso los propios compañeros/as ancianos en las residencias. Da la impresión de que existe una especie de confabulación contra la libertad de opción sexual y el derecho a vivir y expresar las necesidades afectivo-sexuales. En las residencias no es raro que los compañeros/as sean los primeros censores. Prácticamente la totalidad de las ancianas que residen en centros residenciales no consideran decentes sus vestidos si tienen un escote que baje más de dos o tres dedos de la base del cuello, o que no cubra los brazos hasta el codo por lo menos, o que no descienda más allá de lo justo para cubrir las rodillas. No son decorosos los vestidos de telas transparentes, ni las medias de color carne, que dan la impresión de dejar las piernas al descubierto.

Ehrenfeld y su equipo de colaboradores (1999) realizaron un estudio con grupos de ancianos institucionalizados y encontraron que su conducta sexual puede ser clasificada en tres categorías: a) amor y cuidado,

b) romance, y c) erotismo. Pero ésta última categoría fue la menos frecuente en esta población, la autora lo atribuye a la actitud del personal.

Recordemos que el propio personal de los centros gerontológicos no promueve talleres de sexualidad como parte de sus programas de trabajo. No es lo mismo en centros comunitarios con grupos abiertos, ahí la misma población se interesa por el tema y tiene la posibilidad de explorar alternativas, lo que no siempre es posible en las casas hogar.

Parece que la actitud de censura no reconocida ha empezado a cambiar en México. En el Estado de Hidalgo se ha promovido mucho el trabajo de capacitación gerontológica en la cual también he tenido oportunidad de colaborar, en ella han participado varios directores de centros gerontológicos y casas hogar. A mi parecer no se han generado todos los cambios esperados en sus actitudes, pero se han logrado algunos avances que se han concretado en acciones particulares como es el siguiente caso.

A principios del 2006 en una casa hogar se presentó la petición de parte de una mujer anciana que solicitaba ingreso, se cumplieron todos los trámites necesarios y se le dio alojamiento. Al pasar el tiempo el personal se dio cuenta de que esta señora había hecho amistad muy profunda con otra residente que ya tenía tiempo viviendo en ese lugar. Poco a poco quedó claro que más que amistad había una relación de enamoramiento no reconocido, pero una trabajadora social tuvo la oportunidad de platicar con ellas y poner en claro la relación que tenían. La confianza que esta trabajadora social se ganó de las residentes permitió que ellas le hicieran la petición de solicitar una habitación compartida, se presentó el caso a la directora del centro y autorizó el cambio con todas las conveniencias posibles tales como explicar al personal lo que sucedía, disminuir los rumores y las críticas de otros residentes y respetando la privacidad de la nueva pareja.

Sucesos como el anterior parece que serán más frecuentes en el próximo futuro.

La sexualidad desde el mundo de las ancianas prostitutas

Un ejemplo de lo anterior lo tenemos en el tema de la prostitución y la vejez que quizá es el tema que menos se conoce desde la psicogerontología, pero que basta hacer un recorrido por las calles de grandes ciudades y se mostrará en toda su plenitud tal como lo demuestra la Casa Hogar

Xochiquetzal, la cual es un espacio en el que tengo oportunidad de colaborar y que ha sido objeto de muchas pretensiones de manipulación política, de malas interpretaciones y de abusos de personas vinculadas a esta propuesta, hechos que en su conjunto, y vistos desde un punto de vista psicosocial ponen al frente lo complejo del tema y los problemas asociados a él que su directora debe abordar.

Cuando surgió la Casa Hogar Xochiquetzal la escritora mexicana Elena Poniatowsca publicó en abril del 2006 la siguiente nota.

> *Doce camas bien tendiditas con sus almohadas aguardan doce cuerpos de mujeres de 70 años para arriba. Cada cama tiene un nombre de mujer porque cada una lo ha pegado en la cabecera. "Hoy voy a dormir muy bien", "voy a dormir bajo techo", "tengo mi almohada bordada", "me traje mis peluches, mi pantera rosa, mi ratón y mi pato y ya los colgué de la pared". "Todavía no puedo venir aquí porque no he podido vender mi cama y mi tele", se lamenta una. También en el dormitorio se entronizan los altares, las veladoras, la Virgen de Guadalupe y San Martín de Porres, los Ángeles de la Guarda, las dulces compañías, la protección a las más desvalidas.*

Esta primera parte de la nota pareciera que muestra lo tranquilas que ahora se pueden sentir esas nuevas residentes para tener un lugar en dónde dormir y vivir; sin embargo la verdad está muy lejos de estos comentarios, no basta tener un lugar a donde llegar, hay que aprender a construir un hogar conjuntamente con otras compañeras de desgracia que solamente tienen en común haber aprendido a vivir en un mundo sin límites, ni respeto, ni responsabilidades y sin compromisos. Más adelante en la misma nota se reporta lo siguiente:

> *Un suceso insólito*
> *¿Podría creerse que un gobierno no sólo se preocupa por las trabajadoras sexuales ancianas sino que escoge para ellas una casa en el Centro Histórico y se las brinda? ¿Podría creerse que en 2004, Luz Rosales, Raquel Sosa, Cristina Laurell, la doctora Guadalupe Márquez, Jesusa Rodríguez, Marta Lamas, Chaneca Maldonado, propiciaron el encuentro de las trabajadoras sexuales con el jefe de Gobierno, que las escuchó a todas?*
>
> *Por lo general por ser mujeres, por su edad, su oficio, las trabajadoras sexuales ancianas son discriminadas.*

La nota parece reflejar buenas noticias y buenas intenciones, pero cuando se conoce más de cerca la vida de las residentes el panorama es totalmente diferente. Estas residentes ancianas son una muestra de cómo puede afectar vivir una sexualidad de riesgo, y de cómo hay formas de comportamiento sexual que se vinculan a otros riesgos de salud característicos de población anciana tales como las enfermedades crónico degenerativas y las demencias. En este sentido la Casa Hogar Xochiquetzal aparece como un buen laboratorio psicosocial para aprender a detectar factores ignorados pero importantes para la atención gerontológica.

Por principio hay que tener en cuenta que los estilos de vida de estas residentes se han caracterizado por ser de patrones de comportamiento de alto riesgo, generalmente no son patrones saludables y, además, se acompañan de comportamientos antisociales tales como robos, consumo de drogas, alcoholismo, violencia familiar. También hay formas de comportamiento que muestran una sociopatía común en muchas de ellas, como por ejemplo la mitomanía, seducción, labilidad afectiva, falta de compromiso y sensibilidad social, manipulación, amenazas, sobredemanda de atención, mentiras, agresión interpersonal y rasgos paranoides (suelen sentirse señaladas observadas o amenazadas por alguien). Muchas de ellas son víctimas de una forma de vida injusta, pero también muchas han decidido seguir en esa forma de vida sin buscar otras alternativas.

Una de las líderes principales, que luchó por crear un espacio como la Casa Hogar Xochiquetzal, me comentó que buscaba un lugar para dignificar el sexo servicio y dar una condición más humana a la vida de sus compañeras; pero conforme ha pasado el tiempo se ha puesto en evidencia una lucha de poder, manipulación, amenazas, desacuerdos e intereses políticos que nada tienen que ver con la dignificación del sexo servicio.

A casi seis años de estancia, las residentes que aún permanecen en este centro ya presentan problemas como diabetes, hipertensión, SIDA, estados demenciales, deterioro cognitivo y otros males degenerativos. De cinco fallecimientos que se presentaron, dos fueron por padecimientos que se asocian al SIDA y hoy sabemos que hay algunas residentes que se han identificado como portadoras del VIH, y aún ejercen la prostitución.

La sexualidad de las ancianas que se han dedicado al sexo servicio no puede ser vista de la misma forma que la de otro tipo de población anciana, por la sencilla razón de que corresponde a estilos de vida diferentes que tienen distintas consecuencias en quienes los han vivido. Tengamos presente que la vejez tiene la particularidad de materializar y concretizar, como ningún otro grupo generacional, las consecuencias de lo vivido y elegido, pero también de lo no vivido y no elegido.

El estudio y atención de los diferentes tipos de población anciana deben realizarse desde las particularidades y no solamente desde lo generalmente compartido. Las necesidades sexuales y sus diferentes formas de expresión varían según el contexto, historia y cultura vividos. En este sentido las ancianas prostitutas o sexo servidoras tienen una carga de experiencia social pocas veces conocida, y no siempre corresponde a la imagen de víctimas que se les suele poner. Muchas veces ellas asumen ese papel y desde ahí tratan de establecer sus relaciones interpersonales.

Al hablar con ellas me enfrento a momentos en que no me ven como la persona que soy sino como el género masculino que tanto las ha violentado; pero también me han compartido cosas muy personales entre las cuales se encuentran que, aun con los riesgos a los que se exponen, podían tener un ingreso inmediato cada vez que cobraban un servicio, además muchas aceptan que disfrutaban el tener relaciones con desconocidos a pesar de tener su pareja sentimental.

También reconocen que la actividad sexual va cambiando con el tiempo, hay un momento en que la recurrente visita de algunos clientes deja de ser únicamente un encuentro comercial y termina por volverse una forma de encuentro personal, de acompañamiento y relación íntima. Al pasar el tiempo el encuentro sexual suele transformarse en una forma, no carnal, de evitar la soledad. Pero en esas relaciones suele haber un acuerdo no explicitado de respetar ciertos temas sobre familia y relaciones de pareja.

Durante una estancia que realicé en la Universidad de Salamanca, en España, abordamos el tema de un grupo de ancianas que también se dedican al sexo servicio en una zona muy definida de la ciudad. Sus condiciones de vida no se comparan a las de las ancianas mexicanas que se dedican a lo mismo, las ancianas prostitutas españolas cuentan con otros apoyos pero también se carece de información sobre su salud y calidad de vida.

En Salamanca tuvimos oportunidad de comentar la presencia social de este grupo, pronto quedó claro que las ancianas prostitutas mexicanas y españolas asumían una función social que no ejerce ningún otro grupo, son ellas las que se convierten en acompañantes de otros ancianos que, generalmente, se encuentran en soledad, distanciamiento o abandono familiar.

Es de llamar la atención que un malestar común entre algunas residentes de Xochiquetzal es que no toleran el comportamiento sexual de una residente que suele masturbarse casi todas las noches, quienes comparten su habitación suelen terminar discutiendo con ella por lo que hace. No es el masturbarse lo que molesta, sino lo que expresa mientras lo hace, y la agresión que tiene ante sus compañeras con las que comparte el ejercicio del sexo servicio. Hay que aclarar que, según la experiencia clínica en otros centros o casas hogar para ancianos, también se da la masturbación tanto entre hombres como en mujeres pero esto no se aborda abiertamente. Pocas veces hay la posibilidad de hablar del tema, pero en el caso de personas que se dedican al sexo servicio, que son más jóvenes y cuentan con mayor información, tienden a verse como personas (hombres y mujeres) que venden la obtención de orgasmos y no solamente placer.

Podemos asumir que la prostitución en la vejez es una forma de comportamiento sexual que tiene muchas vertientes que nos invitan a explorarlas, van desde que puedan ser vistas como una forma de comportamiento con una función social en que las personas ancianas compensan su soledad, hasta una forma de supervivencia social a la que las mujeres ancianas pueden recurrir para el sustento básico día a día. Pero esta última forma de actividad no puede ser mantenida indefinidamente, ni ha mostrado que termine por brindar una vejez satisfactoria pues, de una u otra forma, hay reclamos y malestares por asuntos no resueltos que frecuentemente nos reportan en el consultorio o en las pláticas que podemos tener con ellas. Es evidente que la mayor parte, si no es que todas, las personalidades públicas que menciona la nota de periódico citado anteriormente, desconocen cómo evoluciona la problemática de salud y estado psicológico de las mujeres ancianas dedicadas al sexo servicio, es decir, carecen de información referente a la gerontología aplicada a este tipo de grupos. Propusieron una casa hogar para ancianas pero no tomaron en cuenta los requerimientos gerontológicos ambientales básicos para su funcionamiento; se repitió el mismo error que es común encontrar en la mayor parte de las casas hogar para ancianas que existen hoy en la ciudad de México y buena parte del país, no basta disponerles un espacio para vivir, hay que comprender cómo evolucionará la salud de sus residentes. Pero lo más crítico es que no pudieron ver lo diferente que es el comportamiento sexual, y la vinculación de éste con otras formas de comportamiento cotidiano y estilos de vida de estas ancianas, y por tanto, no ha sido posible atender sus necesidades. Se idealizó la imagen tanto de la sexualidad como de la vejez en estas ancianas, y se desvirtúo el sentido del compromiso social al no darle seguimiento al tema.

Gómez (2009) en un reportaje sobre prostitución menciona que en México no hay datos sobre cuántos hombres y mujeres se dedican al trabajo sexual, pero cifras del 2008 de la Asamblea Legislativa del Distrito Federal establecen que sólo en la ciudad de México hay alrededor de 40 mil personas que ejercen prostitución. Esta no es una población menor y nos da una idea de cuantas de ellas podrán llegar a la vejez y en qué condiciones de calidad de vida, sobre todo si consideramos las posibilidades de que padezcan alguna enfermedad crónico-degenerativa. También hay que pensar que, según la experiencia clínica, son población que no suele pensar en su vejez ni prevenir su llegada, a pesar de ser considerados como parte de los llamados grupos vulnerables.

VIH, SIDA y vejez

El Síndrome de Inmuno Deficiencia Adquirida (SIDA) es el estado más avanzado de infección por el Virus de Inmunodeficiencia Humana (VIH). El virus se puede transmitir por sangre, semen, fluidos vaginales y por tomar leche materna contaminada.

Para Beascoechea (2006) las enfermedades crónico degenerativas tales como diabetes, cáncer o cardiopatías, no tienen la carga prejuiciosa que posee el hablar sobre los hábitos sexuales y el SIDA. Porque aquellas aparecen vinculadas a un cuerpo que ha sido trasgredido y atacado por la enfermedad, en cambio al SIDA se lo vincula prejuiciosamente al cuerpo trasgresor y al uso que se hace del cuerpo.

En relación a la sexualidad y SIDA sí se puede decir que, como toda enfermedad, impacta en las relaciones eróticas, afectivas, sociales, de relación y también en la calidad de vida y bienestar subjetivo. Hablar del VIH-SIDA va más allá de la genitalidad, dado que hay otras vías de contagio. La sexualidad se construye y constituye desde una perspectiva histórica, cada época dará efectos sobre los modos de vincularse sexual y sociológicamente.

Beascoechea (2006) hace un señalamiento que es importante retomar para este caso, la autora plantea que la variable "grupos de riesgo" es utilizada por la sociedad, la cultura y el tiempo histórico de cada época. La creencia de que si se es buena persona, culto, persona de edad avanzada, honesta, solvente económicamente, profesional, entonces no se contagia ni contagia, y permite que desde el imaginario una variable científica como es "grupos de riesgo" pase a un sistema de valores y creencias populares, perdiendo su origen desde su fundamentación como conocimiento científico. Mientras se socializa, y se incorpora en la subjetividad y el imaginario, la información científicamente fundamentada termina por transformarse en un recurso para sustentar las creencias y preferencias personales, en buena medida se transforma en parte de los prejuicios cotidianos de los cuales no están exentos los propios especialistas.

La supresión de la conciencia de riesgo sexual de parte de los ancianos, obedece justamente al sistema de valores y prejuicios que el imaginario social proporciona sobre la sexualidad en la vejez. Las instituciones y los profesionales callan sobre la sexualidad, no preguntar refuerza mecanismos defensivos.

Al abordar el tema del SIDA y la vejez Toynes, Wright y Milano (2008) sugieren una serie de pautas para que las personas mayores hablen con su médico acerca de su sexualidad y sus riesgos. Proponen que antes de la consulta tomen algún tiempo para pensar acerca de lo que desea discutir. Esto puede incluir cuestiones acerca de sus prácticas sexuales. Algo que le ayudará es que el médico podrá hacerle preguntas respecto de sus sentimientos de ansiedad y nerviosismo, escribir le ayudará a recordar lo necesario.

Sugieren que cuando el paciente tome la iniciativa podrá guiar al médico para poder priorizar sus inquietudes sociales. Debe tratar las realidades de su vida con su médico, mencionar obstáculos que afectan su estado de salud. El médico debe poder ver los logros de sus pacientes, por tal motivo deberá hablar de sus hábitos de beber, uso de drogas, número de parejas sexuales; y al final tendrá que dejar la puerta abierta para otras discusiones. Toynes y sus colegas mencionan cuatro niveles de riesgos

Nivel 1. No hay riesgo.	Beso con boca cerrada Masturbación mutua Masaje y contacto corporal
Nivel 2. Riesgo muy bajo.	Besar con boca abierta Sexo oral sin eyaculación o sin tragar, o sin condón.
Nivel 3. Riesgo medio.	Sexo oral con eyaculación y tragando Penetración oral o vaginal usando condón
Nivel 4. Alto riesgo	Penetración oral o vaginal sin condón Compartiendo juguetes sexuales (vaginalmente o analmente) Compartiendo innecesariamente jeringas u otro equipo para drogarse (incluyendo las necesarias para diabetes u otras condiciones)

En este momento le pregunto al(a) lector(a) si se ha dado tiempo para pensar, y reconocer qué tan fácil o difícil le es representarse a una persona anciana en imágenes de temas generalmente vedados tales como teniendo o haciendo sexo oral o anal, utilizando jeringas o juguetes sexuales, masturbándose o deleitándose con personas del sexo opuesto o de su mismo sexo, incluso utilizando pornografía. Lo que personalmente sienta respecto de esto le dará una idea de cuánto le falta avanzar para abordar el tema sexual del anciano con naturalidad y del personal en las instituciones, e incluso en su propia familia.

Aún se requieren muchos cambios en la sociedad para atender y entender las enfermedades de transmisión sexual en personas ancianas. No será posible obtener cambios en poco tiempo, sobre todo si pensamos que hay un tiempo psíquico para incorporar los cambios, y hay un tiempo social para incluir lo nuevo, un tiempo que permita incorporar en la subjetividad, el imaginario y la representación social de la sociedad contemporánea.

El derecho a la educación sexual, a toda edad, parece seguir siendo la principal forma de prevenir problemas sexuales en todas las edades.

Según Cruz (2009) y Rodríguez (2005) la desinformación para prevenir el virus y una vida sexual más perdurable por tratamientos de disfunción eréctil han facilitado más infecciones. Actualmente las personas mayores de 50 años corren más riesgos de contraer el VIH/SIDA, debido que se ha comprobado que están menos informados para prevenir esta enfermedad, mientras están concentrados en tener una vida sexual más perdurable por los tratamientos efectivos contra la disfunción eréctil. Cruz (2009) menciona que el Ministerio de Salud de Brasil proporcionó datos donde la cantidad de mujeres de 50 a 59 años de edad, con VIH/SIDA, se duplicó entre 2000 y 2007, mientras que en la edad de 60 y 69 años creció 88 por ciento y entre las de más de 70 años 190 por ciento. En el caso de México, el porcentaje de personas infectada mayores de 45 años es del 19.4 por ciento hasta el 2007, según el Centro Nacional para la Prevención y Control de VIH-SIDA (Censida).

Cruz (2009) también menciona que el primer factor para contraer esta mortal enfermedad es que existe falta de información en las personas mayores. El segundo factor considerado en los contagios son los medicamentos que tratan la disfunción eréctil, que han extendido la vida sexual de muchos individuos de más edad, pero también el riesgo de una pandemia del VIH en estos grupos, sin embargo el autor no proporciona datos al respecto. Algo evidente es que en México se están encontrando casos de VIH en personas mayores de 60 años y los ancianos no son sujetos de ninguna campaña de prevención o educación sexual.

Las acciones de gobierno, tanto de México como de otros países, para proporcionar viagra a personas mayores, deberán estar acompañadas de campañas de prevención del SIDA y otras enfermedades de transmisión sexual.

Por último Rodríguez (2005) plantea que también se piensa que los médicos no siempre hablan con las personas mayores de 50 años sobre la prevención contra el VIH/SIDA. Las personas ancianas son menos propensas que las más jóvenes a hablar con sus médicos sobre sus vidas sexuales. Es posible que los médicos no les pregunten a los pacientes mayores sobre su vida sexual o su consumo de drogas o de que hablen con ellos sobre otros comportamientos de riesgo. Aún no se toma con seriedad que los ancianos no siempre saben cómo se contagia el virus o de la importancia de usar condones pues en sus años de matrimonio prácticamente no los utilizaron.

Actualmente los ancianos infectados pueden identificarse en dos grupos, por un lado están los que se encuentran viviendo desde hace mucho con VIH y que pasan de 50 años, y por otro lado están los que se han infectado después de haber cumplido esa edad. En México las defunciones por SIDA en 2007 (datos definitivos) reportadas fueron 5,093, y la tasa de mortalidad 2007 por 100 mil habitantes era de 4.8.

En una ocasión, hace varios años, tuve la oportunidad de atender a un anciano de 75 años que recientemente se había enterado que era seropositivo; no presentaba otros problemas de salud pero estaba interesado en comprender lo que le podía pasar. Cuando le pregunté desde cuándo sabía que tenía el VIH me comentaba que tenía unos tres meses, pero él sospecha que ya lo tenía desde hacía más de veinte años. Comentaba que estaba tranquilo con su sexualidad, y que tratará de cuidarse lo mejor que pueda, sabía que todavía podría vivir un buen rato y no quería dar complicaciones a otras personas. Este fue uno de los pocos casos que pude ver que actuaba con responsabilidad e información, solamente lamentaba no haber estado informado antes de lo que era el SIDA, pero él no podría haber sabido mucho pues la investigación de este padecimiento en México apenas comenzaba.

El tema no es fácil, pues las personas ancianas además enfrentan una doble discriminación, una por contraer VIH y otra por la edad, y se encuentran ante el reproche de amigos o familiares que cuestionan que a una edad avanzada hayan contraído tan mortal virus.

Rodríguez (2003) resume una serie de estrategias y conductas que pueden reducir el riesgo de que las personas ancianas se infecten con el VIH y enlista las siguientes acciones:

- Promover que las personas de edad hablen sin temor ni reserva sobre sus necesidades sexuales, y que lo hablen con sus médicos y familiares.
- Que los prestadores de servicios sanitarios y sociales se informen sobre la sexualidad y prácticas sexuales de los adultos mayores, para evaluar mejor los posibles riesgos.
- Que el tema del VIH forme parte de los servicios que se presten a las personas mayores, incluidas la enseñanza para la prevención secundaria (grupos de apoyo) y en los servicios de asistencia especializados.
- Enseñar a las personas que atienden a infectados por el VIH sobre la necesidad de que se presten servicios adaptados a la edad, y formarlos en los temas específicos relacionados con el VIH entre la población de edad.
- En materia de investigación poner énfasis en la interacción del VIH y el envejecimiento.

- Que las personas de edad participen en investigación sobre prevención y asistencia.
- Proporcionar talleres y presentaciones dedicadas a brindar la información básica sobre el VIH/SIDA, así como el llamado "sexo seguro".
- Los medios de comunicación masivos también deberían trabajar en una labor de información incluyendo programas educativos para los mayores.
- Los servicios sanitarios deberían ser formados para realizar una labor de prevención del VIH/SIDA en las personas mayores, así como tratar de una forma específica a los mayores infectados.
- Creación de programas educativos de prevención exclusivos para gente mayor.
- Los medios de comunicación deberían incluir temas, imágenes y mensajes que se identifiquen con las personas mayores.
- Promover de una forma rutinaria la prueba de detección del VIH.
- Investigar el comportamiento de los mayores respecto a la sexualidad.
- Realizar estudios y ensayos clínicos en personas mayores seropositivas.
- El personal sanitario y los proveedores de servicios para personas mayores, entre ellos los cuidadores informales y el personal de residencias geriátricas, deberían recibir formación sobre los comportamientos de riesgo y los síntomas del VIH en las personas mayores.
- Las personas mayores son un segmento de la población especial que debería recibir mensajes preventivos tanto por el riesgo que ocasionan las conductas poco seguras, como por el papel de enseñanza, liderazgo que pueden desempeñar para las generaciones venideras. Sería pertinente que se pudieran aprovechar sus experiencias para impartir educación preventiva sobre el VIH entre los más jóvenes.

No pasará mucho tiempo antes de que el sector de las residencias geriátricas se vaya adaptando al aumento claro y tangible de los casos de VIH/SIDA en las personas más longevas (y en México ya se han empezado a presentar varios casos), ya sea por el propio envejecimiento de la población infectada o por contagios en edades mucho más tardías.

Por propio contacto personal se observa que el sector de la población anciana ya acepta con normalidad, y sin excesivas reservas, los ingresos de personas infectadas por el VIH/SIDA en la vejez, e incluso más jóvenes.

En la actualidad, dada la "cronificación" de la enfermedad gracias al éxito de los fármacos antirretrovirales, es suficiente una adaptación precisa del nivel y calidad de la atención geriátrica para adaptarse a las necesidades del residente seropositivo, haciendo énfasis sobre todo, en la confidencialidad, mutua confianza, discreción, no-marginación y no-discriminación, cumplimiento escrupuloso de los diversos protocolos, información suficiente al personal cuidador y cumplimiento de la normativa de prevención de riesgos laborales.

No pasará mucho tiempo en el que, a medio y largo plazo, ante el aumento de número de casos, y una vez reconocido y hecho visible la existencia del colectivo afectado, el trabajo en el sector gerontológico se centrará en una paulatina especialización en la atención al residente afectado, en sí mismo considerado y en relación con el resto de residentes, para evitar la marginación.

El mismo Rodríguez (2003) plantea que será necesario también un progresivo aumento de toda la información existente sobre el tema, que todos los profesionales que operan los programas gerontológicos tengan ideas muy claras al respecto y sugiere las siguientes ideas:

- Asumir el sector residencial geriátrico que un determinado porcentaje (todavía no se sabe el "quantum") de potenciales usuarios/as de nuestros servicios puedan estar afectados por el VIH/SIDA.
- Ante esta hipótesis, habría que ir mejorando y adaptando los servicios asistenciales de las residencias geriátricas en el grado preciso, a nivel de información/formación de los profesionales, así como promoviendo el trabajo multidisciplinar.
- A medida que se incorporen a la tercera edad los que hoy son más jóvenes, se tendrá que ir introduciendo en las residencias geriátricas una mayor dosis de información respecto a las infecciones de transmisión sexual. En este sentido las próximas generaciones de ancianos serán más receptivas, tendrán una mejor información sobre el SIDA, a nivel de prevención, dado que la gente mayor ya no lo considerará un tema tabú. Esto ayudará a que el residente seropositivo se encuentre totalmente normalizado y sin miedo a

la marginación, porque será aceptado y reconocido por el grupo, y el grupo sabrá cómo actuar.
- Dar formación especial y específica sobre el VIH/SIDA al personal asistencial y cuidador de las residencias, ya sea en la enseñanza reglada como en la ocupacional.
- Exigencia e implantación de protocolos específicos sobre el tema, en especial para evitar la discriminación y estigma de los residentes seropositivos.
- Promover como opción viable el servicio de atención domiciliaria (SAD) e incluso los pisos tutelados como se les llama en España (no confundir con los de acogida), para personas sin vivienda o falta de apoyo familiar y/o social.
- Estudiar e investigar un posible cambio o adaptación en la atención a los familiares de los mayores seropositivos, dado que sus necesidades e inquietudes pueden ser diferentes al resto de residentes.
- Promocionar y fomentar foros de debate y discusión específicos sobre el tema entre los diferentes profesionales, con la principal finalidad de hacer visible esta realidad en la sociedad, y en particular en el sector residencial.
- No crear residencias geriátricas específicas y exclusivas para personas mayores seropositivas, dado que sería caer en el gran error de considerarlos como ciudadanos de segunda clase. Opino que el sector de las residencias geriátricas, ofrece con sus servicios asistenciales normalizados recursos suficientes como para atender las actuales necesidades del grupo humano del que tratamos y las futuras que se planteen con las adaptaciones y mejoras necesarias. Tema diferente es que las residencias con unidades socio-sanitarias atiendan con profesionalidad y dignidad a las personas mayores seropositivas en la última fase de la enfermedad.
- Aprovechar la vasta y amplia experiencia en investigación, prevención, apoyo social de las organizaciones y entidades, públicas y privadas, que tocan el tema del SIDA, en particular las asociaciones del colectivo de homosexuales y lesbianas, por su gran activismo en la lucha contra la enfermedad, que ya empiezan a estudiar la problemática y necesidades de los mayores homosexuales.

- Estudiar las necesidades socio-sanitarias de las personas mayores seropositivas para así reconocer sus inquietudes y problemas, y poder tomar las decisiones estratégicas para adaptarse a sus necesidades.

En un estudio publicado en 2008 sobre comportamiento sexual de riesgo y el uso del condón en la vida tardía, Illa y sus colaboradores realizaron un estudio con 125 hombres y 85 mujeres que tuvieron los primeros cuidados clínicos para pacientes sexualmente activos pero con resultados positivos en exámenes para VIH. Encontraron que el estigma negativo y percibido del VIH estaba asociado al uso inconsistente del condón, mientras mayor era inconsistente mayor era la percepción negativa. Sus resultados muestran que al contrario de lo que suele creerse la persona anciana sexualmente activa tiene comportamientos de alto riesgo de transmisión similar al que tienen los jóvenes; esto implica que pueden tener indicadores similares sobre riesgos a la salud y necesidad de orientación psicológica para personas con VIH.

Los siguientes aportados no cuentan con mucha literatura disponible, la información que se presenta en ellos se elaboró a partir del trabajo de campo, de la experiencia clínica en consultorios, y de notas en diferentes periódicos. La presento con el deseo de que pueda servir de referencia proporcionando ideas, indicadores o elementos de referencia para poder realizar investigaciones y estudios formales en cada uno de estos rubros. La información disponible en los apartados restantes de este capítulo puede brindar puntos de partida para pensar tanto en investigaciones como en el diseño de programas de educación sexual, espero que a algún lector le interesen estos temas.

Presencia de la vejez en la pornografía

La presencia de imágenes de ancianos y ancianas en actividad sexual con fines comerciales parece que se considera algo, de momento, raro y curioso. Comúnmente se piensa que la pornografía es algo censurable, incluso patológico y de mal gusto. Sin embargo poco a poco la participación de personas viejas se ha estado haciendo presente en este tipo de actividades, incluso en Japón se tiene la noticia de un anciano de 73 años a quien se le conoce ya como el abuelo porno, por cierto que no es un ejemplo de belleza pero la nota lo reporta como alguien sexualmente bien dotado. La pornografía ha penetrado mucho en la vida diaria de las sociedades modernas y carecemos de información con sólido sustento científico sobre este tema; aun así cada día se asume con mayor naturalidad e incluso se recomienda consumirla en ciertos casos, sobre todo en terapias sexuales. Pero no todas las culturas tienen la misma idea de la sexualidad, así que es muy pronto para asegurar que la pornografía es inofensiva y realmente pueda brindar algún beneficio. Lo que sí es claro es que dentro del mercado de la pornografía ya se tiene una línea centrada en la actividad sexual con y entre personas ancianas, destacando principalmente las mujeres viejas.

El cine pornográfico se ha caracterizado por presentar comúnmente cuerpos jóvenes, bellos, incluso estilizados y casi inalcanzables, pero en Japón los gustos son distintos. En ese país, según la nota, el cine porno con ancianos es muy visto y el abuelo porno es una de sus estrellas, iniciando su carrera cinematográfica hace cuatro años, cuando fue jubilado de su trabajo y puede tener relaciones tanto con mujeres de 20 años hasta de 72. El cree que la gente se siente más segura cuando ve videos protagonizados por gente de su edad. Asegura que no utiliza viagra o algún otro medicamento para tener erecciones. Japón es el país con mayor porcentaje de población mayor de 65 años del mundo, más de 30 millones de personas.

Algunos ancianos que actúan en cine porno creen que este cine se llegará a ver con naturalidad en centros gerontológicos. En lo particular no creo que esto se llegue a dar con facilidad, vivir en centros gerontológicos tiene sus complicaciones y muchas dependen de la salud general y estado neuropsicológico de sus residentes.

Podemos creer que la industria de la pornografía no escapa a los prejuicios sobre la edad que caracterizan otros aspectos del envejecimiento. El hecho de que en el mercado pornográfico abunden las imágenes de mujeres ancianas, en relación a las de hombres, también son indicadores de la carga sexual que se ve en la mujer a cualquier edad. No tengo muchas noticias de revistas eróticas y de fotografía artística que muestren cuerpos de mujeres ancianas, ya no se diga de hombres. Incluso en las revistas para homosexuales suelen estar ausentes las imágenes masculinas de ancianos.

Sin embargo la pornografía parece reforzar la falta de privacidad en una actividad considerada por la cultura occidental como muy personal. Recordemos que parte de los problemas actuales con la sexualidad es precisamente la falta de privacidad, y sus consecuencias inmediatas es la carencia de límites, que son justamente los que dan seguridad, sentido y definición clara de las relaciones personales.

Operaciones de cambio de sexo y vejez

Un suceso que cada vez es más frecuente es el cambio de sexo, con esto se da también un incremento en la población que se somete a este tipo de cirugías y logra vivir bastante tiempo, pero aún no se tienen noticias de alguien que se haya cambiado de sexo y ya hubiera llegado a una edad avanzada. Lo que sí se puede anticipar es que el cambio de sexo también implica cambios en los estilos de vida, y una forma diferente de envejecer.

Magallán (2009) menciona el caso de la mujer transexual Chris Mason que fue acusada de obligar a su esposo a ejercitarse al grado de caer muerto, con el fin de heredar su pensión de jubilación. La historia publicada en el diario El Universal es la siguiente:

> *James M. Mason conocía a su esposa desde que ella nació con el sexo masculino. Fue militar de formación y trabajaba como portero en la casa del niño y era tratado como parte de la familia. Se casó con Chris casi 30 años después, y la sorpresa también era porque él conocía que ella se sometió a una cirugía de reasignación de sexo tres años antes. James tenía más de 70 años y Chris poco más de 30.*
>
> *La policía asegura que Chris forzó a James Mason, quien tenía una enfermedad del corazón, a realizar actividad física por más de dos horas en una alberca techada del condominio en el que habitaban. James Mason, quien tenía 73 años en el momento de su muerte, conoció a la familia de su esposa en 1963 cuando fue contratado como vigilante. Cuatro años después nació quien sería su esposa con el nombre de John Leslie Vallandingham. Chris Mason, ahora de 41 años, trabajó como asistente de ancianos enfermos y en 1983 se sometió a una cirugía de reasignación de sexo, y conocía a James con quien se casó el 18 de agosto de 2006.*

El caso anterior es un caso extremo, no todas las personas que se cambian de sexo mantienen relaciones violentas y destructivas, pero es una muestra de las posibles formas de relación que iremos encontrando conforme sean más frecuentes este tipo de operaciones y la población siga envejeciendo. Hasta el momento no hay evidencia de que este tipo de transformaciones lleguen a ser la norma, pero serán casos que quedarán incorporados en la cultura moderna con otros estilos de vida. Serán una muestra de las opciones que se puedan tomar a lo largo de la vida, la mayor parte de las cirugías de cambio de sexo se dan en población joven y adulta, pero con el tiempo los psicogerontólogos tendremos que trabajar para atender casos de esta naturaleza con ancianos, o por lo menos de temas parecidos.

La sexualidad de la vejez en ambientes rurales

Aún hay ciudades rodeadas de entornos considerados rurales, la población de ancianos que viven ahí conservan muchos de sus hábitos, creencias, cultura y costumbres de hace años y utilizan los servicios disponibles en las ciudades que les quedan cerca de su casa, pero no dejan su estilo de vida. Incluso las relaciones familiares se conservan con muchas de las ideas acerca de la pareja, la familia y las buenas costumbres; sin embargo es frecuente encontrar parejas de ancianos que mantienen una vida sexual activa pero desconocida en sus orígenes.

Para empezar tenemos que aceptar que el descubrimiento de la vida sexual en medios rurales es diferente a la de medios urbanos. Las personas que desde niños tienen la responsabilidad de atender a sus animales se encuentran, de forma más natural, con distintas maneras de comportamientos sexuales de los animales, y con ellos van descubriendo sus propios deseos e inquietudes.

Durante una estancia doctoral que realicé en la Universidad de Salamanca, trabajé en entornos rurales con población anciana realizando talleres y entrevistas para mi investigación. Esto me facilitó tener contacto con otras costumbres que tuve oportunidad de explorar. Como tenía que organizar e impartir talleres sobre temas de salud podía hablar de ciertos aspectos con mayor soltura, de ahí que tenía una oportunidad única para trabajar el tema de la sexualidad. Lo interesante de todo fue que pude comparar las costumbres e inquietudes de población rural mexicana y española, fue posible encontrar similitudes pocas veces consideradas en la literatura, y pocas veces comprendidas por los especialistas en la psicología y la gerontología.

Un ejemplo es la siguiente entrevista que un compañero de argentina, el doctor Diego Bernardini quien es geriatra de formación y especialista en salud, y yo pudimos realizar a un anciano que nos encontramos a la entrada de Miranda del Castañar, cuando regresábamos de un recorrido por los pueblos de los alrededores. Miranda del Castañar es un pueblo construido dentro de una pequeña muralla y algunas casas en los alrededores, tiene cerca de 600 habitantes y casi no hay niños. En dicho lugar conocí a un señor, al que llamaré Don Paco, quien tenía 82 años; era saludable, funcional e independiente, dedicado todavía a actividades del campo. Era casado y tenía hijos y nietos que venían a verlo al pueblo todos los fines de semana. Cuando nos vio llegando por una vereda nos comentó lo fresca que estaba el agua de la toma del pueblo y ahí se inició una plática de poco más de dos horas bajo el sol. El señor nos decía que desde muy joven trabajaba en el campo, que había veces que se tenía que ir solo a llevar a pastar su ganado de ovejas, chivas y cabritos a terrenos tan lejanos que tenía que quedarse hasta tres o cuatro semanas viviendo con ellos. Poco a poco se daba cuenta de cómo los machos buscaban a las hembras y esto le llamaba la atención. A lo largo de la plática nos comentó que, para varios de sus compañeros incluido él, sus primeras experiencias sexuales fueron con animales, hembras de diferente tipo que iban desde las gallinas hasta pasar por cabras y borregas; nos llegó a comentar que eran diferentes las sensaciones que tenía al penetrar a las gallinas, a las chivas o borregas, en son de broma comentaba las irritaciones que podía experimentar en los genitales y las apuraciones que pasaban al sentir malestares y encontrarse entre gente no conocida. Nunca parecía que este comportamiento fuera en términos de zoofilia, sino que era una forma de juego para explorar su mundo; no buscaban substituir las relaciones con animales en lugar de con mujeres, cuando podían lo comentaban con sus parejas pero ellas no parecían reportar estos juegos ni parecía importarles, ellas sabían que estos actos eran algo común entre los adolescentes y jóvenes del pueblo, a veces eran motivo de bromas pícaras entre ellas y sus parejas. También nos comentó el gusto compartido al picarle, en son de juego y travesura, los senos a su novia; Don Paco decía "...deberían ver cómo me daba manazos mi mujer cuando metía la mano y le apretaba sus tetas..., nada más se reía se apenaba, pero eso es lo que hacemos los hombres con las novias y esposas, es bueno tener a una mujer cerca de uno...".

Al regresar a la residencia universitaria, y comentar las experiencias del día, la reacción más común entre mis compañeros latinoamericanos era de desconcierto, incluso de censura; algunos eran gente joven pero otros no lo eran tanto y aun así censuraban lo comentado por Don Paco. Más adelante tuve la oportunidad de platicar con la historiadora uruguaya Ana Ribeiro quien me amplió mis ideas y compartió parte de su trabajo hecho sobre los movimientos sociales en América Latina. Ella me comentó que esta forma de comportamiento sexual también es común encontrarlo en la población campesina de muchos lugares latinoamericanos, incluso mencionó escritores que trataban el tema pero que no se había hecho mucho caso. Lo importante de esto es que aquí se abre una puerta para explorar posibles líneas de atención a la salud y la vejez en entornos no urbanos.

Estas formas de exploración y descubrimiento de la sexualidad parecen ser algo común en el medio rural, pero no siempre se exploran si no es que se sospecha algún problema serio en este sentido. Los talleres que impartí estaban dirigidos a grupos de ancianos quienes, al poder participar, se acordaban de cosas que les habían sucedido o habían hecho; era común escuchar las bromas y comentarios acerca del gusto de los hombres por esconderse entre las ramas de los árboles y espiar a las mujeres desnudas bañándose en el río, ellas también lo recuerdan pero no hay ofensa ni malicia, lo ven como algo que hacían de jóvenes sin más consecuencia que las corretizas que ellas podían darles a ellos.

Don Paco comentaba que todavía tiene relaciones con su pareja de casi 79 años de edad, pero que ahora él "empezaba a tener una poquita de diabetes", su médico le dijo cómo podía cuidarse y qué cosas hacer. Don Paco nos comentó cómo disfruta los jugueteos con su esposa, y hay veces que platican entre hombres, son pláticas de amigos, nunca pude ver ofensas o comentarios despectivos respecto de sus parejas.

Tanto con la comunidad española como con la mexicana en el estado de Guerrero y las costas de Oaxaca, fue posible observar que no hay un enamoramiento tal como lo entendemos en las ciudades. La relación entre las parejas de ancianos se ha consolidado con el tiempo, pero más por las experiencias compartidas y los problemas vividos, que por haber estado realmente enamorados desde el inicio.

Esto lleva a la mujer a descubrir su sexualidad de forma más violentada y menos satisfactoria, incluso más desprotegida y desorientada. Las consecuencias de esto es que la mujer crece sin otros referentes que le ayuden a pensar y reconocer de otra forma su deseo sexual que no sea para que otros lo tomen cuando quieran, pero no cuando ella lo decida.

Parte del problema del comportamiento sexual de ancianos en medios rurales es que el tema es visto desde una visión urbana, que no permite ver vertientes que ayudarían a comprender la razón de muchas actitudes y creencias, abordadas fuera de contexto. Las personas que han envejecido en medios rurales no viven el enamoramiento de la misma forma y con el mismo sentido que se le ve en medios urbanos, tampoco han descubierto la sexualidad bajo un sistema de recursos sociales y comunitarios como se puede hacer en las ciudades.

Varias veces me he encontrado con casos de jóvenes que no sabían que sus abuelos no estaban casados, que crecieron dando por hecho que si sus abuelos eran pareja entonces habían cumplido todas las normas sociales, la sorpresa no deja de llamar la atención. Lo interesante es que muchas veces en la familia se asume que los abuelos están casados "por todas las de la ley", y de pronto aparece que esto no es cierto. Bien podríamos pensar que estos casos son una muestra de la idealización distorsionada de la vejez, más si son ancianos de la propia familia.

La sexualidad de ancianos en grupos y congregaciones religiosas

En una ocasión tuve oportunidad de impartir un curso de gerontología y psicología del envejecimiento en una universidad católica a un grupo de 25 participantes. El lector o lectora podrán darse una idea del tipo de público asistente, eso fue lo más interesante.

Quienes tomaban el curso eran personas de distintos grupos católicos, monjas de diferentes congregaciones, estudiantes seminaristas avanzados y profesionales de la salud, sus edades fluctuaban desde los 33 años hasta los 78. Al exponer el tema de la sexualidad lo realicé apoyado con imágenes de personas ancianas teniendo relaciones, las reacciones fueron desde la sorpresa pasando por el desconcierto, la extrañeza, la vergüenza, y el respeto. Lo llamativo del asunto es que tres religiosas, que resultaron ser las mayores del grupo (una que era bioquímica de 78 años de edad, otra que era especialista en letras españolas con 74 años y la última, pedagoga con 71 años), fueron las más interesadas y participativas. Algunas de las religiosas más jóvenes de entre 47 y 66 años de edad y de otras congregaciones, se sentían muy incómodas con el tema, y fue necesario comentar los prejuicios y resistencias sobre el mismo, los varones tomaron las cosas con más calma y claridad. Esto permitió organizar un taller a manera de trabajo con grupos focales y los temas a discutir y analizar fueron cómo entender la sexualidad, qué hacer con la sexualidad de las personas ancianas, y cómo abordar la propia sexualidad.

Lo primero que quedó claro es que falta información sobre la sexualidad de ancianos pertenecientes a congregaciones religiosas y que se haya recolectado con una metodología sólida y válida, reportada en la literatura especializada. Es necesario conocer cómo las personas religiosas llegan a decidir no tener una vida sexual activa y dirigirse a otro tipo de actividades. Además se pudo comentar y discutir que el comportamiento sexual no siempre es explícito, que muchas veces surge de forma simbólica y se expresa de diferentes modos al atender a población anciana.

Los puntos que se pudieron concretar en este grupo fueron los siguientes:

1. El tema de la sexualidad es algo natural pero pocas veces comprendido y hablado claramente dentro de muchas congregaciones religiosas.
2. Es necesario que en las congregaciones religiosas se conozca sobre sexualidad e higiene sexual, pues esto ayuda a prevenir diferentes enfermedades (se consideraba el cáncer de próstata y de matriz) en los integrantes de dichas congregaciones.
3. Que hay una vinculación entre una práctica espiritual por convicción y una sexualidad saludable que no se reduce al acto sexual.
4. La falta de una vida sexual activa no implica problemas de personalidad ni afecta a la salud.
5. Que hay que diferenciar los prejuicios sobre lo sexual ya sea por falta de información o por distorsión de la misma.
6. Se reconoce que en su momento de juventud los participantes del curso también vivieron enamoramientos, caricias, e incluso besos, pero que hubo momentos en que se descubre otra inquietud que tiene que ver con la espiritualidad. Esto mostraba el camino de la vocación.
7. Se reconoció falta de información sobre temas sexuales y desarrollo personal, pero esto fue más claro en las religiosas que no te-

nían una profesión. La mayor de todas ellas, profesora de química orgánica en una escuela de educación media, se me acercó y me dijo, "*...qué bueno que podemos hablar de este tema, a las cosas hay que llamarlas por su nombre y tal como son*", eso es algo que todos debemos entender. No debe haber motivo de asombro en estos temas.

8. Contar con información sobre sexualidad humana ayuda, a las hermanas de la congregación que trabajan en centros gerontológicos, a comprender y poder responder a muchas formas de comportamiento sexual que se presentan en las casas hogar para ancianos. Además ayuda a aclarar cómo se ve afectado uno como persona que tiene un estilo de vida diferente a la de los demás.

9. Al momento de ejercer los oficios religiosos uno se educa para canalizar los deseos y las necesidades sexuales.

Al hablar en el curso sobre su sexualidad con los estudiantes de teología y con sacerdotes, se mencionaba que ellos habían decidido una forma de vida que requería sacrificar otras opciones. Pero eso era el poder de la decisión, poder elegir algo con todo lo que implica y dejar de lado todo lo demás, incluyendo los deseos personales. Sin embargo, a mediados del 2007 una colega me pidió apoyo para analizar una serie de estudios psicológicos que le habían solicitado para seleccionar candidatos a seminaristas, eran más de 40 solicitudes y al aplicarles el Test Proyectivo HTP los resultados fueron muy interesantes. Las edades de los candidatos variaban desde los 31 años hasta los 14 (que eran los menos), la mayoría estaba cerca de los 21 años, pero los resultados mostraban claramente un predominio de pensamiento mágico y problemas en el área sexual en términos de fantasías, manejo de impulsos y deseos; la historia de vida también era muy reveladora en este sentido. Esta experiencia me hizo recordar el curso que impartí y lo que falta por trabajar en este sentido; pero entre los años 2002 y 2010 se presentó el caso del padre Maciel, un líder religioso fundador de los Legionarios de Cristo, y en quien diversas investigaciones pusieron al descubierto una historia de abuso sexual, violación, secreto y amenazas, que eran conocidos por algunos de sus colaboradores, pero que nadie se atrevía a denunciar como lo señalaron Athié, Barba y González (2012). Este caso no es el único, pero es un ejemplo claro de lo que puede suceder si no se brinda educación sexual a los interesados en realizar estudios religiosos, y que no han puesto en orden experiencias clave en su vida. Parte del problema que se puso en evidencia no fue solamente el abuso que Maciel realizó sobre varios miembros de su congregación y sobre personas no religiosas, lo crítico es que tanto los afectados como algunos funcionarios religiosos no supieron cómo responder al abuso que padecían, ni de qué manera podrían haberse protegido pues la misma institución religiosa anuló las formas legales de defenderse al argumentar la necesidad del perdón y silencio; esto es importante pues también es la base de comportamientos que se presentan en el control social que pueden tener diferentes sectas.

La información sexual que se proporcione en congregaciones religiosas debe fortalecer las responsabilidades personales y la necesidad espiritual de las personas. Si no cambia la manera de abordar el tema de la sexualidad en los integrantes de las diferentes congregaciones religiosas estaremos ante un riesgo latente y permanente de pederastia, abuso y violencia sexual, que puede ser ocultado incluso por la familia, pero no por las víctimas, pues como lo hemos mencionado antes, una salud sexual permite a las personas estar en paz con su creencia en Dios.

La sexualidad entre personas de diferentes grupos generacionales

Conforme se vaya incrementando el envejecimiento poblacional, y disminuya el prejuicio del viejismo, se dará un aumento de relaciones de pareja caracterizadas por las diferencias generacionales. No solamente será entre el anciano y la joven, también será entre la anciana y el joven, y al haber un reconocimiento intergeneracional se tendrá mayor posibilidad de contar con relaciones intergeneracionales de todo tipo, desde culturales y laborales hasta deportivas y sexuales.

García (2005) piensa que la negación de la sexualidad, es más fuerte en las mujeres. A los varones se les permite una mayor actividad sexual, se les toleran y "justifican" ciertas "aventuras sexuales". Un ejemplo lo tenemos en los emparejamientos de hombres mayores con chicas mucho más jóvenes que ellos, cuya permisividad dista mucho de la que se concedería a una mujer mayor con un joven, argumento que se convirtió hace algunos años en tema de moda, con la publicación de libros y películas sobre ese fenómeno, como la película "Circulo de dos" protagonizada por Richard Burton.

Recordemos que la tolerancia social con los varones es más clara cuando el estatus social es más elevado. Se genera prestigio social en ciertos grupos de varones en la medida en que el "envidiado" demuestra juventud, algo que la sociedad valora sobremanera, porque conquistar a una mujer joven es el ejemplo exitoso de su lucha contra la vejez.

En este sentido, puede decirse que la sexualidad de la mujer mayor está en función de las necesidades del varón y de una doble discriminación, ser mujer y ser mayor. Por otra parte, diferentes estudios indican que los hombres en estas edades manifiestan mayor deseo sexual y tienen más actividad sexual que las mujeres, hecho este susceptible de provocar no pocas controversias y debates; en personas mayores los hombres parecen tener más información e interés sobre este tema que las mujeres.

García (2005) menciona el trabajo de Nieto, en 1995, sobre la sexualidad de la vejez en España, y ha señalado que hombres y mujeres mantienen actividades sensiblemente diferentes. Por ejemplo las mujeres siempre han valorado más las caricias y besos, el coqueteo, y han considerado menos importante el coito o la satisfacción de haberlo hecho. En esa investigación, el acuerdo con las frases "para mí el sexo está de más" y "nunca he entendido por qué le dan tanta importancia al sexo", es más frecuente en las mujeres mayores, frases como "mi vida sexual ha sido muy rica y variada" tiene mayor porcentaje de acuerdo entre los varones.

El hecho de que, en este momento evolutivo, haya más mujeres que hombres y que la sociedad sea mucho más estricta con la libertad sexual de ellas, disminuye enormemente la posibilidad de que una buena parte de mujeres ancianas tenga oportunidad de establecer nuevas relaciones afectivo-sexuales. La carga histórica es mucha y el trabajo a realizar para brindar mejores oportunidades sexuales a todos también lo es.

No hay edad para las expresiones afectivas significativas para las parejas, pero también es cierto que el enamoramiento tiene un tanto de ilusión y fantasía. Cuando dos personas se enamoran no siempre ven a la persona real; lo que suelen ver son las proyecciones que se depositan en otros, son las resultantes de las determinantes psicosociales que han modelado las imágenes que esperamos encontrar en otros. Por tal razón las expectativas que se tienen en cuanto a la pareja no son las mismas entre contemporáneos que entre quienes pertenecen a diferentes generaciones pues, en este caso, suelen aparecer los indicios que anticipan posibles vínculos de personas que pueden terminar siendo cuidadores, con todo lo que esto significa.

Habrá muchos riesgos en los amores de diferencias generacionales, considero que el mayor de todos es el llegar a ser cuidador por circunstancia y no por elección. Deberemos de cuidar que las diferencias amorosas generacionales no se lleguen a convertir en motivos de frustración y maltrato, sino que se sostengan por una vinculación realista entre adultos de diferentes edades. Hay muchos ejemplos de relaciones intergeneracionales exitosas y funcionales, en las que el comportamiento sexual se adapta a las circunstancias, ellas deberán ser motivo de investigaciones futuras.

No quiero terminar este capítulo sin antes invitar a una reflexión. Hay momentos en que en nuestro trabajo requerimos utilizar material con contenido sexual, médico o pornográfico, y esto tiene un riesgo que pocas veces se reconoce. Utilizar material de sexo explícito es una forma de rebasar los límites de intimidad de una persona, y hay mucho contenido pornográfico en el que aparecen mujeres jóvenes que, aparentemente, participan de esa actividad por libre elección. Me consta que hay muchos casos en los que sí es así, pero por desgracia también me consta que hay muchos más casos en los que las mujeres se ven orilladas a actuar así, pues son producto de la trata de personas y la explotación sexual. En este sentido, cada vez que encontremos material donde hay mujeres (sobre todo jóvenes) en las que se tiene sexo explícito corremos el riesgo de participar del consumo de material que se produce gracias a la explotación sexual, y así nos vemos en una condición que los psicólogos sociales conocen muy bien y que se llama "violencia o agresión por inacción", es decir, participamos de la violencia, el abuso y la agresión simplemente por reaccionar de manera pasiva, indiferente o conformista ante lo que le sucede a otras personas o seres vivos (violencia a los animales). En este sentido el sexólogo, sexoterapeuta y psicólogo orientado al trabajo sobre temas sexuales, deberemos vigilar la responsabilidad que tenemos e incluir la dimensión social que generalmente quedan fuera de los cursos y talleres de sexualidad. En este sentido invito a leer documentos escritos por Zimbardo, Milgram, o Castoriadis, pero sobre todo el libro de Fernando Gonzáles que se titula "La voluntad de no saber", donde habla de los abusos del padre Maciel.

Capítulo **9**

Alternativas a la sexualidad en la vejez

En 1978 se organizó en la ciudad de México la primera marcha del orgullo gay, la mayoría de los asistentes eran gente joven y adulta, pero escondidos entre el público había pocos ancianos y ancianas que parecían interesarse en tal acontecimiento. Tiempo después su número ha crecido, dando una muestra de lo que puede pasar en la vejez cuando se es homosexual o lesbiana.

La representación social de los homosexuales, o gays, como eternos jóvenes se da de bruces con la realidad del paso de los años y la vida real de las personas. Pero es hora de comenzar a romper con los estereotipos que no permiten hacer nada.

Cuando se observan las descripciones que hacen los medios masivos, e incluso que hacen una gran cantidad de personas, con respecto a los homosexuales, a menudo se forman imágenes de jóvenes tomando un estilo de vida particular, casi como si fueran parte de un grupo que vive en una eterna juventud despreocupada. Estas nociones ocultan el hecho de que, en efecto, hay mucho más en la vida de cualquier homosexual, que como cualquier mortal, crece y suma años, desarrollando en su vida aspectos significativos e individuales que varían entre cada uno, y que parecieran no obstante no ser tenidos en cuenta, algo extraño si se compara con el progreso que existió en muchas cuestiones sociales. Todo esto, se agudiza al acercarse a los sesenta. Sin embargo los homosexuales adultos pueden comenzar a saber cómo manejarse en estos años "perdidos" muy rápidamente, a menudo se encuentran haciendo lo que muchos otros adultos hacen, es decir llevar una vida como parte de una pareja estable, verse con amigos, balancear el ocio con los compromisos laborales, cuidar de su salud, mantener una sexualidad activa, y tomar parte en el mundo exterior, participando políticamente en la comunidad o desarrollando ideas. De hecho, muchos homosexuales de mediana edad afirman que los años recientes eran los mejores de su vida. Estos escenarios, por supuesto, son muchos más factibles de ser desarrollados sin conflictos en aquellos ambientes donde no existen prejuicios o discriminaciones que interfieran con su vida diaria, algo que todavía no se puede decir que sea la regla, y no la excepción.

Sin lugar a dudas, el SIDA ha contribuido a oscurecer el sentido de cómo podrían desarrollar una vida normal los homosexuales en la mediana edad y durante la vejez. Muchos hombres que fueron verdaderos pioneros en hacer pública su identidad y afirmar abiertamente su condición de homosexuales o gays mientras eran jóvenes, hoy en día ya se han perdido a causa de esta enfermedad, y con ellos, la posibilidad de una activa militancia en la vida adulta de la comunidad gay. Para muchos de ellos infectados de VIH hoy en día, los avances de sus tratamientos tan sólo recientemente les han permitido tener la noción de que sería posible llevar una vida adulta completa y plena en lugar de una destinada únicamente a luchar contra la enfermedad. Otra razón muy importante que ha provocado que no se tenga conocimiento de que existe una vida adulta en los homosexuales, es el mismo estigma del envejecimiento, el cual es difícil de reconocer entre homosexuales pero también en la vida de cualquier ser humano, a nadie le gusta hacer referencia al tema y no es casual que los medios de comunicación se empeñen en ocultarlo.

Homosexualidad y vejez

Merece la pena realizar una breve mención respecto a la homosexualidad en el anciano dado que se trata de una orientación sexual que por sí misma es fuente de presión desde la sociedad para el individuo y que en esta población incrementa sus dificultades de expresión. Si la sexualidad de los ancianos heterosexuales no es aceptada por la sociedad, peor situación es la que se presenta para los ancianos homosexuales.

Los escasos estudios realizados en esta población muestran que el proceso de envejecimiento produce los mismos cambios que en el anciano heterosexual. Sus relaciones y problemas físicos no difieren mucho de los que se encuentran en los heterosexuales de edad avanzada.

Las relaciones de larga duración son frecuentes, aunque muchos de los homosexuales ancianos de esta generación no han revelado públicamente su preferencia sexual. Sin embargo, los estudios muestran que se atenúa el temor a ser descubiertos. Una posible explicación es que este miedo está ligado a la pérdida de la seguridad en el empleo y desarrollo de la carrera profesional, temores que desaparecen con la jubilación.

En general, con el envejecimiento tienen más problemas los ancianos homosexuales que las parejas heterosexuales, se añade al rechazo social, la falta de protección sociofamiliar y la carencia de amparo jurídico cuando se produce la muerte de un miembro de la pareja, sin derecho a pensión de viudedad y sin ningún reconocimiento para el miembro de la pareja que queda solo.

La realidad psicológica y social de las mujeres lesbianas es aún menos conocida, con muy pocos estudios realizados, pero con una situación que no se diferencia mucho de la de los varones ancianos homosexuales.

Sin embargo, los estudios médicos demuestran que la mayoría de las personas de edad avanzada son capaces de tener relaciones y de sentir placer en toda la gama de las actividades de este tipo a las que se entregan las personas más jóvenes.

Una revisión de la literatura sugiere que hay una disminución gradual en la frecuencia de las conductas sexuales, con disminución del interés sexual y un aumento de la frecuencia de disfunciones sexuales asociado con la edad. En los ancianos la función sexual se ve afectada en primer lugar por los cambios fisiológicos y anatómicos que el envejecimiento produce en el organismo sano.

Un error frecuentemente aceptado es la confusión entre envejecimiento y enfermedad. Las características psicológicas, sociales y culturales en las que tenga lugar la relación influyen de manera decisiva en la función sexual. En la vejez, el interés o deseo sexual se mantiene mejor que la actividad sexual en los hombres, mientras que en las mujeres existe un declive en ambos aspectos de la sexualidad.

Existen importantes variaciones individuales en la sexualidad durante la vejez, lo que indica que los cambios de la actividad sexual en el anciano homosexual también son fruto de la intervención de múltiples factores. En la última década se ha producido un cambio importante con respecto a la sexualidad lo que ha permitido que aumente considerablemente el número de ancianos que buscan ayuda para el tratamiento de las disfunciones eréctiles que afecta a la relación homosexual. A pesar de esto todavía para gran parte de esta población y para muchos profesionales de la salud, la sexualidad en el anciano sigue siendo un tema tabú al que se le resta importancia. Es necesario que los profesionales de la salud tengan presente la posible existencia de dichas alteraciones e interroguen a los pacientes al respecto porque frecuentemente son cuestiones que pasan inadvertidas.

También será necesario recordar que, el panorama mundial del envejecimiento se caracterizará por a) un predominio de la mujer respecto del hombre, b) un incremento de la edad y esperanza de vida, c) mayor soledad y depresión en la población anciana, y d) un predominio de la soledad con todas las implicaciones que tiene. Estos cuatro puntos permiten pensar que habrá ciertos cambios en la forma de expresión afectiva de las personas, incluido un incremento del comportamiento lésbico entre ancianas debido a la mayor información disponible, la reducción de prejuicios y la necesidad afectiva.

La pérdida de la pareja: viudez y actividad sexual

García (2005) ha señalado que la existencia de una pareja activa, o accesible a las demandas sexuales, es un factor determinante a la hora de desarrollar una vida sexual y afectiva satisfactoria. De ahí que la muerte del compañero/a, la separación o una enfermedad crónica grave, supone en buena medida el fin o al menos una parada en las relaciones sexuales. Esta inactividad, parece ser un factor destacado en la dificultad para recuperar posteriormente la función sexual, excepto que haya alguna otra práctica sexual,

En diferentes trabajos García ha escrito que después de la separación cuesta mucho volver a iniciar relaciones porque las habilidades de relación se han perdido. Si los vínculos han sido muy estrechos es probable que nos encontremos con un cuadro depresivo del cónyuge que se queda, en el que no sea raro encontrar deseos de acompañar al fallecido o sentimientos de culpa por estar vivo. En este contexto es difícil considerar la posibilidad de una nueva relación afectivo-sexual a corto plazo.

Esta situación afecta más aún a las mujeres, primero porque son más numerosas y, por tanto, tienen menos probabilidad de encontrar pareja y, segundo, porque socialmente no es del todo aceptable, en particular en ciertos grupos sociales, que la mujer pueda tener nuevas posibilidades de relación sexual. Es preciso capacitar a nuestros mayores a aceptar la pérdida, afrontar el inevitable duelo y tomar fuerzas para continuar el camino de la vida y comenzar a plantearse buscar a otra persona para andar en compañía ese camino.

Los hijos/as, sobre todo cuando viven en la misma casa, no suelen tener actitudes favorables a que el padre o la madre puedan tener una compañía ocasional. Como razones de esto se argumenta considerarlo moralmente inapropiado, creencia de que así se evitan conflictos de pareja, temor a perder la herencia, comodidad para no tener complicaciones cuando en realidad les resulta difícil plantearse el hecho contrario, es decir que en esa situación de pérdida y soledad es probable que necesiten más ayuda y apoyo afectivo.

Vivir con los familiares o en instituciones después de la muerte del cónyuge supone una importante pérdida de intimidad. Es infrecuente encontrar residencias de ancianos, en las que se facilitan los espacios y las condiciones de privacidad e intimidad para que puedan expresarse y, si lo estiman oportuno, tener la posibilidad de visitas. En algunos casos, incluso, han sido víctimas de abuso sexual y de diferentes formas de maltrato.

Tanto los profesionales que atienden a los ancianos, como los familiares directos, tal vez debieran hacer un esfuerzo en reconocer las necesidades afectivo-sexuales de estas personas, y mantener el equilibrio entre sus derechos y su intimidad y dignidad, así como con los derechos de los otros miembros de la colectividad (en el caso de instituciones) o con los otros miembros de la familia.

Hay otro aspecto importante a considerar aquí, y es que según la experiencia clínica en el Programa de Psicología del Envejecimiento, Tanatología y Suicidio, la viudez en la mujer puede alterar el interés sexual cuando ella descubre su libertad personal, lo sexual no resulta prioritario en comparación con descubrir el tiempo libre y la recreación, la libertad para decidir y la liberación de tener que cuidar a alguien. Hemos tenido casos en los que algunas mujeres han quedado dos veces viudas y buscan tener a una pareja presente, no pueden vivir solas, buscan la presencia de alguien a quien atender y cuidar, y al preguntarles sobre su vida sexual reportan que aún la ejercen pero no de la misma manera, ya no es necesario buscar tener un orgasmo sino sentir el contacto del cuerpo de alguien como otra forma de placer, sin embargo no pasaría nada si no tuvieran relaciones, simplemente les basta saber que cuentan con alguien. Lo sexual se transforma en comunicación y presencia personal para la mujer, y en autoridad y responsabilidad en el caso del hombre.

En resumen, los conocimientos disponibles sobre los cambios psicofisiológicos tanto en el hombre como en la mujer, no justifican una disminución significativa de la actividad sexual en la satisfacción, si bien razonablemente la frecuencia puede disminuir, pero ésta tiende a desaparecer en la vejez. Se tendrán que crear dispositivos psicosociales que permitan atender a esta población y sus carencias afectivas, incluyendo sus necesidades sexuales.

Sección **IV**

Estrategias y talleres de sexualidad para adultos mayores

Capítulo 10

Talleres de sexualidad

Según lo señalado en la literatura en general, la clave para atender y prevenir los problemas sexuales y de conducta sexual de los ancianos es desarrollar programas de educación sexual para tercera edad. Su diseño y contenido requerirá abordar temas considerados difíciles y censurables por parte de las personas ancianas, pero también por parte del expositor.

Como lo señala Martínez (2006) necesaria e inevitablemente deberemos recurrir a la enunciación y enumeración de los distintos mitos, prejuicios y falacias de nuestra civilización, como de los hechos reales, manifiestos, que se operan en el ámbito de la genitalidad y sexualidad del ser humano, sobre los que tendremos que desplegar nuestro proceso operativo de intervención. Los mitos y falsas creencias que muchos ancianos hacen suyos, producen un efecto negativo en sus relaciones interpersonales, su autoestima y su autoimagen y los talleres pueden ayudar a cambiar esta imagen.

Martínez menciona que la noción de que el pensamiento equívoco es la base de la mayor parte de los trastornos deficitarios de la sexualidad en la vejez señala que el abordaje cognitivo en el proyecto de intervención es esencial en la elección de las técnicas a emplear. La corrección de los mitos y las ideas irracionales junto con los insights no moralistas contribuye a un cambio de actitudes del anciano respecto de su comportamiento sexual y respecto de otros aspectos de su vida.

La experiencia nos muestra que las diversas facetas de la vejez suelen estar relacionadas de múltiples formas. Por tal razón no es de extrañar que al abordar la sexualidad y el comportamiento sexual en talleres sobre este tema, de forma tal que se tenga algún cambio, se terminará por mejorar otros aspectos de la vida en general. Cambiarán la forma de las relaciones interpersonales y tomará otro sentido el ejercicio del tiempo libre y la recreación; también habrá una mejor percepción de la propia salud, es decir, se favorecerá el bienestar subjetivo. Pero también es de esperar que la familia y otras personas cercanas puedan notar cambios en las actitudes y gustos personales de su familiar mayor, más cuando conocen a alguien que les agrade.

La educación sexual para los ancianos

La educación sexual es un proceso sistematizado, con un propósito claro, ofrece conocimientos y técnicas para ayudar a la persona a lograr una realización plena, que mejore la autoestima y la aceptación e interrelación con el otro.

Los ancianos de hoy han recibido una educación sexual informal-familiar más conservadora (o nula) a medida que aumenta su edad. No es casual que la educación sexual para el anciano no esté reconocida. En el imaginario social; sexo y vejez son dos conceptos que no se encuentran. En general no es común la existencia de espacios educativos para adultos mayores y menos aún para algo que se considera inútil en esta etapa de sus vidas, el acto sexual.

El anciano es capaz de desarrollar nuevos aprendizajes sexuales y necesita de programas educativos que le brinden tanto herramientas como habilidades para crecer y ayudar a crecer al otro en el campo sexual. La educación permanente, también puede ser liberadora en la medida en que elimina la presión y los obstáculos que significan el peso y la carga de juicios de valor que representan los mitos y prejuicios vistos anteriormente.

Diversos autores han comentado que es necesario devolver al anciano el derecho a ser sexuado, asumiendo que defender hoy el derecho a la sexualidad del anciano es defender la sexualidad de todos en el mañana. La educación sexual debe beneficiar tanto al anciano como a toda su comunidad.

Me parece que históricamente hemos vivido estilos de vida que hoy hacen manifiestas sus consecuencias. Algo negamos en y de la vejez que hoy tenemos la necesidad de atender a personas que piensan que han perdido el derecho a amar y la libertad de disfrutar de la intimidad sexual, de amar y ser amado, construyendo una reciprocidad positiva y la aceptación mutua, revalorizando la función erótica y placentera de la sexualidad. Ser aceptado, acariciado, amado es un derecho de todos pero en nuestra representación social no siempre hay un lugar para esto.

El diseño de programas de educación sexual para ancianos deberá incluir estrategias de cambio de actitudes, en este contexto debemos procurar la creación de espacios educativos en los que se tenga el cuidado necesario para no tratar de imponer la continuidad de modelos de sexualidad juvenil que inevitablemente llevarían a la confirmación de la fantasía y creencias existentes y a la frustración sexual de las personas longevas.

La meta de los programas de educación sexual no debe ser solamente rescatar la sexualidad y el comportamiento sexual saludable, también deberá ayudar a encontrar la seguridad emocional que da el sentirse querido y tocado por la persona amada o deseada, aquella que rescata el sentido de identidad personal, sin la marginación o el desprecio hacia el cuerpo anciano.

Se trata de proponer un modelo de sexualidad en la que se le otorga mayor importancia a la función placentera o función erótica y no a la función reproductiva. Al igual que la del niño la sexualidad del anciano fue negada durante mucho tiempo, esto responde al hecho de haber considerado a la sexualidad estrechamente vinculada a la reproducción, en la que niños y ancianos (especialmente las mujeres) no forman parte. Llama la atención que los períodos humanos no reproductivos fueran considerados por mucho tiempo como carentes de manifestaciones sexuales, privándolos de todo derecho a recibir las gratificaciones naturales de la función placentera de la sexualidad.

Travaini (s.f.) señala que la Organización Mundial de la Salud considera el placer sexual como un derecho humano básico. Según la OMS "la salud sexual es la integración de los elementos somáticos, emocionales, intelectuales y sociales del ser sexual, por medios que sean positivamente enriquecedores y que potencien la personalidad, la comunicación y el amor". Resalta la importancia al derecho a la información sexual y el derecho al placer.

Destaquemos que cuando se habla de sexualidad en la vejez, uno se encuentra ante un doble trabajo, ya que no sólo debemos luchar contra los tabúes de la sexualidad, sino también contra los tabúes de la vejez.

Retomando las palabras de Martínez (2006) señalamos que un taller de sexualidad no pretende el rigor científico de exponer cifras estadísticas ni valores cuantitativos. Se trata de actuar con humanidad sobre seres humanos que no son roedores de laboratorio. Se trata de aplicar el saber de la ciencia sin apartarnos de la ética.

Es evidente que no podemos abolir ni suprimir muchas de las situaciones que el envejecimiento produce en las personas mayores pero sí podemos mejorar y dignificar la vida de los ancianos creando una serie de herramientas de trabajo a utilizar en una intervención interdisciplinaria que apunte a la reestructuración de la vida sexual en la ancianidad.

Reestructurar implica cambiar el propio marco conceptual o emocional, en el cual se experimenta una situación para ubicarla dentro de otra estructura que aborde los "hechos" correspondientes a la misma situación en forma más apropiada, conveniente, es decir, de una manera más realista. La realidad que intentamos reestructurar son las opiniones, el significado y los valores que se atribuyen a los fenómenos personales cotidianos.

En psicoterapia en general, sin importar su orientación teórica, toda intervención es una forma de cuestionamiento social, e incluso histórico cuando se le ve colectivamente; intervenir equivale a un proceso de interferencia e influencia que, por tratarse de hechos y situaciones que afectan a múltiples funciones, tendrá que dirigirse directa o indirectamente a otras tantas funciones, simultánea o sucesivamente, de los patrones de comportamiento y de la estructura psíquica de la persona y de la estructura social del grupo al que pertenece. La sexualidad en la vejez es una cuestión que obliga a operar sobre los individuos abordándolos en su globalidad y sobre la situación que interesa.

Intervenir implica gestar una sucesión de acciones que engendran cambios en el sujeto demandante y necesitado, pero también implica anticipar realistamente las necesidades y demandas por venir y los posibles eventos críticos que se pueden presentar.

Un programa de intervención en orientación sexual está destinado a planificar sobre cada uno de los aspectos biológicos, sociales, psicológicos y espirituales involucrados en la sexualidad de la vejez. El análisis de cada uno de esos aspectos nos hará saber cuándo no intervenir. Un proyecto de intervención será útil si ayuda a discriminar la inconveniencia de una intervención.

Martínez (2006) escribe que la intervención tiene su razón de ser en función de la demanda, sea ésta implícita o explícita; pero si no existe la demanda entonces la intervención no tiene sentido. Es ilícito intervenir cuando la demanda no existe, pero sí es lícito investigar los motivos de ausencia de demanda y porqué ésta se produce cuando desde el agente facilitador (psicólogo, trabajador social, consejero, sociólogo, médico) se emiten los estímulos necesarios que la generan.

Para Martínez al referirnos al facilitador es oportuno señalar que, al margen y descontando su idoneidad profesional, debe ejercer el manejo de las tres P que todo facilitador pone en acción: permisos, potencia y protección.

Elementos básicos de intervención en programas de orientación sexual

Martínez (2006) destaca que, la ambiciosa intención de generar un programa tipo de intervención en sexualidad y vejez debe ser descartada por su inaplicabilidad en todos y cada uno de los casos, no se recomienda buscar un programa general y único de orientación y educación sexual en la vejez. Plantea que el diseño de programas de educación sexual para ancianos debe abarcar las áreas psicológica, social y biológica considerando lo siguiente en cada una de ellas.

Área psicológica. Una de las primeras tareas a resolver es la aceptación de la imagen corporal. El anciano tendrá que asumir que los cambios físicos que acompañan el envejecimiento exigen una alteración de la imagen del cuerpo que modifica la auto imagen establecida en los años de juventud. Asimilar ese cambio, permitirá mantener la autoestima.

Se combatirá la idea de que para ser deseable, la mujer debe ofrecer la apariencia de juventud. El taller o curso puede ser realizado desde un encuadre grupal que permita desplegar una dinámica resocializadora a través de los contactos interpersonales que el anciano comenzará a ensayar y a explorar.

Martínez aclara que la orientación del programa que propone está presidida por un enfoque centrado en la gerontología comportamental aplicada a la solución de problemas de la ancianidad y a la optimización de la calidad de vida.

Cuando del tema de la aceptación de la imagen corporal se trata, los "encuentros" coordinados por expertos en trabajo corporal serán la principal vía para reflexionar sobre las transformaciones operadas en el cuerpo y resolver las dificultades experimentadas, valiéndose de ejercicios, juegos de exploración y reconocimiento activos y pasivos.

Al finalizar cada sesión de ejercicios se puede hacer un intercambio de experiencias y comentarios sobre lo experimentado, se buscará permitir a los ancianos acceder a la discusión de temas como la autoestima, el deseo e interés sexual, la comunicación, el establecimiento de vínculos afectivos, la necesidad de relaciones íntimas y en última instancia alcanzar la aceptación de los cambios que se producen con la edad.

Área social. Aquí se destaca la singularidad individual de cada viejo y de cada vejez. Será de rigor empezar por el análisis de la historia personal previa, en particular la historia psicosexual, partiendo de una o varias entrevistas con el interesado y/o familiares.

Desde estas entrevistas se buscará reconocer la carga cultural, que incluye los distintos estereotipos y creencias sobre las que se trabajará mediante el aporte de discusiones reflexivas. En especial las creencias religiosas aportarán un abundante material propicio para reflexionar sobre prejuicios que no debieran ser abiertamente descalificados sin antes realizar una reflexión sobre los mismos.

Acontecimientos importantes en la vida del anciano como la soledad por pérdida o muerte de la pareja, la jubilación, la viudez, o la pérdida de sus redes sociales tendrán incidencia significativa en su conducta sexual y sobre ellos se ejecutarán acciones que tiendan a modificar dificultades que no atina a resolver. Por tal razón el facilitador deberá interesarse en el área ambiental. ¿Cuenta el anciano con los recursos para su desarrollo personal y social?, ¿dispone de los recursos externos para el desempeño de una aceptable vida sexual, como la habitación en espacios adecuados, horarios apropiados y un entorno social favorable?

Al referirnos a una intervención en el área ambiental, nos estamos centrando no sólo en el análisis de los espacios físicos y sus estructuras, sino también en los objetos, las personas y las conductas que estas personas mantienen en relación con el anciano.

Cuando esas variables están identificadas, comienza la acción del trabajador social, tendiente a allanar los impedimentos que dificultan el ejercicio de una sexualidad coartada y restringida. No olvidemos que la mayor parte de las veces la falta de relaciones sexuales en la vejez no es motivada por la pérdida de la capacidad sino por la escasez de oportunidades.

La regulación de la interacción social de los ancianos deberá contemplar la existencia de espacios para la intimidad de dos personas, considerando este recurso ambiental de la mayor importancia y prioridad.

Área biológica. El programa de intervención deberá incluir la investigación de los parámetros que marcan el grado de salud física que disfruta el interesado en potenciar su desempeño sexual. El programa a trabajar también deberá disponer las medidas para proporcionar información sobre cuáles son los cuadros de la patología que pueden incidir en la variación de la potencia sexual así como cuáles son los fármacos que alteran en más o en menos esa potencia. Además deberá incluir el control de hábitos nocivos como trastornos alimenticios, abuso de alcohol y otras sustancias estupefacientes.

Martínez sugiere que para atender la sexualidad una prescripción provechosa puede ser la biblioterapia. La recomendación de un buen libro puede ser más útil que una docena de entrevistas. En el ámbito institucional (hogares geriátricos públicos o privados, hogares de día, centros de jubilados, clubes barriales), está prevista la realización de talleres coordinados por uno o más facilitadores idóneos según la propuesta abordada por el taller.

Algunos temas posibles para los trabajos en talleres sobre sexualidad y vejez que Martínez, y nosotros en la Clínica Universitaria de la Salud Integral, hemos visto que se pueden tratar son los siguientes:

- Importancia de las fantasías sexuales.
- Dialogando con mis hijos sobre mis deseos.
- Dialogando con mi pareja.
- Dialogando con mi familia y mis necesidades.
- Los cinco sentidos y mi sexualidad.
- Masturbación saludable.
- ¿Me siento deseable sexualmente?
- Mi yo frente al espejo.
- Diferencias generacionales y atracción sexual.
- Sexualidad y género.
- La sexualidad después del infarto.
- Ahora sí, antes no.

- Todo lo que quise preguntar sobre el sexo y no me atreví a hacerlo.
- Visualización, imaginería y ensueño dirigido.
- Vejez, amor y sexualidad.
- Mi vida en la residencia y mis deseos sexuales.
- Qué hacer con mi libido.
- Conociendo mí intimidad.
- Comportamiento sexual adecuado.

Siguiendo a Martínez los talleres sobre sexualidad se proponen demostrar:

- Que la persona anciana no es un ser asexuado.
- Que posee derechos sexuales.
- Que puede oponerse a la inhibición cultural de que lo hacen víctima la sociedad, la familia, y hasta una buena parte de los profesionales de la salud, al discriminarlo y marginarlo.
- Que las diferencias generacionales no implican negación de la correspondencia afectiva.
- Que la copulación, si no es posible, no es la única forma de disfrutar de la sexualidad.
- Que la práctica de la masturbación, además de inofensiva es útil porque asegura un buen desempeño sexual y es un medio de autoconocimiento y relajante de tensiones.
- Que la práctica homosexual del hombre o la mujer anciana no debe considerarse patológica sino una orientación sexual que debe ser socialmente respetada.
- Que la sexualidad negada, rechazada en sus aspectos genitales se mantiene latente a lo largo de toda la vida y hasta el final de ella y debe ser vivida con plenitud.
- Que privar a la vejez del ejercicio de la sexualidad acompañada o no de genitalidad lleva al anciano a sentimientos de minusvalía y depresiones severas.
- La pornografía también es una expresión en la que participan las personas ancianas de diferentes formas y que hay que aprender a diferenciarla.
- Que la búsqueda de una nueva pareja en la vejez es un riesgo que vale la pena vivir.

- Que la persona anciana tiene derecho a merecer placer sexual, a otorgarlo cuando también lo desee y a pedirlo si lo desea.
- Que el ejercicio de la actividad sexual no está marginada de una espiritualidad saludable.

Puede haber otras razones pero con estas son suficientes para reconocer la importancia de los talleres de educación sexual para ancianos.

Posibles resistencias a la educación sexual del adulto mayor y formación de educadores sexuales gerontológicos

Aun cuando ésta sea para algunos una buena propuesta, otros podrían resistirla con distintos tipos de argumentos según su relación con la población adulta.

Los familiares podrían opinar que a sus mayores no les sirve de nada porque ya no se reproducen, no poseen sexualidad, no sienten ni despiertan interés en otro. Desde estas concepciones, la educación sexual de los ancianos es vista como innecesaria. En el caso puntual de los hijos, puede serles difícil enfrentar la vinculación sexual de los padres ya envejecidos. Quienes esperan que los abuelos se dediquen a cuidar a los nietos, podrán ser una fuerte resistencia para toda actividad que les signifique una modificación en el tipo de abuelo que consideran debe ser. Por último, aquel que tenga actitudes negadoras del sexo no verá en la vejez una buena oportunidad de aprendizaje sobre esa temática.

Hay el riesgo de que por parte de los ancianos también podría haber resistencias, argumentando que ya lo saben todo, o que por viudez ya no hay interés, que por soledad o por el sólo hecho de ser viejos no deben considerar el sexo como parte de sus vidas.

Estos argumentos deben ser trabajados para lograr, desde la educación sexual, un abordaje más intenso e integrador. Pero recordemos que muchas veces la atención a los ancianos no se debe dar de manera directa, sino que debe llegar por vías secundarias para que tengan posibilidad de que sean tomadas con naturalidad, por tal razón es conveniente recurrir a familiares y compañeros para que sean ellos los que reciben la información y la puedan hacer llegar a sus conocidos. La educación sexual puede ser formal (la incluida en la educación sistémica básica), no formal (programas extracurriculares coordinados por profesionales) o informal (la que se obtiene en las familias, los grupos de amigos, los medios de comunicación).

Al abordar el tema de los educadores se propone formar trabajadores en el campo de la vejez, que puedan ser un instrumento de prevención primaria de disfunciones sexuales y salud sexual, formado para mejorar la calidad de vida del otro y con el cuidado puesto en no proponer modelos que acaben por consolidar tabúes sobre la sexualidad en la vejez.

Es importante que al impartir los cursos de educación sexual se pueda resaltar el carácter de proceso de la sexualidad, es decir que ésta no aparece en un momento de la vida ni permanece inmutable, sino que evoluciona a lo largo de toda la existencia.

Nuestros ancianos de hoy prácticamente no han recibido educación sexual formal, pero podrían recibirla en los ámbitos de educación permanente, en los clubes de ancianos, en distintos lugares donde organicen talleres, cursos y jornadas. Esta educación sería recibida voluntariamente, partiendo del interés del participante y debería adecuarse a las características socioculturales de cada grupo en particular. La educación no formal puede aportar los procedimientos didácticos convenientes para esta tarea.

Hay que recordar que la educación sexual en la vejez no debe ser un camino para imponer un modelo de sexualidad sino un medio para facilitar una escucha más realista y personal del mensaje de los cuerpos, debe ayudar a transformar los ruidos o prejuicios que provienen del imaginario social.

Desde la educación sexual, para adultos mayores, se procura crear un espacio en el que se tienda a ayudar al cuerpo anciano a hablar el lenguaje subyacente al texto, regido por los prejuicios y por los mandatos socioculturales, a expresar las emociones que verdaderamente lo recorren.

Actualmente hay un interés en la socioclínica por recuperar el papel del investigador dentro del proceso de investigación, esto conlleva a que el investigador pueda reconocer su implicación dentro de su objeto o tema de estudio; en el caso de la educación sexual para ancianos el educador deberá comenzar por escucharse a sí mismo para poder ayudar a escucharse al otro. Desde ese posicionamiento podrá defender y promover la importancia de devolver al anciano el derecho a ser tocado, a recuperar el contacto físico, indispensable desde el nacimiento y durante todo el proceso de la vida.

Los talleres de educación sexual deberán promover que es necesario aprender a disfrutar del hoy, a dejar de pensar que todo tiempo pasado fue mejor, si no que cada tiempo es distinto y a que, por breve que sea, aún hay un mañana que requiere de un proyecto.

Reconociendo la sexualidad en la vejez

García (2005) pregunta ¿qué alternativas le ofrece la sociedad a la persona mayor para que pueda vivir y disfrutar de su sexualidad? Probablemente muy pocas si nos referimos a aquellos que viven en residencias, con sus hijos/as o se encuentran solos/as, cuando lo cierto es que todas las personas tenemos necesidades afectivo-sexuales y de relaciones. Reconoce que necesitamos sentirnos seguros emocionalmente, tener amigos/as que nos quieran, nos estimen y también tenemos necesidad de sentir sentimientos y sensaciones placenteras y gratificantes a través de las caricias y del contacto piel a piel.

Es preciso reivindicar este derecho humano en las residencias, en las propias viviendas, en las de los hijos, en la sociedad. Hay un legítimo derecho a desarrollar todas las capacidades incluyendo también la sexual.

García señala que uno de los primeros elementos que habrá de abordarse es el relativo a los conocimientos que se tienen en torno a los procesos de envejecimiento y los cambios que tienen lugar, transmitiéndoselos a los propios ancianos/as de manera eficaz. Existe no poca ignorancia que condiciona la vivencia sexual.

Al preguntar si ¿se puede prever la vida sexual en la llamada tercera edad?, la respuesta es que no está del todo claro, pero hay algunos factores que parecen ser buenos predictores. Un primer apartado podría considerar tres elementos: la existencia de actividad sexual gratificante previa, tener pareja y tener una adecuada comunicación con la pareja.

Un segundo bloque de factores incluiría cuestiones como la salud (que tiene que ver con la historia de salud previa) y otras cuestiones vinculadas a la salud: consumo de alcohol, tabaco, fármacos, dieta y alimentación adecuada y un nivel de actividad física razonable y adaptada.

Un tercer bloque incluiría un extenso listado de variables y factores propios de esa generación que, seguramente acaban influyendo en la vivencia sexual. Entre otros factores García (2005) destaca el hecho de haber nacido en la post-guerra con lo que ello significa de represión y necesidades; de trabajo y ahorro, de haber recibido una educación sexual muy restrictiva y con actitudes negativas, de haber tenido poca actividad sexual centrada en los valores masculinos y coitales, y con unos valores y creencias sociales negadoras de la sexualidad de las personas mayores, personificados en los propios hijos/as y en los profesionales de las residencias geriátricas.

Los cambios fisiológicos van a seguir condicionando diferentes conductas, pero probablemente no son determinantes. Hay un cierto consenso entre los diferentes especialistas en que la importancia de los factores psicosociales parece ser más relevante de lo que se pensaba. Si bien los datos indican que, en la década de los 50, cree observarse una menor frecuencia de actividad sexual, la mayoría de las personas mayores, más los hombres que las mujeres, mantienen actividades sexuales hasta edades avanzadas (En el estudio de Nieto de 1995, ya mencionado por García, el 53% consideran que "los hombres a cualquier edad sólo quieren sexo"). Parece conveniente añadir que la sexualidad de la mujer mayor va a estar más en función de los deseos de su compañero que de los suyos propios.

Es preciso un nuevo modelo de sexualidad en la vejez, más respetuoso con las necesidades y derechos de las personas mayores, fundamentado en los avances científicos y menos en creencias falsas. Porque hay ciertas condiciones propias de la sexualidad de esta etapa que pueden enriquecer aún más si cabe la experiencia sexual. Entre otros destacaríamos como factores internos, mejores condiciones ecológicas, nivel de vida, y una progresiva mejora en la valoración de la sexualidad a estas edades. Como factores más internos estarían los cambios en los roles y una mayor flexibilización en los mismos, en particular en los hombres, menor necesidad de eyacular y mayor control eyaculatorio, mayor lentitud en la excitación mayor interés por el contacto corporal.

Una propuesta de trabajo a incorporar en talleres de sexualidad en adultos mayores

García (2005) invita a pensar en cómo nos gustaría que la sociedad nos tratara cuando, más temprano que tarde, formemos parte de ese grupo de personas mayores. Probablemente ya podamos hacer algunas cosas y, en todo caso, de los esfuerzos que se vayan haciendo en esa dirección, se beneficiarán generaciones futuras. Invito a que vayamos preparando entre todos una vejez más digna. Parece justo que respetemos sus derechos al igual que nosotros queremos que se respeten los nuestros. Habrán de hacerse cuantos esfuerzos sean precisos para mantener el equilibrio entre los derechos de las personas mayores, su intimidad y su dignidad.

Tanto la sociedad como el grupo de mayores requieren una cierta capacitación para estos nuevos cambios sociales y también cierta comprensión en el proceso. Nos encontramos con el reto de impulsar una generación de personas mayores que está revolucionando el propio concepto de vejez existente en nuestra sociedad. Esto requiere un cambio de actitud social hacia la vejez y hacia las necesidades afectivo-sexuales de los hombres y mujeres mayores. En la consecución de ese cambio la educación será un elemento determinante.

Es preciso hablar sobre este tema, porque el silencio y el pudor que ha recubierto la sexualidad de las personas mayores, lo han hecho inabordable. El primero que necesita formación es la propia persona mayor. De ahí que sea preciso organizar cursos específicos para los propios ancianos que, además de los conocimientos que se le ofrezcan acerca de los cambios biológicos y psicológicos que acontecen en esos momentos, se reconozcan a sí mismos/as como sujetos sexuados, con necesidades afectivas y sexuales y se les dote de habilidades de relación, en un plan de trabajo que incluya las actitudes y los modelos de conducta tal y como hemos dicho líneas atrás.

Martínez (2006) expone que en los últimos años ha venido realizando diferentes programas educativos para jóvenes y adultos, diseñando cursos concretos donde se desarrollan habilidades de relación interpersonal y de ligue, así como estrategias para mantener una armonía en la pareja. A estos cursos los ha denominado "QUIERO LIGAR CONTIGO" y pueden ser perfectamente adaptados a grupos de personas mayores.

Propone enseñar a las personas mayores a mantener o crear en su caso nuevas relaciones, nuevos vínculos afectivos, estimulándoles a que se arriesguen a tener relaciones de amistad, que formen parte de nuevos grupos. Que sean capaces de expresar, pedir o proponer demandas concretas de relación. Inclusive un aprendizaje que tal vez no se hayan planteado algunas parejas: ser capaces de hablar de sexualidad.

La jubilación ocasiona estragos en aquellos sujetos que, lo que más han hecho en su vida, ha sido trabajar. La identidad que ofrece la ocupación y el sueldo desaparece. El sujeto parece perder su lugar en la sociedad. Es preciso que estas personas aprendan a disfrutar del tiempo libre y de nuevas relaciones fuera del ámbito laboral.

En el caso de la mujer puede darse una problemática particular. La vida de muchas de ellas, ha estado en buena parte organizada en torno a los cuidados para otros/as. Cuando los hijos se van, aparecen nuevos sentimientos y alguna que otra laguna, de ahí que no sea fácil ocuparse de una misma cuando se ha aprendido, sobre todo, a ocuparse de los demás.

Hay que tomar en cuenta que los talleres sobre sexualidad no funcionan si se reducen a pláticas que no implican un costo afectivo de cambio. El educador sexual o coordinador de talleres de educación sexual para ancianos deberá considerar que, a lo largo de las sesiones, las actividades de los participantes tendrán que incluir un costo psicológico que lleva a aprendizajes significativos, tendrán que cuidarse de caer en las trampas de una repetición temática, en la que los asistentes crean que simplemente van a justificar lo que ya saben o a legitimar lo que hacen, pero que no implica cambios que son necesarios para el beneficio de sí mismos y de los demás. Se debe pagar un costo emocional si se espera que los talleres sean motivo de cambio, pero el costo puede ser doloroso o agradable.

Capítulo 11

Tendencias de la sexualidad e investigación de la conducta sexual en la vejez

Valenciaga, Naranjo, Fundora, Álvarez, Turcios y Verdejas (2004) realizaron en Cuba una investigación sobre las formas de satisfacción sexual en ancianos, las principales formas que encontraron fueron: coito sin eyaculación, juegos sexuales y coito con eyaculación en 42,3%, 30,8% y 26,9% de casos correspondientemente, las citadas formas de ejercer la sexualidad no presentaron relación de dependencia estadística con el logro de satisfacción. La frecuencia de coito en personas insatisfechas sexualmente fue casi nula.

El logro de satisfacción sexual en el área semiurbana fue más frecuente en ancianos cuyas edades se encontraban entre 60-69 años con 118 casos (72,8%), personas con menor asociación de enfermedades crónicas (una o ninguna enfermedad crónica) con 148 (71,2%), individuos con conocimiento sobre sexualidad 86 casos (69,4%) y con el sexo femenino con 118 encuestadas (69,0%), esta relación fue estadísticamente significativa.

Las formas de satisfacción sexual en los ancianos investigados coinciden con las reportadas por otros autores, ya que como manifestación del envejecimiento es mucho más frecuente el coito sin eyaculación que en personas jóvenes. Los resultados del trabajo de estos autores desmienten la creencia machista de insatisfacción sexual con formas distintas al coito con eyaculación. La frecuencia de realización del coito no fue significativa en el logro de satisfacción, pero sí su práctica, ésta sigue siendo un código de comunicación sexual de primera prioridad, sobre todo en población anciana de medio rural y semiurbano. Estos resultados muestran que la satisfacción sexual está relacionada con la idiosincrasia de la población de estudio, y sus características socioculturales, y ésta varía dependiendo del área geográfica de residencia, también se relacionan con variables como edad, sexo, conocimiento sobre sexualidad, y asociación de enfermedades en ancianos sanos y con conocimiento básico sobre sexualidad saludable; en el caso del sexo femenino se plantea que experimentan satisfacción sexual con juegos y caricias sexuales, lo cual es más frecuente en hombres que residen en áreas geográficas urbanas. Los autores concluyen que en área semiurbana existe una alta frecuencia de ancianos con desconocimiento de aspectos básicos sobre sexualidad e insatisfacción sexual.

Investigación del comportamiento sexual en adultos mayores

Herrera (2003) plantea que las actitudes socioculturales frecuentemente del tipo de "viejismo" (rechazo al anciano por el hecho de serlo) explican el desinterés científico por el tema; de hecho, el número de publicaciones relativas a investigaciones sobre la sexualidad en los ancianos sólo comenzó a tomar cierta importancia en los últimos años.

En la mayoría de los estudios epidemiológicos se demuestra claramente que la frecuencia de las relaciones sexuales disminuye con la edad, y algunos encontraron que éste declinar es mayor en las mujeres que en los hombres. Sin embargo, la mayoría de estos estudios valoran la sexualidad del anciano de una forma cuantitativa (frecuencia de las relaciones completas, número de orgasmos, etcétera), sin considerar los aspectos cualitativos, que son los más sensibles en los ancianos.

El comportamiento sexual en la vejez depende de muchos factores tales como salud en general, disponibilidad de un compañero(a) sano(a), personalidad, actitudes hacia y de los otros, nivel de educación, nivel social, creencias sexuales, actitud sexual previa, intereses y prácticas previas, grado de satisfacción con la vida, entre otros.

La sexualidad en el anciano debe considerarse en una forma amplia incluyendo tanto componentes físicos como emocionales, tanto socio culturales como conductuales. Por ello, se acepta como normal en el anciano ciertas modificaciones en el patrón sexual considerado como estándar si se relaciona con el adulto joven; estas modificaciones serían una disminución del número de coitos y el aumento proporcional de otras actividades sexuales como las aproximaciones físicas, caricias, ratos de intimidad emocional, de complicidad, relaciones de compañía o masturbaciones.

Desde los trabajos de Kinsey en 1948, y otros investigadores, se ha demostrado que la masturbación es bastante común entre los ancianos (levemente menor que en los jóvenes). En algunos trabajos recientes se demuestra que la masturbación es la actividad sexual más frecuente en los varones mayores de 80 años. El 40-50% de las mujeres independientes mayores de 60 años practicaba esta actividad, y hasta un 8% de ellas se masturban con una frecuencia semanal.

La prevalencia de la masturbación se explica, en muchos casos, por la existencia de una pareja incapacitada y por la frecuencia de viudez en edades avanzadas. Esto, unido al rechazo social que existe hacia el establecimiento de una nueva pareja, serían factores que propiciarían la satisfacción sexual mediante la masturbación.

Las comunicaciones científicas concuerdan en que la mala salud física y/o psíquica está unida a una disminución de la libido y a una alteración de la respuesta sexual, por tal razón toda enfermedad que desfigure el cuerpo o altere negativamente la imagen corporal alterará la conducta sexual disminuyéndola.

Efecto de las patologías médicas e incapacidad

Herrera (2003) plantea que existen diferentes formas en que las patologías médicas e incapacidades afectan el comportamiento sexual y la sexualidad de los ancianos, algunas de las que señala que menciona Herrera son:

1. *Patología cardiovascular*
No existen evidencias de aumento de muertes súbitas durante el coito en relación a la población sana, los ancianos con cardiopatía isquémica, insuficiencia cardiaca o cirugía previa de by-pass no tienen razón alguna para evitar las relaciones sexuales, sí deberán acomodarlas al máximo posible sin que aparezcan ángor (angina de pecho) o disnea.

2. *Hipertensión*
En varones con hipertensión la incidencia de impotencia, ya sea por la enfermedad o por efecto secundario a medicamentos, es del 15%. Algunos fármacos antihipertensivos tienen un efecto negativo en cuestiones de erección. En presencia de hipertensión arterial leve o moderado no se debe restringir la actividad sexual.

3. *Patología pulmonar*
La dificultad en las relaciones sexuales no depende de la propia enfermedad, sino del grado de disnea, hipoxia y tratamiento con corticoides. También depende de la forma en que se tenga la actividad sexual pero eso depende del caso mismo.

4. *Patología neurológica*
   - *Enfermedad cerebrovascular (AVC):* la disminución de la autoestima, el déficit motor, los problemas de comunicación y depresión son las causas que producen alteración en la vida sexual. Se ha demostrado que la actividad sexual no es causal de AVC ni incrementa el déficit neurológico después del AVC.
   - *Enfermedad de Parkinson:* no existe un deterioro en la sexualidad si la sintomatología está controlada pero algunos fármacos (anticolinérgicos) que pueden alterar las relaciones sexuales.
   - *Demencia:* en períodos moderados y avanzados de la enfermedad se suele acompañar con problemas híper o hiposexualidad; se cree que se deben a alteración de la liberación de neurotransmisores a nivel hipotalámico.

Los ancianos con cualquier forma o grado de incapacidad mental plantean problemas específicos. La hipersexualidad no es rara y puede llegar a producir daños irreparables al propio individuo u otras personas. Por esto es muy importante que los profesionales que atienden a estos pacientes pregunten expresamente por estas conductas ya que muchas veces las familias ocultan este antecedente por vergüenza, retrasando el tratamiento correspondiente. En este sentido es importante preguntar cómo ha manejado la familia el comportamiento sexual que se presenta.

Otro aspecto frecuente en el anciano con demencia es la desinhibición, con comportamientos inadecuados en público (exhibición de genitales, tocamientos, masturbaciones), que resultan molestos u ofensivos especialmente dentro de las instituciones o residencias. También es necesario recordar que en este tipo de padecimientos es común encontrar comportamiento agresivo asociado a otras formas de conducta, por tal motivo es difícil que la familia pueda diferenciar lo que sucede y no puedan manejarlo adecuadamente. Los comportamientos sexuales se deben redirigir hacia lugares más privados, sin adoptar conductas punitivas y separándolas de otras formas de actuación indeseable como es la agresión. En las instituciones se procurará que la libertad de expresión sexual no limita el derecho a la intimidad y la libre expresión de otros residentes. En las residencias se debe disponer de un lugar para la intimidad del residente y su pareja, pero para esto es prioritario educar al personal a cargo de los ancianos en el conocimiento de todo lo que a la sexualidad concierne.

Es importante que se sepa que, aún los ancianos con un grado de incapacidad mental mantienen la capacidad para sentir placer, y que muchas veces necesitan tocar y ser tocados, sentirse queridos, sentir calor y afecto. En este sentido es muy importante asesorar a la pareja, orientarle en relación a lo que sucede y la posibilidad de mantener un vínculo de lo que fue la relación de pareja.

5. *Patología urológica*
- *ITU* (infección del tracto urinario) y uretritis: es más frecuente en mujeres la introducción de bacterias en la uretra durante el coito.
- *Insuficiencia renal crónica:* produce alteraciones en la sexualidad secundaria a alteraciones hormonales (FSH, LH, estradiol, prolactina, testosterona).
- *Incontinencia urinaria:* no existe un deterioro en la sexualidad *per se*, pero un 45% de los ancianos incontinentes reconocen incontinencia de micción no controlada durante el coito en relación con disconfort psicológico.

6. *Patología osteoarticular*
No disminuye el deseo sexual. Sólo requiere que el paciente se adecue a mantener relaciones sexuales que no le produzcan dolor. En algunos ancianos se produce impotencia secundaria a medicamentos.

7. *Patología endocrina*
- *Diabetes mellitus:* la prevalencia de disfunción sexual es muy alta (65%); su causa es multifactorial (enfermedad macro y microvascular, polineuropatía, cambios hormonales, infecciones urogenitales).
- *Enfermedad tiroidea:* más frecuente en el hipotiroidismo, las alteraciones sexuales son secundarias a cambios hormonales (prolactina, estrógenos). Una vez corregida la enfermedad de base se normaliza el déficit en las relaciones sexuales.

8. *Patología psiquiátrica*
   - *Depresión:* uno de los síntomas es la dificultad para mantener relaciones personales, y sexuales, placenteras: a esto se suma el uso de medicamentos que afectan la esfera sexual. Todo lo anterior explica la alta prevalencia de impotencia en ancianos con depresión.
   - *Psicosis:* estos ancianos presentan alteraciones psicopatológicas en la esfera sexual (hipersexualidad, desviaciones sexuales) que necesitan de un tratamiento especializado, preferentemente proporcionado por un psicogeriatra.

9. *Cáncer*

Es frecuente la patología depresiva y ansiosa, por pérdida de la autoestima y mala imagen corporal. Pero dependerá mucho del tipo de cáncer que se padezca y del grado de avance del mismo. En estos casos se recomienda mantener bien aliñado y arreglado a la persona anciana que lo padezca.

10. *Fármacos*

Herrera (2003) menciona que el 10% de los medicamentos que se prescriben comúnmente causan impotencia. Casi en el 25% de los ancianos con disfunción eréctil la causa es medicamentosa y casi todos los antihipertensivos se han relacionado con impotencia.

La disminución de la testosterona y de su fracción biodisponible se acompaña de una disminución de la libido pero no de disfunción eréctil por sí misma (los varones jóvenes castrados pueden tener erección). Sin embargo, en algunas personas la mejoría de la libido mediante el tratamiento con testosterona es suficiente para mejorar la falta de interés sexual y los problemas eréctiles.

11. *Efecto de la patología quirúrgica*

La tasa de recuperación de las relaciones sexuales satisfactorias tras la cirugía (histerectomía, mastectomía, prostatectomía, colostomía, cáncer rectal) es variable pero la norma es que se eviten por alteraciones neuroendocrinas, depresión, pérdida de la autoestima, mala imagen corporal. Se requiere de tratamiento psicoterapéutico de grupo para su recuperación, en la mayoría de estos casos hay que consultar a un especialista que oriente sobre cómo recuperar el equilibro hormonal y función de neurotransmisores que afecten el estado emocional.

La prevalencia elevada de trastornos psicopatológicos en los ancianos como son la depresión o los trastornos de ansiedad y la existencia de estresores, por otra parte muy frecuentes en la vejez, como puedan ser la pérdida de la pareja, el deterioro de la red social y del nivel socioeconómico o la presencia de problemas de salud en la familia, contribuyen también a la aparición de diversas dificultades en la actividad e interés sexual en el anciano.

El cansancio, el estrés y la tensión pueden constituir causas de disfunción sexual a todas las edades, pero la función sexual vuelve a normalizarse cuando los motivos que la afectaban desaparecen, sin embargo, el problema puede continuar y también la disfunción si la persona está demasiado preocupada y en el caso de la vejez no suelen faltar los motivos de preocupación.

Otros factores que condicionan el desarrollo de una actividad sexual normal pueden ser las reacciones psicológicas negativas a las modificaciones del cuerpo que envejece, a la jubilación y a los relativos cambios del estilo de vida. La vida sexual se enriquece si el anciano vive la relación como un medio para expresar mejor su afecto hacia el otro componente de la pareja. De hecho es común que muchos varones ancianos busquen con regularidad a una sexoservidora o prostituta con la cual pueda tener una relación de confianza disfrazada de intimidad y aparente afectividad incondicional, pero no se da lo mismo con las mujeres mayores.

Cualquier signo de impotencia provoca en el anciano gran preocupación, con frecuencia esta alteración se asocia con el envejecimiento debido generalmente al desconocimiento por no consultar a los especialistas. En la mayoría de los casos los trastornos en la erección se deben a múltiples factores, siendo el trastorno vascular el factor más frecuente de impotencia en la vejez, debido, entre otros a alteraciones del sistema arterial, síndrome de insuficiencia venosa, entre otros, con afectación sistémica o sólo localizada a nivel genital.

Dada la educación recibida, es difícil que las mujeres mayores consulten por problemas de tipo sexual. La *dispareunia* o coito doloroso es el síntoma más frecuente dentro de las disfunciones sexuales en la mujer y es necesario que los profesionales de la salud interroguen dirigidamente a las pacientes al respecto porque frecuentemente son situaciones que por desconocimiento se pasan por alto, impidiendo así abordar un factor de gran importancia que mejora considerablemente la calidad de vida.

Terapia sexual para ancianos: son pocas las parejas que acuden a las consultas de terapia sexual dedicada especialmente a los ancianos; el mayor porcentaje de los hombres que asiste en busca de ayuda presenta como causa más frecuente problemas de erección (aunque existen parejas con más de 30 o 40 años de casados en que la mujer ha ocultado durante todo ese tiempo una disfunción sexual, como disminución del deseo o ausencia de orgasmo).

De la vida sexual de los ancianos sabemos muy poca cosa, pero hoy podemos afirmar que no hay un límite cronológico después del cual la vida sexual desaparece. Por lo tanto, el primer paso para una consideración ética sobre el papel de la sexualidad en la vejez pasa ineludiblemente por reconsiderar estas actitudes que, ocultando la existencia del problema, dificultan enormemente su remedio.

El comportamiento sexual del adulto mayor agresivo o violento

Una forma de relación cotidiana entre muchas parejas de personas ancianas es una vida de pareja conflictiva y violenta. No pude localizar investigaciones que mostraran la relación entre comportamiento sexual y violencia en personas ancianas, pero la práctica clínica y el trabajo de campo proporcionan bastantes evidencias de que esta relación es más común de lo que suponemos.

En la mayoría de las mujeres ancianas que han vivido una relación de maltrato con la pareja es común encontrar que no hay satisfacción sexual ni deseo de recuperar una relación afectuosa con quien les ha proporcionado humillación, dolor y amenaza. Muchas mujeres soportan a lo largo de su vida una relación de pareja que no les es satisfactoria; construyen relaciones personales que no les permiten ser naturales y espontáneas, son relaciones en las que no se comparten eventos con la pareja, asisten a reuniones pero no lo hacen juntos. Cuando observamos estos patrones de comportamiento podemos darnos una idea del estilo y calidad de vida que dichas personas pueden tener. En estos casos la intervención psicológica generalmente lleva a que la mujer marque límites y recupere su dignidad. Muchas veces se pierde el interés por volver a formar una nueva relación de pareja, asumiendo que cualquiera que sea la posibilidad todas las relaciones son básicamente del mismo estilo.

Un ejemplo de lo anterior lo tenemos en el siguiente caso:

Doña Coni es una mujer de 66 años de edad, tiene tres hijos pero vive con su única hija que ya es profesionista. Su esposo es mayor que ella por tres años y siempre fue dominante y manipulador. Coni reporta que su marido llegaba varias veces a golpearla y a forzarla a tener relaciones, aun cuando ella no quería. Había veces que el señor rompía todo lo que tenía en la casa y le echaba la culpa de todo lo que a él le pasaba; Coni sabía que a veces él se iba con otras mujeres y luego llegaba a pedirle de comer o cenar, si no lo hacía, él se salía a gritar a la calle diciendo que en su casa no lo atendían y se ponía a hacerse el mártir.

A lo largo del tiempo la relación se fue deteriorando y Coni fue marcando mucha distancia entre los dos. Poco a poco él se fue poniendo enfermo y su esposa Coni se vio convertida en cuidadora de alguien que ya no quería. Durante las sesiones de trabajo en la clínica Coni nos comentaba que solamente verlo le daban ganas de desquitarse de todo lo que su marido le había hecho. Se acordaba de cómo la maltrataba a ella y a sus hijos, y del miedo que tenía al dormir y no saber qué pasaría cuando él llegara.

Coni siguió trabajando en el grupo de la clínica y poco a poco fue avanzando en su proceso hasta que pudo reconocer su derecho a sentirse deseada y tomada en cuenta por otros. De hecho, durante un ejercicio en una sesión terapéutica Coni pudo apreciar lo que es sentir que a ella le pueden llamar la atención otros hombres, no tuvo más interés pero le sorprendió descubrir todo lo que podía sentir. Descubrió que podía sentirse emocionada, excitada, atraída por alguien, y que era agradable sentirse así.

Cuando su marido murió Coni no sintió nada por él, pasaron unas semanas y poco a poco fue reconociendo que ella se sentía extraña, agradablemente extraña, no tardó en reconocer que por fin se sentía libre y sin responsabilidades ni amenazada por otros. Hoy disfruta de su familia y de su papel de abuela.

En la actualidad, las oportunidades para una discusión franca, la educación, y la investigación en envejecimiento sexual normal se vuelven rápidamente una realidad. Poco a poco veremos que las demandas de atención sexual a los ancianos en el futuro próximo serán diferentes a las que tenemos ahora, sin embargo, siempre hay el riesgo de que la agresión se asocie al deseo sexual, y ahí aún falta mucho qué hacer.

En general las conductas agresivas de las personas mayores se producen como consecuencia de sentimientos de incapacidad, depresión, de cambios inesperados en el entorno social o físico o son debidos a la medicación. Su presencia puede estar asociada a depresión (incluso depresión oculta), ansiedad, miedo y abandono, pero cuidemos de no idealizar estas condiciones pues muchos ancianos cosechan lo que han sembrado en su vida. Para controlar las respuestas de ira hay que descartar por medio del médico la actuación de algún fármaco, fomentar la independencia de la persona que se cuida, hacer el menor número de cambios en la vida diaria, no prestar atención al familiar cuando se comporte de modo agresivo pero sí cuidar que no se haga daño, intentar que la persona anciana realice actividades que le impidan que se comporte agresivamente, pero también tendremos que proteger a quienes rodean a estas personas.

Algunos de estos problemas se presentan en casos de personas que no tienen antecedentes de demencia, pero sí pueden ser trastornos de personalidad, o de neurosis, que suelen ser más comunes en la vida cotidiana y no necesariamente se les identifica como problemas que requieren atención especializada.

La vejez y el sexo normal o saludable

Larocca (2007) menciona que la sexualidad en la vejez es un área especialmente descuidada, poco conocida y menos entendida por la sociedad, por los propios ancianos y por los profesionales de la salud a los que van a llegar las personas de edad avanzada con problemas y dudas al respecto, dudas y problemas que tarde o temprano se manifestarán de una u otra forma.

En líneas generales, la relación sexual suele considerarse una actividad propia de las personas jóvenes, de buena salud y con atractivo físico. La idea de que las personas de edad avanzada mantengan relaciones sexuales no está muy aceptada por la sociedad, pero no hay edad en la que la actividad sexual, los pensamientos sobre sexo o el deseo finalicen.

Debido al desconocimiento y a la presión social, numerosas personas de edad avanzada, en quienes es intenso el deseo sexual, experimentan un sentimiento de culpabilidad y de vergüenza, incluso llegan a creerse anormales o enfermos.

La esperanza de vida en países industrializados ha aumentado espectacularmente, lo que se asocia con un importante incremento del número de ancianos en la población que conservan todas las cualidades y defectos del ser humano, incluyendo el que más de la mitad de los hombres con 90 años refieren mantener interés sexual, aunque menos del 15% son activos sexualmente.

En la literatura abundan estudios sobre actividad sexual definida como actividad coital exclusivamente, pero la sexualidad comprende otras formas de conducta, actitudes y prácticas que de no ser consideradas modificarán los resultados de las distintas investigaciones.

Hasta hace muy poco, la actividad sexual en los longevos ha sido considerada inapropiada, inmoral e incluso una conducta bizarra. Un cambio radical con respecto a la sexualidad en la última década ha permitido un aumento del número de ancianos que han buscado y buscan consejo y tratamiento de las disfunciones sexuales que pueden padecer, así como respuesta a las dudas que aparecen acerca de los cambios sexuales que presentan.

Las características psicológicas, sociales y culturales en las que tenga lugar la relación influyen también de manera decisiva en la función sexual de la persona de edad avanzada. Nuestra sociedad acepta relativamente mal la existencia de sexualidad en el anciano, y los ancianos que presentan no sólo alguna actividad sexual sino cualquier manifestación de su interés sexual son con frecuencia discriminados. No se considera correcto hablar de ello, ni plantear la existencia de problemas relacionados con la sexualidad del anciano y su inquietud por sentir placer en las actividades de este tipo.

También tendremos que ir descubriendo poco a poco que la sexualidad saludable no implica diferencias generacionales cuando se da dentro de una relación entre adultos, en un taller que tuve la oportunidad de impartir sobre sexualidad y vejez una asistente nos compartió la siguiente experiencia.

> *Doctor Quintanar quiero compartirles que el tema de las necesidades sexuales de las personas mayores es algo difícil de manejar. En mi caso mi padre era viudo y muy saludable, como yo era a la que tenía más confianza me platicaba todo lo que deseaba.*
>
> *Como soy odontóloga él lo tomaba como una forma de médico y me hablaba en ese sentido. Me decía que con frecuencia se daba cuenta que deseaba estar con una mujer, y yo como su hija no me era fácil escuchar lo que él compartía pero lo respetaba y trataba de apoyarlo, incluso le lle-*

gué a decir que, si deseaba, podría salir a buscar una sexoservidora pero que tuviera mucho cuidado. Mi padre no aceptaba eso pero tampoco lo descartaba, salía a eventos de la tercera edad como bailes y reuniones pero no eran lo que él esperaba.

Pasaron los meses y un día tuve la oportunidad de reunirme con una amiga mía de la carrera y nos tratábamos con cierta frecuencia. Cuál no sería nuestra sorpresa en la familia cuando nos enteramos que mi padre de poco más de 60 años, y mi amiga de casi 40 años de edad, se habían enamorado. Fue difícil de aceptar y comprender, yo me enojé mucho con los dos pero no les podía decir muchas cosas pues esa relación me rebasaba.

Tuve que leer mucho, todo lo que podía encontrar sobre sexo y vejez, y poco a poco fui aceptando la nueva relación que se había establecido. No podía pensar que mi amiga fuera la pareja de mi padre por todo lo que eso representaba (Yo la interrumpí y le comenté que pareciera que no le gustaba ver a su amiga como si fuera su madrastra, que además la confrontaba con la posibilidad de cómo la veía a ella su padre y todo lo que podría sentir). Efectivamente doctor pensar eso no me gustaba pero entendí que mucho era también fantasía mía. Poco a poco acepté la relación y hoy en día son una pareja que han logrado tener un hijo, viven bien y a mis hermanos y a mí no nos perturba lo que mi padre ha decidido. No viven juntos pero mi padre la procura y ella se siente recibida por la familia. Pero en verdad que el proceso vivido me fue desconcertante y mucho muy difícil.

La historia que nos compartieron es ese curso es interesante, pone en evidencia los fantasmas de nuestro imaginario y de nuestro inconsciente, pero será algo que podremos ver con más frecuencia en los años venideros. El caso también ejemplifica muy bien la presión social a la que nos vemos sometidos ante estos temas, incluso muestra expresiones de viejismo que nos es difícil reconocer. Lo importante es que esas parejas cuenten con la información y formación necesaria para poder tener una sexualidad saludable y satisfactoria.

Sexualidad y muerte en la vejez

Si el lector o lectora recuerda la definición que se propone de la vejez, al inicio de este texto, notará que se hace referencia a que es la etapa de la vida previa a la muerte natural. Dado que la sexualidad es una condición humana que dura hasta el final de la vida, entonces es inevitable que exista un encuentro con aspectos de la sexualidad personal y la proximidad de la muerte. Este encuentro se caracteriza más por el sentido de lo que se ha hecho y vivido sexualmente y no tanto por lo hecho en sí mismo

Ejemplos de esto los tenemos en los siguientes casos:

a. Una anciana que había ejercido la prostitución durante la mayor parte de su vida llegó a un momento en que su principal deseo era dejar esa forma de vida. Tuvo oportunidad de incorporarse a la casa hogar Xochiquetzal y trató de reorientar su forma de vivir; fue muy criticada y juzgada por algunas de las residentes, pero ella les contestaba que a final de cuentas había logrado salir de eso que las demás no han podido dejar.

b. En los últimos meses de su vida se dedicó a ayudar a mantener limpia la casa donde vivía y ayudaba algo en la cocina y a algunas compañeras. Las pláticas que fue posible tener con ella permitían verla como una persona que había logrado recuperar su dignidad, y tenía la sensación de estar personalmente limpia; no dejaba de ser hosca y poco tolerante, pero ya no le interesaba hablar más sobre su actividad como prostituta ni cómo fue que se dedicó a eso. Murió en circunstancias poco claras pues la encontraron muerta recargada en su cama; durante su sepelio sus compañeras se recriminaban diferentes cosas y negligencias, pero lo cierto es que al final pudimos estar frente a su tumba cubierta de muchas flores, algo que no se creía posible que alguna de ellas se mereciera.

c. Otra anciana de 82 años que también se había dedicado a la prostitución, y que aún la ejercía, me decía en una larga plática, amplia y franca.

Mira Fernando, las que nos dedicamos a esto debemos aprender a estar en paz en nuestra vida. Muchas jóvenes vienen a preguntarnos lo mismo de siempre...que cómo sucedió.... que si nos violaron de niñas... que si nos agredían... ¿Sabes tú todo lo que hemos visto en este ambiente? Esas estudiantes que vienen a hacer su servicio social o prácticas, son jóvenes, han tenido oportunidades que una o no tuvo o no las quiso buscar, les falta vivir y dejar de espantarse de cómo es la vida; tienen que aprender a resolver problemas y a tomar decisiones, deben aprender a no tener miedo de equivocarse y quizá a regarla... Al final de cuentas en este medio hubo quienes llegaron obligadas o quienes no tuvieron otra salida, incluso hay muchas a las que esto les ha gustado, aprendieron a abrirse de piernas... y se siguieron de frente. Muchas se quedan aquí porque es una forma fácil de ganarse el dinero, ¡más si tienen buen cuerpo! Al final de cuentas la muerte lo arregla todo, nadie nos escapamos a ella, y a estas alturas ya no tiene sentido estarse preocupando por aquellos que nos hicieron lo que nos hicieron... todos ya están hechos polvo, ellos fueron a rendir cuentas, nosotras o yo, tendremos que rendir las nuestras.

Así como me ves aún me buscan los hombres... hay de todo, los jóvenes que quieren saber qué es cogerse a una vieja como yo o los viejos, también como yo, que ya no tienen quién se fije en ellos... ¿Te das una idea de la cantidad de cosas que las viejas como yo pudimos ver a lo largo de lo que vivimos...? Al final, yo creo que debemos hacer lo mejor, no tenemos por qué amargarnos la vida el poco tiempo que nos queda.

Yo todavía tengo familia, no todos saben a qué me dedicaba sólo lo sabe una hija de los cinco que tengo. Siempre se nos quita un enorme peso de encima cuando le podemos decir a alguien a qué nos dedicamos y no se nos censura, eso ya es ganancia. Al morir creo que me puedo morir tranquila y no me avergüenzo de, a mi edad, dedicarme a lo que me dedico. Soy puta y así saqué adelante a mi familia, no le pedí nada a nadie y yo creo que al morir eso Dios deberá tomarlo en cuenta. Aquellos que nos lastimaron, si ya murieron que Dios se los perdone, y si no han muerto tendrán que responder por lo que hicieron... Bueno manito, perdona que te deje... pero ya es tarde y todavía puedo conseguir algo... Cuídate y nos vemos luego.*

d. Otra anciana de 91 años enferma de cáncer de pulmón me decía que quería hablar con alguien, pero solamente platicar, sin la intención de confesarse. Ella ya está esperando morir y comentaba que sentía que la vida ya se le está acabando, en su plática me decía *"gracias por haber venido doctor, tengo muchas ganas de platicar con alguien pero así entre persona y persona, no quiero un sacerdote... como ese que quería que me confesara sin tomar en cuenta que yo quería solamente hablar... ¿sabe usted que tengo una pena muy grande?... ya he vivido mucho, ya soy una carga y eso no me gusta, no quiero dejar *sola a mi hija, ella ha sido mi compañía y yo la de ella... pero ya ve usted... pasa el tiempo y siempre tiene uno pendientes y culpas. Yo he cometido pecados* (pero doña M. todos los hemos cometido...), *sí, es verdad, pero no dejan de preocuparme... sabe usted que uno de mis pecados fue el no haberme casado con amor, yo no estaba enamorada del padre de mis hijos* (¿usted llegó a amar a otra persona o a serle infiel a su marido?...). *No, eso no, él sí lo fue conmigo pero yo no,... lo único es que yo no lo amé ni lo quise.* (Doña M. usted disfrutó de todo lo que pudo... ¿no es así?, disfrutó de la música, de la comida, de los paisajes e incluso de la intimidad y su sexualidad). *Sí doctor, así fue, disfruté tener a mis tres hijos, sanos, fuertes, eso lo disfruté... aún con todo me gustaba la intimidad aun cuando no sintiera amor, pero también me gustó trabajar y atender mis necesidades, eso me gustó mucho. Ya me queda poco tiempo, en general no me arrepiento de nada, solamente quería hablar así como estoy hablando con usted, como un hombre y una mujer adultos, sin secretos y sin malicia, diciendo las cosas como son, no hay otra forma de decirlas. Solamente le quiero pedir que cuando muera acompañe a mi familia, yo espero poder platicar pronto con usted, pero recuerde que el tiempo se me acaba... lo veo luego, gracias por venir.* M murió 34 horas después de esta plática.

e. Un señor de poco más de 75 años, homosexual, nos comentaba que se sentía tranquilo con lo que había vivido. Que no fue fácil al principio aceptar cómo se sentía al reconocer su tendencia. Se sentía listo, no le preocupaba morir, pensaba que había hecho lo que le correspondía, tenía la duda de saber qué se sentía poder tener familia y dejarle todo lo que ha logrado o adquirido. Reconoce que quizá por ser una persona sana no le tenía miedo a la muerte, pero sí a la forma de morir. En una reunión con el equipo de trabajo se sentía completo y tranquilo, sabía que no había juicio ni censuras, para él eso era importante y decía poder platicar con Dios a su manera. Ya no tenía vida sexual, pero la que tuvo la vivió con satisfacción y con placer, pero le costó superar la culpa que sentía en un principio.

Dada la falta de literatura especializada sobre este tema, es indispensable ir dándole forma a la experiencia de los interesados en esto. Se requiere sistematizar la información disponible y cambiar el enfoque conceptual que metodológicamente ha predominado sobre el tema. Aún falta mucho por hacer pero se requiere ir reorientando el camino tomado hasta el momento, es decir, los interesados en el tema tendrán que hacer una reflexión honesta sobre su interés y tratar de evitar duplicar trabajos o saturar áreas de interés.

Notas sobre comportamiento sexual y creencias religiosas en la vejez

Creo que es un error muy común el que separemos de otros aspectos de la vejez el tema de lo sexual. Tras el comportamiento sexual de los ancianos hay una historia y una cultura que se atraviesa con muchos factores tales como la salud, la educación, las tradiciones o las costumbres familiares y la dinámica familiar con sus secretos, censuras y señalamientos.

La familia actúa de diferentes formas lo que cree pertinente en lo sexual, pero en el caso de los ancianos tanto la familia como la práctica religiosa han sido la base de la información sexual que tuvieron en su momento. En nuestra práctica clínica e institucional nos hemos encontrado con que, para muchas personas ancianas de 70 años o más que solamente han tenido educación básica incompleta, su primera información acerca del sexo fue en la iglesia o en la Biblia. No tuvieron más referencias durante muchos años, por tal razón les sorprende que hoy en día se tenga tanta apertura al respecto.

La práctica clínica y el trabajo de campo nos muestran que la actividad sexual de las personas ancianas no siempre corresponde a su práctica religiosa, pero tampoco hay una falta de contención y censura indiscriminada. Muchas veces se tolera la infidelidad, el abuso y el maltrato como si fueran parte de la carga que le corresponde llevar a la persona, esto no necesariamente debe ser así, parte del trabajo del psicogerontólogo es ayudar a cambiar aquellos patrones que, en el afán de cumplir de forma distorsionada con un credo, termina por dañar a la persona e incluso a su pareja y familia.

Como se puede apreciar en este capítulo, hay muchos temas que los interesados en la sexualidad de los ancianos han dejado fuera de su área de interés. Las principales formas de investigación sexual en la vejez han sido mediante encuestas y escalas de actitudes, pero también hay estudios de casos y algunos estudios experimentales sobre respuestas sexuales. Sin embargo no fue posible encontrar información fuera de la práctica clínica que nos proporcionara más datos sobre la relación de la sexualidad y otros temas gerontológicos.

Los trabajos de investigación mediante historias de vida, entrevistas en profundidad o formación de grupos focales, son una buena opción para abordar temas difíciles de tratar mediante cuestionarios. Actualmente hay un interés, en la metodología de la investigación, por rescatar y retomar el concepto de "indicador". Debemos buscar nuevos indicadores que nos permitan identificar la vinculación de la sexualidad del anciano con temas como muerte, violencia, espiritualidad, integración social, demencias y discapacidad entre otros.

Oppenheimer (2005) señala que cualquier estudio que examine los efectos del envejecimiento sobre un tema sexual o fenómeno particular, y que después pretenda comparar a personas de un grupo de edad con otro, tiene el riesgo de confundir el envejecimiento con los efectos de la cohorte. La autora señala que las personas mayores en la muestra pueden ser distintas de las jóvenes debido a la época en que nacieron y no tanto por la edad en sí. Además considera que el mejor de los estudios ayuda a identificar dificultades metodológicas importantes en el campo de la sexualidad en ancianos, que deberían tenerse en cuenta antes de que pudieran discutirse sus resultados.

En cuento a los problemas metodológicos, y reconociendo las aportaciones de los trabajos pioneros tanto de Kinsey como de Masters y Johnson, Oppenheimer señala que los principales son los relacionados con la naturaleza de las cohortes, los problemas relacionados con los tamaños y representatividad de las muestras, los resultados individuales en comparación con resultados grupales, y el énfasis en estudiar la sexualidad en sentido físico en comparación con el sentido afectivo.

Oppenheimer reporta que en la investigación en centros gerontológicos sobre la conducta sexual inapropiada de sus residentes se han identificado tres categorías:

a. Hablar de sexo (chismes, chistes, comentarios).
b. Actos sexuales (caricias o masturbación).
c. Conducta sexual implicada (ver una película porno o leer abiertamente una revista porno).

También menciona que en el caso de que los ancianos puedan establecer nuevas relaciones personales requieren ser competentes y los tres elementos de esa competencia personal son:

a. Tener conciencia de la relación (lo que implica el uso de memoria).
b. Capacidad de evitar la explotación (es crucial mantener la capacidad de poder rechazar un contacto inapropiado).
c. Tener conciencia de los riesgos (implica la capacidad de anticipar las consecuencias del final de las relaciones).

Aun con todo, y dados los casos que podemos tener en México y América Latina, el acceso a la información, educación y mejoría económica parecen ser buenos indicadores de una sexualidad saludable en la vejez y de una espiritualidad protectora y sin censura.

Como un complemento a los recursos para la investigación de la sexualidad, y comportamiento sexual, en la vejez se pueden abordar una serie de puntos a incluir en un formato de historia clínica gerontosexual, estos puntos podrían agregarse a los formatos de historia clínicas ya utilizados y quedan incluidos en la sección de anexos al final del libro. También pueden servir de referencia para elaborar guías para entrevistas o escalas de actitudes sobre sexualidad y vejez. Pero no estaría de más también hacer una revisión de lo que hoy se entiende que es la función del orgasmo como un elemento central en la construcción de lazos afectivos o función psicosocial, y no solamente como una etapa de desahogo del impulso sexual del organismo (función biológica).

Algunas variables para la investigación del comportamiento sexual en la vejez.

De Lamater y Moorman (2007) realizaron un estudio sobre la influencia de factores como la edad, diversos aspectos biológicos y factores psicosociales en la expresión sexual en la vida tardía. Trabajaron con una muestra de 1384 personas de la Asociación Americana de Personas Jubiladas, los participantes masculinos tenían un margen de edad entre 45-89 años de edad con un promedio de 60 años, las mujeres participantes lo tenían de 45 a 94 con un promedio de 61 años, y se les solicitó información sobre enfermedades diagnosticadas, enfermedades tratadas, el deseo sexual, las actitudes sexuales, circunstancias asociadas, y el comportamiento sexual de personas mayores de 45 años. Encontraron que las enfermedades y los tratamientos diagnosticados generalmente no tienen relación con la frecuencia de la actividad sexual; que las actitudes sexuales están relacionadas con la frecuencia de la conducta asociada y el deseo sexual está relacionado con la frecuencia de la masturbación entre mujeres y hombres.

En esta sección presento el estudio de De Lamater y Moorman debido que es de los pocos que se han publicado que abordan una amplia variedad de variables referentes a un mismo objeto de estudio sobre sexualidad en general. Considero que en este caso será de utilidad a quien lea este capítulo y encuentre interés en retomar esas y otras variables, y le pueden servir como fuente de sugerencias para nuevas ideas. Por lo anterior presentaré a continuación las variables que investigaron De Lamater y Moorman según las enlistan en variables independientes y dependientes (con las claves con que fueron codificadas), sin embargo pienso que sus conclusiones son muy restringidas y generales considerando la cantidad de información que tuvieron en su investigación.

Variables independientes:

> Edad (años)
> Diabetes diagnosticada (0 = no, 1 = si)
> Diagnóstico hipertensión (0 = no, 1 = si)
> Diagnóstico artritis (0 = no, 1 = si)
> Diagnóstico de depresión (0 = no, 1 = si)
> Diagnóstico de próstata benigna (0 = no, 1 = si)
> Diagnóstico de cáncer de próstata (0 = no, 1 = si)
> Diagnóstico de cáncer ginecológico (0 = no, 1 = si)
> Tratamiento de la diabetes (0 = no, 1 = si)
> Tratamiento de la hipertensión (0 = no, 1 = si)
> Tratamiento de la artritis (0 = no, 1 = si)
> Tratamiento de la depresión (0 = no, 1 = si)
> Tratamiento de la próstata benigna (0 = no, 1 = si)
> Tratamiento del cáncer de próstata (0 = no, 1 = si)
> Tratamiento del cáncer ginecológico (0 = no, 1 = si)
> Restricciones sexuales de los participantes
> Actitudes sexuales: auto (alto = positivo)
> Actitudes sexuales: relación (mayor = negativo)

Deseo sexual (1 = nada, 8 = más de una vez al día)
Participante tiene pareja (0 = no, 1 = si)
Relaciones largas (0 = ≤ 20 años, 1 ≥ 20 años).
Emocionalmente satisfecho (1 = nada, 5 = extremadamente)
Físicamente satisfecho (1 = nada, 5 = extremadamente)
Restricciones de la pareja sexual (0 = no, 1 = si)

Variables dependientes:

Se evaluaron cinco conductas sexuales (cuatro con pareja y una sin pareja). A los participantes se les plantearon preguntas como: "Durante los últimos 6 meses, ¿cuántas veces, en promedio ha participado en las siguientes actividades sexuales?" Los comportamientos incluyen:

Besos / abrazos (1 = nada, 6 = día)
Contacto sexual (1 = nada, 6 = día)
Sexo oral (1 = nada, 6 = día)
Relaciones sexuales (1 = nada, 6 = día)
Masturbación (1 = nada, 6 = día)

Las alternativas de respuesta para todos los reactivos fueron: 1 = nada, 2 = menos de una vez al mes, 3 = una vez o dos veces al mes, 4 = una vez a la semana, 5 = más de una vez a la semana, y 6 = todos los días.

Quiero señalar que al evaluar las características de la pareja sexual De Lamater y Moorman plantearon dos elementos para evaluar las facetas de la satisfacción sexual donde el participante respondió a las preguntas, "En los últimos 6 meses, ¿emocionalmente satisfactoria fue la relación con tu pareja?", y "En los últimos 6 meses, ¿físicamente placentera era su relación con su pareja?" Las alternativas fueron 1 (nada todos), 2 (ligeramente), 3 (moderadamente), 4 (muy), y 5 (extremadamente). Por último, se les preguntó a los participantes si la pareja tenía alguna limitación física o emocional que limita la actividad sexual de la pareja (0 = no, 1 = sí). Obviamente la lectora o lector a quien interese mayor información sobre el estudio de De Lamater y Moorman encontrarán más desarrollados los criterios de puntuación y registro seguido por los autores, pero retomo este ejemplo de las características de las parejas debido a que considero que las conclusiones de De Lamater y Moorman no abordaron otros aspectos de importancia tales como la relación social entre parejas o la dinámica familiar que se puede tener con la edad. De Lamater y Moorman señalan que su estudio tiene ciertas restricciones pues no consideraron aspectos como la religión y el grupo étnico, pero tampoco incluyeron la experiencia sexual ni la preferencia sexual, que hoy en día no puede ser soslayada y considero que muchos de sus resultados son evidentes y no sorprenden mucho en lo que se obtiene. Por tal razón me parece que en la investigación psicosocial y psigerontológica en general, pero particularmente en la salud y lo sexual, no es suficiente contar con estudios que sustenten resultados con análisis estadísticos complejos (lo que no quiere decir que no se hagan o que no sean importantes) si no se cuenta con información de la dimensión social de lo sexual que complemente, oriente y amplíe lo que se sabe al respecto.

Capítulo 12

El futuro de la sexualidad en la vejez

Viguera (2005) comparte y trasmite su experiencia en el trabajo con grupos de ancianos en un seminario sobre sexualidad. Plantea que lamentablemente estas generaciones de mayores merecían más gozos pero fueron más las sombras que pesaron sobre sus vidas en cuanto a la sexualidad, que los apoyos y guías que pudieran recibir.

Continuidad de la actividad sexual en la edad avanzada

En 1948 se publicó el primer estudio sobre las relaciones sexuales en la vejez. Kinsey y sus asociados fueron los primeros en documentar la existencia de un gradual declive en la actividad y en el interés sexual con el envejecimiento. Esta disminución de la función sexual se constató tanto en los hombres como en las mujeres.

Posteriormente a este estudio se han publicado otros muchos que con pequeñas variaciones mantienen los mismos resultados. En general en todas las investigaciones aparece como más severo el descenso en las relaciones sexuales en la mujer.

Una posible explicación a la diferencia entre hombres y mujeres estaría en que la mayoría de estudios que aparecen en la literatura utilizan como definición de actividad sexual exclusivamente el coito, y en edades avanzadas se produce en la población un desequilibrio numérico a favor de las mujeres. De hecho, en mayores de 85 años hay 39 hombres por cada 100 mujeres, prácticamente dos terceras partes de la población anciana son mujeres, por lo que la ausencia de actividad sexual en ellas podría tener que ver con la falta de pareja, entre otras razones.

Muchos de los estudios existentes sobre sexualidad y vejez han sido criticados debido a que confunden los efectos propios de la edad con aquellos correspondientes a patología o a factores como la socialización, factores culturales y de actitud o valores.

Kaiser en 1996 realiza una revisión de los diferentes trabajos publicados hasta el momento sobre este tema. Entre ellos destaca el estudio llevado a cabo por Pfeiffer y colaboradores quienes encontraron que el 95% de los hombres de edades comprendidas entre los 46 y 50 años mantenían relaciones sexuales semanalmente, cayendo este porcentaje al 28% en los varones de 66 a 71 años. En el caso de personas casadas, el 53% de los individuos de 60 años y el 24% de los mayores de 76 años eran sexualmente activos.

Otro trabajo descrito en la revisión de Kaiser es el realizado por Bretschneider y asociados. Estos autores indican que el 63% de los hombres y el 30% de las mujeres de entre 80 y 102 años de edad eran activos sexualmente. En este estudio, además, se reseñaba que la actividad sexual más frecuente eran las caricias y tocamientos seguido del coito. El 74% de los hombres y el 42% de las mujeres practicaban la masturbación. Las mujeres activas sexualmente tendían a haber tenido más parejas sexuales y mayor nivel de actividad sexual en su juventud. Dato que posteriormente se ha confirmado también con los hombres.

A la hora de estudiar las relaciones sexuales en los ancianos, el grupo de Bretschneider describe como variables que pueden influir limitando la actividad sexual, a la capacidad de la pareja, el estado de salud, problemas de impotencia en el hombre o de dispareunia en la mujer, así como el interés sexual en la juventud. Otros pronosticadores importantes para estos autores, son la toma de medicación y variables ambientales, como la pérdida de privacidad, por ejemplo, el vivir en una residencia o en casa de los hijos pueden suponer una falta de intimidad, lo que llevará a un detrimento en las relaciones sexuales.

Steinke (1997) en un estudio realizado con el personal de 144 residencias de ancianos encontró que había un importante desconocimiento acerca de la sexualidad en la vejez, así como conductas prohibitivas con respecto a las relaciones sexuales entre los ancianos, lo que lleva en numerosas ocasiones a impedir y dificultar cualquier acercamiento sexual entre ancianos. Con respecto a los ancianos con deterioro cognitivo, la situación se convierte en un tema muy delicado, donde es necesario una cuidadosa valoración individual y mayor orientación al personal.

Persson (1980) realizó un estudio con una muestra de individuos de 70 años, y encontró que las variables más importantes asociadas con la actividad sexual eran el estado de salud mental, una actitud positiva hacia las relaciones sexuales y una historia de relaciones frecuentes durante la juventud. Para Oppenheimer (2005) lo interesante del trabajo de Persson es que fue de los pocos que se interesó por la parte afectiva de la sexualidad y no tanto por la actividad física.

Larocca (2007) menciona el trabajo de Schiavi y Rehman quienes en 1995 realizaron un estudio en hombres de entre 45 y 74 años con relaciones sexuales estables. Los datos obtenidos muestran que la edad correlaciona significativamente y de forma negativa con el deseo sexual y con la actividad sexual, pero no así con el grado de satisfacción obtenido en las relaciones sexuales.

El hecho de que estos individuos sanos mantuvieran (con las mismas características) la satisfacción sexual, lleva de nuevo a recalcar la importancia de los factores psicológicos y relacionales en la actividad y deseo sexual y no sólo la de los cambios anatómicos y fisiológicos producidos por el envejecimiento.

Larocca (2007) también comenta el trabajo de Dello quien en 1998 condujo un estudio analizando varios aspectos del interés y de la actividad sexual en la vejez, con una muestra de 335 ancianos de ambos sexos, de edades comprendidas entre los 65 y los 106 años. Las conclusiones obtenidas son numerosas e importantes, entre ellas destaca el hecho de que se confirma la existencia de una disminución tanto del interés sexual como de la actividad sexual con la edad, mayor en las mujeres que en los hombres. Este autor correlaciona la disminución de la actividad sexual con el deterioro físico gradual que se produce con el envejecimiento. Como resultado de su investigación describe una serie de factores que relacionan positivamente con la actividad sexual como son el ser hombre, estar casado, menor edad, la no existencia de deterioro cognitivo, mayor nivel educacional y buen funcionamiento social. Por otro lado, factores como la edad, el nivel educacional o el funcionamiento social pierden importancia respecto al interés sexual que se mantiene de manera más constante que la actividad sexual, incluso a edades muy avanzadas.

En resumen, la revisión de la literatura publicada sugiere que hay una disminución en la frecuencia de las conductas sexuales, que afecta también al interés sexual y que se produce un aumento de las disfunciones sexuales asociado con la edad.

De cualquier modo hay diferencias individuales importantes en las que parece influir entre otros factores, las características de las relaciones sexuales en la juventud, el estado de salud, los medicamentos administrados, la existencia de alteraciones psicopatológicas, así como variables psicosociales que incluyen la existencia de pareja estable y la calidad de la relación, el funcionamiento social y el nivel educacional.

Desarrollo tecnológico e intimidad en la vejez

Un aspecto que inevitablemente cambiará los patrones de sexualidad a lo largo de las generaciones, es el desarrollo tecnológico. Los sistemas electrónicos y de realidad virtual, los medios de comunicación, los dispositivos médicos, los juguetes sexuales, y los nuevos fármacos, modificarán las relaciones interpersonales y patrones de comportamiento grupal que incluirán aspectos sexuales que antes no se veían. Muchos recursos tecnológicos serán requeridos para poder sobrellevar la soledad, el aislamiento y sentimientos de abandono que se pudieran presentar en una población anciana cada día más culta y con mejor educación.

Quienquiera que se encuentre interesado podrá consultar por Internet los nuevos modelos de robots que suplirán la compañía humana, por lo pronto la femenina, facilitando tener diversas formas de actividad sexual, y estarán a la disposición del público en un tiempo relativamente breve.

Quizá una de las noticias que nos brindan con claridad las posibilidades sexuales del futuro la tenemos en una noticia publicada en el periódico El Universal del jueves 23 de abril de 2009 a las 04:31. En esa noticia se plantea que buscan parejas para probar invento que permite intimidad a distancia, gracias a que una empresa británica ha iniciado la búsqueda de parejas voluntarias para probar dicho invento que, mediante cámaras, luces artificiales y computadoras, el ingenio permite a los amantes "tocarse" como si estuvieran juntos aunque se encuentren en realidad a kilómetros de distancia.

Para poder hacer esto las parejas llevan en el dedo anillos visibles para una cámara situada sobre el lecho, que sigue los movimientos de la mano acariciando el correspondiente cuerpo. Esos movimientos se transmiten y se proyectan en forma de rayos lumínicos sobre el cuerpo de la otra persona. El invento se llama Mutsugoto y es del artista de origen japonés Tomoko Hayashi y ha sido desarrollado por Distance Lab que es un laboratorio de investigación multidisciplinar que trabaja habitualmente con lo último en tecnología digital y cuya especialidad es intentar superar la distancia física.

Es inevitable la presencia de este tipo de desarrollos tecnológicos, que también llevarán a replantear nuestras ideas sobre el desarrollo de la personalidad, el aprendizaje y la dinámica de grupos, entre otras cosas. El propio concepto de intimidad se modificará, hoy existe la opción de tener una imagen personal circulando por la Red sin límite de tiempo y lugar, esto tendrá un fuerte impacto en la salud mental de las nuevas generaciones, pero los nuevos ancianos también tendrán acceso a esto, y los psicogerontólogos debemos anticipar los beneficios o problemas que esto pueda generar.

Capítulo 13

Envejecimiento y comportamiento sexual delictivo

Por diferentes motivos y ante distintas circunstancias es posible observar una tendencia de las personas a no poder tolerar lo que está en desacuerdo con su experiencia, valores e ideales, no importa cuán atroz pueda ser lo que se les muestra, si contradice su sentir hay una reacción inmediata a buscar argumentos y razones para justificar, disminuir o cambiar el sentido de las evidencias. Una primera reacción es ponerse en primera persona y partir de ahí para justificar que las cosas no son así porque uno no las hace, o no lo hacen las personas que uno conoce. Este patrón de comportamiento tiene consecuencias muy serias, pues no permite el ejercicio de la razón y la argumentación, es la base de los obstáculos epistemofílicos que tanto dificultan el entendimiento, e impiden pensar en posibilidades que, aunque desagradables, son reales y posibles.

Cuando una persona se resiste a otorgar el beneficio de la duda de lo que se le presenta, como contrario a lo que ella asume, entonces estamos ante una muestra de la resistencia al cambio y de lo agresiva que puede ser la realidad y lo intolerable que puede ser descubrirla. Es importante tomar en cuenta esto debido a que aún tenemos una idealización de la vejez y de las personas mayores; no es fácil reconocer que no solamente pueden ser víctimas sino que también pueden ser victimarios con un alto grado de violencia y abuso de poder, un abuso que encuentra en lo sexual el camino para legitimar acciones que, a pesar de lo dañinas (e incluso castigadas) que puedan ser se termina por no hacer nada y se deja que el tiempo las sepulte entre el polvo de los años.

Hay momentos en que el comportamiento sexual rebasa los límites de lo pertinente y saludable, llega a extremos que se supone deberían ser abordados y penalizados con la aplicación de la ley, pero esto no siempre sucede aun cuando se trate de adultos mayores que han cometido algún acto delictivo o antisocial de naturaleza sexual. Los psicogerontólogos y gerontólogos debemos reflexionar sobre las razones por las cuales es tan difícil que nuestras sociedades y autoridades, de todo tipo, puedan reconocer los riesgos de esta forma de comportamiento a pesar de poder encontrarnos con casos cuya evidencia es irrefutable, pero que se sostienen de una estructura institucional difícil de trastocar y cambiar. Me parece un error serio el que por cuestiones didácticas y disciplinarias separemos unos temas de otros, no he encontrado en otros textos el abordaje de temas sobre sexualidad, envejecimiento, participación en sectas y comportamiento sexual delictivo a pesar de que en la práctica clínica se pueden encontrar estas condiciones; sin embargo basta abrir un poco la cortina, y romper las limitantes conceptuales y temáticas, para que se pueda encontrar todo un camino nuevo, o al menos diferente, del estudio de la sexualidad en general. En esta sección abordaré brevemente dos casos que han sacudido a las sociedades que las padecieron. Una es la de Josef F., de 73 años en Austria y otra la del padre Maciel en México; los elijo porque los principales protagonistas son adultos mayores, con un comportamiento sexual delictivo, y cuentan con una serie de elementos que nos ayudan a repensar algunas cuestiones que damos por hecho y nos cuesta trabajo que podemos verlas de otra forma.

Estos son dos casos que han sido investigados y contienen elementos que debemos de repensar como sociedad, pues son una muestra extrema de cómo una persona puede llegar a tener control sobre otra, en una aparente condición de falta de decisión. Pero también son ejemplos de algo que, en menor escala, nos encontramos en el trabajo clínico durante años y donde podemos ver el grado de distorsión, que las personas pueden tener de la realidad, debido a mecanismos de control psicosocial que los psicólogos en general hemos dejado de lado.

En la experiencia clínica nos hemos encontrado que la frecuencia de casos de violencia sexual y comportamiento sexual delictivo es mayor de lo que suponemos, el problema principal es que muchos son sucesos que han pasado hace años, se ocultaron por vergüenza y nunca se delataron. Pero al realizar las entrevistas clínicas salen a relucir patrones de comportamiento en la relación de pareja, o familiar, que se caracterizan por la capacidad de generar temor y mantener un amplio control sobre las personas afectadas. Estos mecanismos se caracterizan por amenazas sobre separar a la familia, suspender el ingreso económico, quitar espacios y tiempos para la privacidad personal de la pareja o hijos.

El segundo caso que comentaremos se presentó en México, y ya lo mencionamos en el capítulo referente a lo sexual en congregaciones religiosas. Se trata del padre Maciel, fundador de los Legionarios de Cristo y sobre el que se han documentado una enorme cantidad de abusos sexuales, maltrato y problemas de adicciones. Lo interesante en este caso contrasta con lo comentado en la prensa austriaca, al pensar que todo el país debe preguntarse qué es lo que anda mal; en el caso de México todo lo que se hizo fue con el fin de evitar conocer la verdad. Pero esto es lo que hace interesante el asunto y se convierte en un pretexto para poder abordar el tema de lo sexual y el comportamiento sexual en relación a las sectas y la violencia de pareja protagonizada por personas adultas mayores. No presentaré datos estadísticos, para este primer momento me apoyaré en los casos clínicos que hemos tenido oportunidad de atender, y en la información proporcionada por psicólogos sociales y sociólogos especializados en el estudio de las sectas.

Lo sexual como mecanismo de control interpersonal

Tobias y Lalich (1997) al analizar los mecanismos de control de las sectas religiosas definen el abuso sexual como el ejercicio extremo de poder en una secta, o relación sectaria, según la cual un adepto, integrante o compañero es explotado sexualmente para satisfacer, *de forma consciente o inconsciente* (las cursivas son mías), las necesidades financieras, emocionales, sexuales o físicas del líder, el grupo o algún compañero. El abuso incluye desde las caricias no deseadas hasta la violación. Los autores mencionan que tanto la seguridad como la reparación del daño son imposibles debido a la dinámica de poder existente en el entorno sectario; sin embargo también debemos considerar que muchas formas de comportamiento sexual que parecen ser por aceptación, incluso por iniciativa personal, en realidad son inducidas y producto de la persuasión (que incluye la presión social) del líder o grupo.

Tobias y Lalich mencionan que el control sexual y reproductivo a través del celibato forzado o de las relaciones obligadas también son formas de abuso sexual. En muchas sectas se convence a los miembros de que un encuentro sexual con el líder es un honor, un privilegio especial, una forma de conseguir un mayor crecimiento espiritual, más si se inicia con expresiones como..."*el Señor quiere que estés conmigo...tú fuiste la elegida hoy*" o como "*yo soy mayor y yo sé lo que te tengo que enseñar sin que le digas a nadie...*". A una adepta se le puede pedir que ayude al líder a relajarse de las presiones del trabajo, o a sentirse mejor. En los caso de las sectas donde el líder se asume como el representante de Dios la práctica del sexo con él puede interpretarse, o racionalizarse, como un beneficio espiritual. Frecuentemente los miembros se someten a los abusos del líder por miedo, pues hay un desequilibrio de poder al que es difícil negarse, y cuando hay violencia o sadismo hay un debilitamiento personal que aumenta la dependencia hacia el líder.

Algunos ejemplos de formas de abuso sexual se presentan en la terapia sexual de personas no formadas ni supervisadas en el campo, el uso de drogas, la violación, el "amor verdadero", y las relaciones sexuales rituales. Es común que este tipo de actos sexuales forzados no se reporten a pesar de ser claramente delictivos, pues el juicio de realidad de los adeptos se ha visto alterado por medio de muchas estrategias de control social y presión grupal.

Por otro lado Cuevas y Canto (2006) mencionan que algunas técnicas de manipulación en la persuasión coercitiva de las sectas se pueden clasificar en cuatro categorías:

1. Control ambiental. Control de la información, aislamiento, creación de dependencia existencial, debilitamiento psicofísico.
2. Control mental o cognitivo. Activación emocional del gozo, activación de miedo-culpa-ansiedad. Aplicación selectiva de premios y castigos.
3. Control emocional. Denigración de pensamiento crítico, uso de la mentira y el engaño, demanda de condescendencia e identificación con el grupo, control de la atención, control sobre el lenguaje, alteración de las fuentes de autoridad.
4. Inducción de estados disociativos. Uso de drogas, síndrome de abstinencia y negación de tratamiento o auxilio médico, cánticos o hablar en lenguas, meditación o no pensar, otros métodos como sugestión o hipnosis.

Todos estos mecanismos se pueden asociar a alguna forma de expresión sexual y pueden evolucionar a estados de comportamiento delictivo, lo interesante es que no necesariamente se necesita participar de sectas para ser objeto de alguna forma de control de este tipo. Estas son expresiones de control que pueden darse en la vida cotidiana y permiten tener una idea de cómo es posible que algunas personas hayan caído en estos extremos como lo veremos en los siguientes casos.

Caso a). El padre secuestrador

En abril de 2008 se dio a conocer una noticia en Austria que desató serias preocupaciones y duros reclamos contra un padre que mantuvo secuestrada a su hija por 24 años y llegó a tener hijos con ella. Al darse a conocer la noticia uno de los principales diarios de Austria, Der Standard, dijo que todo el país debe preguntarse qué es lo que anda mal (AP, 2008).

El caso se inicia con la aprehensión de un hombre septuagenario, conocido como Josef F. de 73 años de edad, sospechoso de haber encerrado a su hija en un sótano durante 24 años, y de haber abusado sexualmente de ella desde que tenía 11 años, ha admitido los cargos y el proceso sigue.

El hombre cometió incesto y tuvo siete niños con su propia hija, quien vivía con algunos de los pequeños en un sótano sin ventanas. La hija, llamada Elizabeth por las autoridades, tiene hoy 42 años y ha sido acogida junto con los niños por asistentes sociales. Sufre graves trastornos psicológicos, y sólo ha accedido a hablar cuando se le aseguró que no se reuniría de nuevo con su padre.

De los siete niños, seis sobrevivieron: tres varones y tres niñas, de entre cinco y 19 años de edad. El séptimo murió poco después de nacer. La policía ingresó al lugar donde vivieron Elizabeth y sus hijos y reportó que hay varias habitaciones que incluyen una para dormir, una para cocinar y un baño. Este caso tiene paralelismos con el caso de Amstetten y el de la adolescente austríaca Natascha Kampusch quien en 2006 escapó de su encierro de ocho años en un sótano similar por lo que ha suscitado interesantes y complejos interrogantes. Cuando Elizabeth F. desapareció a los 18 años de edad, el 28 de agosto de 1984, sus padres recibieron una carta, aparentemente de su puño y letra, en la que les pedía que no la buscaran. Este es un ejemplo del efecto del control de la información y de los espacios interpersonales.

Rosemarie, la esposa de Joseph F., asegura que no sabía lo que había estado ocurriendo, algo difícil de creer para quienes los conocían, pero que se puede entender mediante los mecanismos de control psicosocial antes mencionados. Christine R., cuñada de Josef Fritzl, aseguró que éste pasaba todos los días horas en el sótano de su casa, donde se descubrió que mantuvo encerrada a su hija Elizabeth. Christine de 56 años, asegura que Fritzl humilló a su hermana durante los 51 años de matrimonio y que siempre maltrató a sus hijos, que en su mayoría se casaron jóvenes para irse de la casa familiar.

En este caso se puede ver el efecto del control ambiental y cognitivo sobre las personas. Pero también se puede ver el impacto del control emocional pues un dato importante es que Christine señaló que "Mi hermana se casó con Josef cuando tenía 17 años, no tenía formación ni profesión, eso lo aprovechó él de forma brutal durante 51 años. Josef era déspota, siempre lo he odiado", también recuerda que hace 40 años el esposo de su hermana fue encarcelado por la violación de una mujer en Linz, a pesar de que ya tenía cuatro hijos con su esposa.

Se informó que Elizabeth fue obligada a escribir una carta de su propio puño y letra en la que decía que había huido de Amstetten. Según el psiquiatra, Josep parece haber sido motivado por un profundo narcisismo y la necesidad de ejercer poder sobre otros.

En este caso se pueden observar indicadores que es común encontrar en la experiencia de muchas personas, como por ejemplo la diferencia de edad en la pareja, la falta de estudios, la dependencia a la autoridad de alguien, la falta de redes sociales y la restricción en la movilidad entre diferentes espacios.

Caso b). Los abusos sexuales del padre Maciel

El presente caso es una muestra de cómo los valores y principios institucionalizados en relación a la religión permitieron el encubrimiento, y pusieron en riesgo a otros que no contaban con alternativas para contener las presiones de una autoridad abusiva y altamente protegida.

Athié, Barba, y González (2012) realizaron la investigación con la cual en buena medida se sustentó la información sobre el proceder de Maciel. Sobre este caso se han escrito libros completos a partir de la revisión de documentos originales en el Vaticano, además se cuenta con el testimonio de los afectados que no fueron escuchados en su momento, pero cuya valentía, dignidad y experiencia les permitió anteponer la verdad a la autoridad, y la realidad a la imagen idealizada de una institución que resulta tan expresiva de la naturaleza humana como cualquier otra.

Lo importante para fines del presente texto es reconocer que Maciel se comportó de formas inapropiadas desde joven, y conservó ese estilo de vida hasta su vejez. Se casó y tuvo hijos, se le dignificó a pesar de los antecedentes pues desde 1956 y 1959 se le investigó por denuncias de abuso sexual. No se tiene el dato real de cuántas personas padecieron esos abusos, lo que importa es que este caso puso sobre la mesa vacíos legales para poder auxiliar a quienes sufrieron daño por sus experiencias. No había forma de proceder con la seguridad de que se actuaría conforme a derecho.

Los mecanismos de control tales como los compromisos de fidelidad, obediencia, sumisión, lealtad y silencio mermaron las defensas de los afectados, no importa que se pertenezca a una congregación, una secta, una relación familiar o una de pareja. Igualmente la idealización del líder, la presión social y las redes de control no permitían salida alguna a los involucrados contra su voluntad. El ex legionario José Barba (Ruiz, 2012) uno de los denunciantes de Maciel ha planteado "*Hemos perdido la tranquilidad… La Iglesia no ha sido madre*".

Es verdad que no todos los legionarios han cometido atrocidades, ni han dañado a las personas; también es verdad que estos casos no son comunes, pero su presencia destapó otros que no se comparan en magnitud pero que sí comparten una naturaleza dañina contra la que no se ha podido actuar, y donde la vejez es la principal protagonista.

Repensando lo conocido sobre vejez, sexualidad y comportamiento sexual

Hay muchos casos individuales de relaciones de pareja o experiencias personales, que han atravesado por diferentes formas de comportamiento sexual delictivo. No fueron denunciadas por considerarse como asuntos personales, por vergüenza, o por resistencia de la familia debido a los vínculos y roles que se trastocan y transgreden. Pero cuando se explora la vida sexual de personas mayores es necesario hacer algunas preguntas que pueden destapar recuerdos que se consideraban superados, u olvidados. En nuestro caso nos hemos encontrado con casos de personas que fueron abusadas sexualmente por personas ancianas, que vivieron bajo una presión constante por miedo a que se sepa la verdad, o por asumir que no se les creería. Hemos encontrado que el comportamiento sexual criminal se puede expresar por medio de la exposición a la pornografía, la búsqueda de prostitución en lugar de una relación saludable con la pareja, la violencia por parte de la pareja, incluso la comparación explícita de la pareja actual con otras.

Hay comportamientos sociales que atentan contra los derechos humanos, uno de ellos es el matrimonio arreglado para niñas con personas ancianas. Hay lugares donde esto se tolera y es bien visto, en Arabia Saudí se aplica una estricta versión de la ley islámica o "Sharía", no hay legislación alguna que prohíba el matrimonio de los menores de edad, aunque se han firmado convenios internacionales para la protección de los menores contra este tipo de matrimonios. En el caso de México eso se observa en comunidades rurales muy distantes de las poblaciones importantes.

Este tipo de acciones se presentan porque hay una lógica cultural con una historia que no se ha podido cambiar, en donde las personas se diluyen en sus comunidades y pierde sus derechos a elegir.

Considero que hemos caído en una simplificación de lo sexual en la vejez al centrarnos en lo clínico y biológico. Se nos ha olvidado que el comportamiento sexual se manifiesta en un contexto con una historia y cultura, y que nuestro deber es explorar lo que no siempre se quiere saber pero que es necesario conocer. De ahí la importancia de contar con una historia clínica sexual que incluya aspectos poco explorados o tomados en consideración hasta hoy en día.

Como se mencionó con anterioridad, la prostitución puede ser una forma de comportamiento sexual no saludable, aun cuando hoy se busque dignificar el trabajo sexual. Pero no siempre es por elección, pues la pobreza y el hambre personal pueden ser detonantes de este estilo de vida.

El comportamiento sexual delictivo, o antisocial, es una de las formas que más atenta contra los límites e identidad personal. Al romperse los límites de la intimidad se abren las puertas a otros problemas de salud mental que solamente aparecen con el tiempo y pueden dañar a familiares y cuidadores. Cuando hay esto entonces es el momento de preguntarse por los motivos de irritación y agresividad en la familia, es necesario reconocer los distanciamientos entre familiares y las culpas que se manifiestan en conductas exageradas o de evitación. Se hace necesario explorar los secretos sexuales de la persona afectada, con el cuidado que se requiera y con el respeto que se debe otorgar y construir.

El comportamiento sexual violento, delictivo o no saludable daña la posibilidad de reconstruir la vida en la intimidad. Disminuye la posibilidad de construir vínculos saludables y la capacidad de asumir compromisos con otros, además distorsiona la percepción de la realidad y las relaciones personales. Lo peor es que esto suele transmitirse a las siguientes generaciones, y la vejez suele ser la responsable de esto.

Comentarios y conclusiones

Para concluir se puede decir que la sexualidad tomada como capacidad de sentir placer, de gozar y de amar, no tiene edad, no es joven ni vieja, pero sí está teñida por lo personal, la historia, los valores incorporados, los prejuicios no desaprendidos y, por lo tanto, que es algo que se puede mejorar, aprender, modificar. Es una respuesta natural a la estimulación placentera de todos los sentidos al contacto con nuestra piel, que van construyendo recuerdos de todo lo experimentado y de lo aprendido para construir la experiencia sexual.

En cambio, el comportamiento sexual sí tiene edad ya que las posibilidades de su manifestación dependen de la etapa de desarrollo que se viva. En término de habilidades personales el comportamiento sexual dependerá de cómo se fue moldeando mediante el aprendizaje y la experiencia. Las habilidades sexuales de un joven pueden variar en comparación con las de un anciano, o las de un niño. Pero todos podrán sentir si lo experimentado es placentero o desagradable, y si corresponde o no a lo que culturalmente se exprese en el medio en que se viva. El comportamiento sexual está constituido por patrones de respuesta (física, afectiva y cognitiva) que conforma algún tipo de habilidades para la expresión sexual y se encuentra comprometido por el estado de salud y funcionalidad del organismo de la persona mayor.

La investigación sobre comportamiento sexual en particular se apoya en el estudio de la sexualidad en general, pero de vez en cuando se hará necesario marcar una leve distancia entre estos dos conceptos, pues se requieren más estudios para poder saber diferenciar cuáles de los problemas sexuales de los ancianos se refieren a comportamiento sexual y cuáles son de sexualidad en su más amplia expresión. La investigación cualitativa se presenta como una buena opción para poder avanzar en el estudio de la sexualidad de los ancianos, pero los estudios estadísticos no podrán quedarse atrás y podrán complementarse con la dimensión social de sus resultados.

A lo largo de los años en que he podido impartir talleres y conferencias sobre sexualidad en la vejez me he podido percatar de que es necesario ampliar nuestra idea de lo que incluye la sexualidad de los ancianos. Pero sobre todo, me he podido dar cuenta de que la forma en que abordamos la sexualidad de ellos depende mucho de cómo hemos abordado nuestra propia sexualidad, como personas y como profesionales de la salud. Debo señalar que al cambiar el pensar en comportamiento sexual en relación a la sexualidad me permitió poder considerar otras posibilidades de lo sexual en los textos que ya se han publicado, por eso incluí algo sobre diferentes escenarios de lo sexual y sobre comportamiento sexual delictivo en la vejez.

Cuando han llegado hombres ancianos a solicitar consulta y exploramos su historia sexual es frecuente que quieran repetir sus fantasías, deseos y habilidades. Pero muchas veces lo quieren hacer tan evidente que suelen caer en un error común entre los jóvenes, y es que hacen de su sexualidad un suceso público, descargado de intimidad y sin privacidad. Lo hacen público en sus lugares de reunión, diversión y convivencia, pero no necesariamente con su pareja.

A estos ancianos es necesario explicarles que la privacidad es un elemento central de la intimidad, que es la posibilidad de recuperar y construir un vínculo afectivo significativo, que puede tener un toque de erotismo sin necesidad de una exhibición de potencia sexual. Es necesario resaltar que para contar con intimidad se requieren límites realistas que al mismo tiempo brindan confianza entre la pareja.

Se le debe dar un lugar dentro de la intervención psicogerontológica al personal responsable de ancianos, sean o no profesionales o cuidadores. Frecuentemente son ellos los que reciben las cargas o impactos de las formas de expresión sexual de sus pacientes o dependientes, y no siempre les es fácil manejarlos. Muchas veces esto termina en diferentes formas de maltrato a los ancianos y en malas relaciones familiares.

Es importante poder diferenciar el tipo de población a la que pertenece nuestro paciente o consultante. La clase social y el lugar de vivienda marcan mucho de lo que se pueda hacer. Pero no me sorprendería la extrañeza en que se puedan encontrar quienes realicen talleres de orientación sexual para ancianos, descubrirán que estos son una buena opción de intervención terapéutica en psicogerontología.

También es recomendable que, antes de iniciar el estudio del tema sobre sexualidad en la vejez, el interesado revise si está explorando algo ya bastante conocido o puede explorar algo nuevo y que pueda dar mayor sentido al tema. Quizá lo más importante de todo es que la persona interesada en los temas tanto de vejez como de sexualidad realice un análisis personal de lo que los especialistas en análisis socioclínico llaman el análisis de la implicación. Este tipo de reflexión ayuda a aclarar la historia personal que nos ha llevado a trabajar ciertos temas y a evitar otros, o a evitar poder pensar sobre ellos. La implicación nos ayuda a clarificar los móviles que nos han llevado a pensar de cierta forma un problema y las resistencias a cambiar de tendencias o intereses. El trabajo de los psicohistoriadores y socioclínicos puede ayudar a comprender cómo es que hemos cometido omisiones en este campo de la psicogerontología, como por ejemplo resaltar la parte cuantitativa y física de la sexualidad sacrificando la parte afectiva o imaginaria de la misma. Actualmente no confío en mucha de la información que se ha generado desde ciertos escritos psicoanalíticos y lacanianos debido a que me he encontrado literatura que cuestiona e invalida varios de sus planteamientos (véase, entre otros, el texto de *Imposturas Intelectuales* escrito por Sokal y publicado por Paidós en 1999). Sin embargo hay textos que han parecido consistentes y permiten una aproximación seria sobre el tema de la sexualidad y la vejez.

Es posible que algunas de las personas que leyeron este texto desde el principio se hayan preguntado si hay motivo suficiente como para estudiar algunos de los aspectos que aquí propongo. Precisamente los presento debido a que pocas veces se han tratado y cuando nos han llegado a consulta suelen ser vistos como casi todos los demás casos. Si algo tiene la vejez, en comparación con otros grupos de edad, es que acrecienta ciertas diferencias y fortalece ciertas semejanzas entre las personas.

La atención al anciano tiene que ser visto en contexto y con historia, desde un cuerpo como organismo biológico y como construcción cultural, y en ese sentido la sexualidad no puede ser diferente. Cuando recibimos a un anciano en un centro gerontológico, y se queda a vivir ahí, el mundo cambia radicalmente. Hay otras normas, ritmos y espacios, es una forma de subcultura dentro de una cultura, y eso hay que tomarlo en cuenta pues su salud sexual generalmente no es considerada.

Al momento de escribir este texto empezaron a circular, en los diarios y noticieros, diversos casos de ancianos sacerdotes que tenían comportamientos pedófilos y ancianos que habían abusado de sus hijas durante más de 20 años, algunos tuvieron hijos/nietos con ellas. En estos reportes al delito de violación se le asocia el de secuestro y agresión realizado por ancianos, lo más increíble es que nadie parecía darse cuenta de lo que sucedía o de que fuera tan grave, estas son señales del grado de anonimato en que vivimos y de la ignorancia sobre estos temas que también deben ser considerados dentro de la sexualidad en la vejez, pero no en una sexualidad institucionalizada y ya conocida por todos, se requiere una visión de la sexualidad que invite a actualizar la idea de ella a lo que podemos anticipar en el futuro de lo institucional en cualquier escenario.

Uno de los aspectos centrales de cambiar las formas de comportarse sexualmente en la vejez implica que la relación entre personas mayores es una relación entre adultos. Significa que el contacto entre dos personas es un encuentro entre dos historias personales y una época, por tal razón el orgasmo no siempre es lo central, sino saber que somos importantes para alguien, y que se nos puede recordar a lo largo del tiempo, no como una añoranza enfermiza e irreal sino como una valoración de lo vivido.

No podemos pensar en que hay una sexualidad en general y un comportamiento sexual en particular, del adulto mayor ajena a la lógica cultural del momento y sociedad en la que vive. Tampoco podemos considerar como inmutable lo que ya se sabe sobre el sexo y la vejez, se requiere que este conocimiento avance a la par de la historia, pues la vejez es historia hecha persona y la sexualidad es una expresión del tiempo y de la vida. Los cambios culturales del futuro ayudarán a construir otra sociedad con ideas diferentes a lo que pensamos de lo sexual hoy en día. Pero en todo momento será necesaria una disponibilidad a pensar, repensar y superar lo que institucionalmente se ha arraigado en el conocimiento del sexo, la vejez, la vida y la historia que damos por conocida; será necesario descubrir la raíz de los valores con los que vivimos, asumir el compromiso de lo que se descubre de nuevo y diferente, pagar el costo necesario para el cambio, y tomar la responsabilidad que trae consigo el nuevo conocimiento creado o descubierto.

Dentro de la presencia y reconocimiento de la actividad sexual de las personas mayores sigue sin definirse los límites entre pornografía y erotismo. En este sentido podemos señalar que en una relación pornográfica no importa la persona, cualquiera puede ocupar el lugar de otra y otro, el reconocimiento de la intimidad se diluye pues de hecho se puede considerar que no hay tiempo para ella. Por otro lado, en una relación erótica sí importa la persona con la que se comparte, hay tiempo para intimar y las personas comparten un lugar mutuo o correspondido en la relación aun cuando sea por un momento.

En este libro no se trató la sexualidad de los ancianos en reclusorios, ni la de quienes tienen alguna discapacidad pero son mentalmente funcionales y saludables. Faltaron muchos tipos de ancianos, pero espero que alguien de los lectores tome la iniciativa e inicie el camino.

Anexos

1. Talleres sobre sexualidad en la vejez

Elementos para el diseño de programas para talleres sobre sexualidad en la vejez

El diseño de talleres de sexualidad es un recurso profesional ampliamente utilizado, desafortunadamente se llega a abusar de ellos o se simplifican en extremo sin cuidar su sustento tanto teórico como metodológico, y se desarrollan sin tener elementos de comparación sobre sus efectos en los participantes.

El diseño de talleres sobre sexualidad es un recurso que también puede servir para realizar investigación, por ese motivo su diseño debe cumplir elementos metodológicos básicos y comunes a los diseños experimentales. Esto incluye elementos de evaluación y medición del impacto que pueden ser realizados con técnicas cuantitativas y cualitativas.

Además, los programas deben tener un sustento teórico que permita dar sentido a la información obtenida a lo largo del taller. Pero nuestra experiencia nos ha mostrado que es pertinente una sólida formación en la coordinación de grupos y estrategias grupales, pues el tema de lo sexual puede despertar reacciones e inquietudes difíciles de abordar.

Técnicas de pre y post evaluación en talleres de sexualidad para ancianos

Antes de iniciar un taller sobre sexualidad en la vejez es recomendable contar con alguna forma o estrategia de evaluación. En nuestro caso, hemos desarrollado una escala que llamamos FIIRAV, es del tipo frases incompletas e incluye un apartado sobre sexualidad y enamoramiento, y puede servir de referente comparativo pretest y postest. Pero también se puede recurrir a dibujos, historias breves o escalas ya elaboradas que permiten realizar evaluaciones grupales. En el caso de utilizar dibujo o historias para el psicólogo les es posible trabajar con un enfoque proyectivo. En tal caso podrá recurrir a los siguientes criterios.

Sobre su experiencia y juicio clínico, teniendo en cuenta factores tales como respuestas inadecuadas, referencias incongruentes, y manifestaciones de conflicto, evalúe las respuestas de acuerdo con la siguiente escala, cada una de las imágenes o expresiones:

- (2) *Altamente positivo.* Parece exponer muy buenas relaciones, afectos y propuestas para manejar de manera original y satisfactoria sus condiciones.
- (1) *Positivo.* Expone de manera simple, tranquila y adecuada las relaciones que ha tenido y las condiciones que vive.
  Ningún trastorno o malestar significativo observado en esta área.
- (-1) *Levemente perturbado.* Tiene conflictos emocionales y manifiesta insatisfacción en esta área, pero parece capaz de manejarlos sin ayuda terapéutica a pesar de expresar una ligera agresión o tristeza.
- (-2) *Seriamente perturbado.* Parece necesitar ayuda terapéutica para manejar conflictos emocionales en esta área, expresados principalmente por agresión o tristeza.
- (X) *Se ignora.* Pruebas insuficientes. Debido a las respuestas no se puede evaluar.

Se recomienda que para asignar los valores -2 o +2, el evaluador se pregunte si dentro del contexto general, desde el cual el examinado dibuja o relata, hay otras expresiones que pueden ser más extremas o muestren mayor malestar; si no las hay entonces se ponderan con 2 como la puntuación máxima, de lo contrario se ponderan con 1. Es importante que a lo largo de la evaluación se observe el fluir de las expresiones afectivas para identificar la carga emocional predominante; esta observación va a permitir evaluar colectivamente los resultados del taller.

I. Taller de sensibilización sexo-sensorial

Justificación

Este taller generalmente se justifica debido a que, durante el envejecimiento, se pierden opciones de estimulación general y sexual en lo particular. Las actividades realizadas a lo largo del taller ayudan a evocar recuerdos y sensaciones que no siempre se reconocen como disponibles y reales.

Dado que es común la falta de actividad sexual y juegos sexuales, se requiere contar con una serie de inductores de diversas respuestas sensoriales dirigidas a la erotización de diferentes zonas del cuerpo. Se recomienda respetar la jerarquía de la percepción (somática, vestibular y vibratoria) como medios para identificar los efectos del ejercicio.

Tiempo

Una sesión de una a dos horas, pero el tiempo se ajusta según las sesiones y necesidades del grupo.

Objetivo general

Que a lo largo del taller los participantes exploren diversas modalidades sensoriales que puedan asociar a la actividad sexual y erotización de la experiencia a partir de su edad y género.

Objetivo específico

a. Recuperar las sensaciones cotidianas agradables y vinculadas a una posible relación sexual o íntima.
b. Identificar características de la vejez que han modificado las reacciones sensoriales y la respuesta sexual o erótica.

Metas

Procurar que al menos el 80% de los participantes logren cambios y reconocimientos de sus niveles sensoriales.

Límites

El taller no podrá ir más allá de lo que puedan aceptar hacer las personas ancianas y el personal y responsable deberán cuidar esto permanentemente.

Responsable

Psicólogo o gerontólogo con formación en orientación sexual.

Participantes

Enfermera (o), gerontólogo (a), personal de apoyo.

Universo de trabajo

Se recomienda trabajar con grupos entre ocho y quince participantes (máximo veinte), preferentemente compuesto de mujeres y hombres (incluso de diferentes generaciones si se cuenta con estudiantes de psicología, enfermería, artes escénicas, trabajo social, medicina y comunicación).

Recursos materiales

- Hojas de papel tamaño carta, dos para cada participante.
- Hojas de papel bond para rotafolio, tantas como sea necesario (por lo menos cinco folios).
- Lápices de colores rojo y amarillo, además de lápiz de carbón para hacer los dibujos necesarios.

Desarrollo

a. *Preevaluación*
Se recomienda que al inicio del taller los participantes realicen un dibujo de sí mismos, desnudos de frente y de espalda. Que señalen en la figura con un color rojo las zonas donde les lastima ser acariciadas, y con amarillo las partes donde les agrada sentir caricias.

b. *Fases*
Las fases 2 y 3 pueden durar de una a tres sesiones, dependiendo de lo que trabaje el coordinador y el interés del grupo.

1. En la primera etapa se solicita a las personas que se reúnan en equipos pequeños para compartir su historia sensorial. En ella se comenta cómo fue descubriendo sus sensaciones así como los mensajes familiares y parentales asociados a ellas. Tiempo de 10 a 15 minutos.
2. En la segunda etapa observan su propio dibujo y empiezan a explorar con las yemas de sus dedos aquellos puntos que les incomodan. No se trata de forzar la exploración sino de identificar las cargas emocionales que les ha llevado a vivir con censura su experiencia; después tratarán de aclarar cómo afectaron esos recuerdos a su relación personal con otros durante el noviazgo y la vida de pareja. El coordinador deberá tener cuidado de cómo exponen las personas sus experiencias, se trata de descubrir y comprender pero también se trata de evitar las explicaciones que llevan a justificar las cosas sin cambiarlas.
3. Se hace una ronda de intercambio de experiencias, se tratará de identificar qué cosas compartieron como generaciones y se identificará lo pertinente o no de la educación recibida.
4. Se pegan en las paredes pliegos de papel bond y todos los participantes escriben en ellos en qué les ha beneficiado o perjudicado la experiencia sensorial obtenida a lo largo de su vida. Se cierra el taller.

c. *Postevaluación*
Al finalizar el taller los participantes nuevamente realizarán un dibujo de sí mismos desnudos de frente y de espalda. Señalarán en la figura con un color rojo las zonas donde les lastima ser acariciadas, y con amarillo las partes donde les agrada sentir caricias, pero en este caso lo comparan con el primer dibujo y confrontan los resultados precisando si reconocen que algo ha cambiado, qué les costó más trabajo reconocer y qué cosas les agradan.

d. *Seguimiento (sólo si es necesario)*
Dos o tres meses después se retoma una sesión para discutir lo trabajado tiempo atrás en el taller tomando como referencia los dibujos realizados.

Responsabilidades y obligaciones

Será responsabilidad de los participantes respetar la información compartida por los asistentes, y de los coordinadores respetar la intimidad de los participantes

Control y supervisión

El coordinador deberá aclarar que lo que se comente en el taller tendrá carácter de confidencial. Los participantes se comprometerán al trabajo con respeto y cordialidad con los demás participantes.

II. Taller de tatuajes corporales y exploración táctil

Justificación

El uso de tatuajes ha sido una actividad realizada por la humanidad desde hace miles de años. Su función ritual y estética ha ayudado a simbolizar y elaborar muchas experiencias tanto personales como colectivas; al mismo tiempo ha permitido rescatar muchas experiencias personales y sensaciones corporales que generalmente se pierden con el tiempo.

El trabajo con este tipo de estrategias facilita que las personas recuperen su sensualidad y otras formas de aproximación a su sexualidad. El tatuaje también es una forma de expresión corporal que comunica una actitud interpersonal cotidiana como forma de relación con otros. Este tipo de estrategias es útil para trabajar con personas mayores que requieran socializar e intimar con las personas a partir de un trabajo creativo. Permite explorar texturas en la piel y reconocer qué zonas del cuerpo han permanecido bloqueadas, al mismo tiempo facilita la socialización e integración grupal de los participantes.

Tiempo

Al menos una sesión de dos horas y media, se pueden trabajar hasta tres sesiones según necesidades del grupo.

Objetivo general

Que los participantes exploren diferentes formas de expresiones pictóricas corporales que faciliten el reconocimiento de aspectos de su sensualidad y expresión corporal de su sexualidad.

Límites y riesgos

Ante todo se sugiere que el coordinador de la actividad tenga buena formación en psicoterapia (humanista o psicodinámica) teorías de personalidad y en análisis de técnicas proyectivas; de tal forma que puede contar con elementos que le ayuden a integrar los elementos simbólicos y procesos vivenciales que puedan surgir.

El trabajo con este tipo de técnicas tiene el riesgo de trastocar los límites de la intimidad personal distorsionando el sentido y finalidad de la estrategia de trabajo. Los participantes deberán estar bien informados del sentido del ejercicio y es preferible que no se trabaje con una sola persona, sino con la pareja o un grupo que sirva de soporte y contención.

Responsable

Psicólogo con formación en psicoterapia o gerontólogo con formación en orientación sexual.

Participantes

Enfermera (o), gerontólogo (a), personal de apoyo.

Universo de trabajo

Los participantes deberán ser parejas, grupos de adultos del mismo sexo o participantes de grupos que se conozcan de tiempo atrás que brinden confianza y bienestar. Se recomienda trabajar con grupos mínimos de 12 hasta 24 integrantes.

Recursos materiales

- Ropa deportiva corta
- Estuches de maquillajes de cremas de colores para payasos
- Algodón
- Espejos de cuerpo completo
- Diamantina de colores
- Cremas desmaquillantes
- Playeras viejas que se puedan cortar, romper o pintar
- Pliegos de papel estraza
- Cámara fotográfica

Desarrollo

Este taller se puede realizar entre una y tres sesiones según lo permita la dinámica del grupo, cada sesión tendrá una duración entre dos y cuatro horas y se deberán realizar en áreas cerradas y aisladas para seguridad de los participantes.

a. *Preevaluación*

Se solicita que los participantes elaboren un dibujo de su cuerpo y escriban una breve historia del mismo en la que reporten qué cambios fueron observando en él a lo largo del tiempo, cuándo los observaron y cómo fue que los descubrieron. Se recomienda que los participantes escriban los comentarios que recibían de su cuerpo a lo largo del tiempo y señalen qué personas se los hacían. Por último, deberán especificar qué figura o mensaje manda su cuerpo en una sola frase SIN DAR EXPLICACIONES, JUSTIFICACIONES O ARGUMENTOS QUE PIERDAN EL SENTIDO DEL EJERCICIO. Tiempo considerado 10 a 12 minutos trabajando con límite de tiempo.

b. *Fases*

1. El trabajo se realiza en silencio, sin poder hablar pero se pueden acompañar con fondo musical de melodías New Age, arias o clásica (no se recomienda balada o música para bailar con el fin de no distraer el mensaje corporal). Se organizan equipos de trabajo de tres a cinco integrantes vestidos con short y playera corta o en traje de baño o bikini, y cada uno empieza a pintar las partes del cuerpo de un compañero (espalda, piernas, cara y brazos). Nadie podrá hablar y el pintor se deberá dejar llevar por la imagen de cuerpo que parece percibir en su compañero que funge de lienzo humano. Al terminar deja que los otros compañeros pinten sobre el cuerpo de los demás integrantes del equipo.

    Hay momentos que en esta etapa hay mucha confianza y habrá quienes permitirán pintar pecho y glúteos, normalmente serán personas que se encuentran acompañadas de pareja o con mucha confianza en el grupo. En el caso concreto de adultos mayores esto se puede presentar en casos de parejas con estudios superiores y que aún tienen vida sexual activa.

2. Al terminar cada integrante de pintar y ser pintado se procede a que un equipo pinte a los integrantes de otro equipo y se deja fluir la dinámica de grupo, cada uno podrá completar el diseño elaborado por otros sobre la piel de sus compañeros, pero deberán seguir trabajando en silencio acompañados de música. En esta etapa se deberá respetar mucho el tiempo y

ritmo del trabajo grupal. Al finalizar los participantes podrán observar en los espejos los diseños que se les pintó pero seguirán sin decir nada.

Se recomienda que se den un tiempo para consumir algunos alimentos sencillos, sin despintarse, y que sean preferentemente frutas y ensaladas, pues conservan los olores naturales que ayudan a la estimulación sensorial.

3. Se les pide a todos los asistentes que se sienten en círculo y se observen por unos minutos, después de un breve lapso el coordinador preguntará qué se desea compartir de los diseños, la experiencia, las sensaciones, los recuerdos e incluso las preocupaciones, penas y malestares. Todos los participantes deberán comentar lo que consideren pertinente y aclararán sus dudas.

4. En esta etapa los participantes proceden a reconocer los mensajes que los demás veían en sus cuerpos, identificarán qué tipo de símbolos o figuras predominan en los diseños o en los diferentes cuerpos. En este punto pueden surgir situaciones como que varias personas comparten la misma percepción, el mismo sentido o diversas ideas sobre un mismo tema. Antes de finalizar se solicita que los asistentes puedan fotografiar su cuerpo con los diseños que se hicieron y puedan pedir al grupo que complementen lo que consideren que falte (en caso de desear que se quite algo deberá ser respetado y comunicado al grupo).

5. Para proceder al cierre del taller se pide a los asistentes que trabajen en silencio y poco a poco se quiten el maquillaje con crema desmaquillante, conforme lo hacen deberán dar gracias por las sensaciones experimentadas y se despedirán del diseño personal según lo consideren pertinente.

c. *Postevaluación*

El taller se realizará con una a tres sesiones, para finalizar el taller completo se procede a valorar la experiencia retomando el dibujo y la historia final pero escribiendo los cambios que les gustaría hacer en la historia, señalarán las cosas que les gustaría resaltar o quitar, modificarán sentidos, imágenes y significados hasta quedar satisfechos con el resultado final.

Responsabilidades y obligaciones

El coordinador, o responsable, deberá vigilar que se respete el proceso personal y que los participantes puedan contar con la asesoría necesaria.

Observaciones

En este caso es de mucha utilidad tener formación en técnicas proyectivas para poder analizar las imágenes. La experiencia ayuda mucho a romper barreras y remodelar la imagen del propio cuerpo, sobre todo en casos de cicatrices, operaciones, agresiones o lesiones de otro tipo.

Si se detectan casos que tengan problemas para participar se les puede solicitar que sirvan de apoyo, que no se vean en condición de sentirse con obligación de participar al ritmo de todos.

III. Taller de envejecimiento, integración corporal y genitalidad

Justificación

Este taller ayuda a modificar actitudes ante el propio género y el género contrario, permite un trabajo personal pero apoyado por un grupo. Dependiendo de lo trabajado es posible que los participantes puedan expresar experiencias de diferente tipo en cuanto a cómo descubrieron su sexualidad y cómo la vivieron.

También permite trabajar el reconocimiento de los cambios físicos que se pueden presentar en el cuerpo si aún no se es una persona anciana.

Tiempo

Dos o tres horas en una sola sesión.

Objetivo general

Que al finalizar el taller los participantes hayan experimentado un punto de referencia distinto de las diferencias de género, edad y convivencia entre hombres y mujeres.

Metas

Que todos los participantes elaboren sus modelos de referencia y comparen los cambios que puedan reconocer.

Límites

El coordinador deberá vigilar que se respeten los límites marcados por los sentimientos de pena y pudor de los asistentes. Pero procurarán que nadie quede excluido del trabajo grupal.

Responsable

Terapeuta sexual, psicólogo o gerontólogo con formación en orientación sexual.

Participantes

Enfermera (o), gerontólogo (a), personal de apoyo.

Universo de trabajo

Preferentemente personas de 50 años o más, hombres y mujeres, sin problemas de tipo psiquiátrico.

Recursos materiales

- Barras de plastilina
- Hojas blancas tamaño carta
- Lápices para dibujo o de punta de carbón
- Cinta adhesiva o diurex
- Mesas
- Sillas

Desarrollo

a. *Preevaluación*
   Al iniciar la sesión se les pide a los participantes que elaboren un modelo de sus genitales de la forma más detallada posible, al finalizar ese modelo hacen otro de los genitales del sexo contrario. Se reúnen en grupos pequeños y comentan la experiencia. Tiempo máximo 10 a 15 minutos.

b. *Fases*
   1. Antes de iniciar se les pide que coloquen sus modelos en una mesa, sin dañarlos. Se les proporciona a todos los participantes una hoja de papel blanco tamaño carta y un lápiz. A continuación se les pide que trabajen en silencio y sin comentar nada y se les solicita a todos los asistentes que elaboren un dibujo de una pareja teniendo relaciones sexuales, el dibujo deberá estar lo más detallado posible. El coordinador deberá controlar el tiempo de trabajo de los participantes.
   2. Una vez terminado el dibujo se les invita que todos pasen a pegarlos en una pared grande o los coloquen en el piso de tal forma que todos los puedan ver. A continuación se les solici-

ta que todos los revisen y comparen sin juzgarlos, entonces alguien toma la iniciativa y procede a agruparlos a partir de elementos comunes (posiciones, expresiones, complejidad u otros aspectos que le llamen la atención). Al terminar esta primera agrupación los participantes siguen trabajando en silencio y revisan los cambios, al final se solicita que alguien haga un nuevo cambio y repiten la experiencia. Los participantes deberán reconocer qué les genera la experiencia y el conjunto de imágenes.
3. Dejan los dibujos en el piso o en la pared y se reúnen en grupos de cuatro a cinco integrantes. Todos los participantes comentan la experiencia y revisan qué cosas les llamó más la atención. En esta etapa los participantes proceden a revisar qué prejuicios afloran, qué cosas les genera morbo o malestar, cuáles cosas les fue más difícil reconocer o evitaban trabajar.
4. Para terminar esta etapa todos los participantes recogen sus modelos y comienzan a caminar dentro del área de trabajo con sus modelos en la mano. Poco a poco van revisando lo que pasa y se van colocando los modelos a la altura del pubis. Se colocan los modelos contrarios a su género (las mujeres los masculinos y los hombres los femeninos), y tratarán de visualizarse como personas del sexo opuesto (se imaginarían lo que sentirían si fueran de otro sexo, qué les preocuparía, qué cosas les interesaría y todo lo que consideren importante), repiten esta actividad alternando con ambos modelos y al final se sientan en círculo en silencio, asimilan la experiencia y la comparten. En grupo comentan qué fue lo que encontraron y qué cambiarían de los modelos que hicieron de los genitales. En este caso el coordinador tendrá que cuidar que los participantes puedan abordar los temas más difíciles que pudieran encontrar, en esto reside el efecto terapéutico del taller.

c. *Postevaluación*
En breve análisis los participantes señalarán y comentarán qué aspectos les fue más difícil de trabajar en este taller. Comparten sus experiencias y propuestas.

IV. Taller de exploración y descubrimiento de la sexualidad

Justificación

El ejercicio ayuda a trabajar prejuicios y reconocer experiencias y sensaciones agradables. Se recomienda utilizarlo cuando se detecta la necesidad de integrar experiencia que los participantes perciben de manera desintegrada.

Objetivo general

Que los participantes integren y recuperen experiencias agradables pero que habían quedado ignoradas o bloqueadas con el tiempo.

Metas

Que al menos el 80% de los asistentes puedan lograr el objetivo planteado. El porcentaje se propone a partir de la experiencia práctica, pues puede haber resistencias que se deben respetar y trabajar en otro momento.

Tiempo

De hora y media a dos horas.

Límites

Ninguno en particular.

Responsable

Psicólogo, gerontólogo o pedagogo con formación en orientación sexual.

Participantes

Pedagogos, enfermera (o), gerontólogo (a), personal de apoyo.

Universo de trabajo

Se puede trabajar con grupos de hasta 24 personas divididas en tres grupos de seis integrantes cada uno, preferentemente formando parejas.

Recursos materiales

- Paliacates
- Una caja grande para guardar los objetos
- Una manta oscura
- Frutas como duraznos, fresas y uvas
- Golosinas con figuras eróticas o sexuales
- Golosinas de goma comestibles en forma de lencería
- Diferentes juguetes sexuales pequeños tales como compresores peneanos, ligas, gomas y muñecos
- Objetos de diferente textura que puedan representar figuras fálicas o huecas
- Objetos pequeños de tela y peluche

Desarrollo

a. *Preevaluación*
   Se solicita a todos los participantes que compartan sus gustos por las frutas compartirán que es lo que les gusta de ellas y qué cosa les agrada comer cuando las consumen. En su plática indicarán qué sensaciones y recuerdos llegan a experimentar cuando las comen.

b. *Fases*
   1. Se reúne a los participantes en pequeños equipos y se les solicita que hagan un listado de las sensaciones que más les agradan; incluyen sabores, texturas, olores, formas y colores. Al mismo tiempo se les pide que digan dónde los encuentran y los utilizan. (10-12 minutos).
   2. Posteriormente se forma un gran círculo y al centro del salón se coloca una mesa con una caja que contenga los objetos a utilizar en el taller. Nadie debe ver de lo que se trata y por tal razón se cubre la caja con la manta. A continuación se solicita que cada persona pase a la mesa con los ojos vendados, introduzca una mano bajo la manta y tome un objeto de la caja.

No deberán decirle a nadie lo que es, y todos deberán tomar un objeto y conservarlo; el trabajo deberá hacerse en silencio. Se indica que si alguna persona desea cambiar el objeto lo haga solamente una vez.

3. Una vez que todos tienen un objeto se reúnen nuevamente con su equipo original y sentados de espaldas, aún sin ver, exploran el objeto que tienen tratando de identificar su textura, olor, sabor y forma; comentan con sus compañeros de equipo en qué podrían utilizar el objeto que tienen y sus compañeros de equipo tratarán de adivinar qué es lo que la persona que habla tiene. A continuación cada una de las personas empieza a decir qué suponen que es lo que tienen en las manos, si los demás adivinaron y si sabían de qué se trataba.
4. En esta fase todos los asistentes comparten sus ideas, suposiciones, imaginaciones y temores. Compararán esta fase con la primera fase cuando comentaban sus olores y sabores. Deberán incluir comentarios sobre pena, risas, desconcierto y otros sucesos a lo largo del ejercicio, que les haya llamado la atención.

c. *Postevaluación*
En grupo se revisa la experiencia y se comentan los aspectos que les fue más difícil plantear, comentar o compartir. Si es posible se les pide que expongan qué aspectos personales creen haber descubierto o cambiado en este taller.

Control y supervisión

Es importante tomar en cuenta las diferencias generacionales entre los mismos participantes ancianos. El coordinador deberá vigilar que la experiencia se mueva dentro de lo aceptado por el grupo, cuidará que todos los participantes compartan su experiencia, pero si fuera necesario tendrá que plantear la posibilidad de atender individualmente a quienes lo soliciten.

V. Taller de envejecimiento, erotismo y poesía

Justificación

Este taller se puede realizar cuando el grupo cuente con un buen nivel de comprensión, incluso funciona mejor con aquellas personas ancianas que tengan un nivel educativo medio o superior. Este taller tiene varios beneficios agregados a población de tercera edad (recordemos que la intervención psicológica debe ser multinivel, que coincidan diversas acciones dentro de una misma intervención). Se debe cuidar que los textos sean de poesía erótica y no romántica y hay que explicarles la diferencia. Dadas las discrepancias generacionales es importante que los participantes cuenten con poemas eróticos de diferentes fechas hasta los más actuales. El truco del taller es completar la lectura con el consumo de alguna bebida, ya sea infusiones de sabores o café, se trata de variar la estimulación sensorial que la experiencia puede generar, incluso se puede encender incienso y velas aromáticas.

La lectura de la poesía erótica debe contar con textos impresos y, de ser posible, de textos en los cuales los autores son los propios participantes. En este taller se trata de jugar con la fantasía, el lenguaje y los sentidos, tratando de identificar la parte que más se vincula a la propia sexualidad, enamoramiento, encuentro con la pareja y experiencia sexual.

Objetivo general

Que al finalizar el taller los participantes compartan e intercambien textos de poesía erótica que les sean significativas señalando explícitamente los aspectos personales que más se mueven al leer esta literatura.

Metas

Que al menos el 80% de los asistentes puedan disponer de nuevos textos de poesía erótica.

Tiempo

Varias sesiones a gusto del grupo, programadas semanalmente o intercaladas con otras temáticas en otras sesiones, con una duración de hora y media por sesión.

Límites

Los que señale el propio grupo.

Responsable

Profesionales de literatura y periodismo, psicólogo o gerontólogo.

Participantes

Profesores de literatura y teatro, gerontólogo (a), personal de apoyo

Universo de trabajo

Grupo abierto, con un mínimo de seis integrantes hasta donde puedan coordinar el responsable y los participantes. Se recomienda no más de 30 participantes.

Recursos materiales

- ◆ Copias de poemas eróticos, con su historia, origen y biografía de su autor.
- ◆ Bebidas de sabores suaves, y preferentemente sin alcohol.
- ◆ Flores naturales de colores.

Desarrollo

a. *Preevaluación*
Se solicita a los asistentes que comenten su experiencia sobre estos temas de poesía, sus autores preferidos y el origen de su gusto.

b. *Fases*
1. En la primera sesión se convoca a los asistentes a participar trayendo textos de poesía erótica, tratando de ubicar los textos en su época de origen, en la vida de su autor y en cómo el

o la participante se interesó en ellos. Conforme se hace esto el coordinador les solicita a algunos asistentes que prendan incienso aromático o velas aromáticas, pero sin decir nada a nadie, además el coordinador no deberá hacer esto por sí mismo pues se trata de involucrar a los asistentes.

2. Una vez que todos los participantes hayan compartido su gusto e interés se les pide que lean el poema y después lo comenten desde su sentido personal. Nadie deberá interrumpir a quien exponga y pasará a colocar una o varias flores en el área de trabajo como a ella o él les guste.

3. Conforme los o las participantes hayan compartido su texto se procede a comentarlos entre todos. En este momento los participantes comparan las lecturas por época y grupo generacional. Esta es la parte más agradable del taller, pues pueden declamar o leer en diferentes tonos o expresiones. En este momento algunos de los asistentes empiezan a compartir la bebida (no alcohólica) entre los asistentes, si el grupo es grande se empieza por los más retirados hasta hacer que, sin decir nada más, los que deseen pasen a tomar lo que prefieran. Todos los participantes podrán preguntar todo lo que quieran y completar la información, que consideren pertinente. En este momento se puede ir dejando solo al grupo y seguir su dinámica natural.

c. *Postevaluación*

Antes de que las personas se empiecen a retirar se les pide que programen la siguiente sesión, y los textos que puedan traer. Se les pide que ellos apaguen las velas y los inciensos que no se hayan terminado, y que si quieren pueden llevarse las flores.

Este tipo de ejercicios pueden servir para generar vínculos entre los asistentes, y el uso de olores y sabores lleva a crear estados afectivos significativos. Para entender esto el coordinador debe conocer los principios psicológicos de la sensopercepción. La bebida debe ser propia para que la puedan consumir diabéticos e hipertensos, por tal razón no se recomienda otro tipo de bebidas.

VI. Taller de envejecimiento y comportamiento sexual saludable

Justificación

Uno de los aspectos más importantes de la orientación sexual a la población anciana es la correspondiente al comportamiento sexual saludable. Es pertinente contar con un programa de este tipo debido a que, en la práctica clínica, es común encontrar que las personas mayores llegan a experimentar dudas e inquietudes ante tanta información sobre sexualidad que les parece difícil entender y asimilar, más aún cuando mucha de esta información choca con la educación que se ha recibido y con la experiencia sexual que se ha tenido, o se tiene en la actualidad en condiciones de viudez, discapacidad o enfermedad propia o de la pareja. Además un comportamiento sexual saludable es una característica de la calidad de vida y satisfacción en la vejez.

Objetivo general

Proporcionar a los participantes información actualizada sobre lo que es el comportamiento sexual saludable en las personas adultas mayores, según corresponda a su estado civil o condición de salud y funcionalidad.

Objetivos específicos

a. Que las personas mayores diferencien el comportamiento sexual saludable y de la sexualidad en general.
b. Que las personas mayores diferencien distintas formas de comportamiento sexual saludable y no saludable asociados a la vejez.
c. Que las personas mayores cuenten con información que les permita poder tener formas de expresión sexual acordes a las condiciones de salud y funcionalidad propias y de la pareja.

Metas

Que del 70 al 80% de los participantes, que hayan reportado alguna inquietud o duda en su actividad sexual, puedan compartir al menos un cambio en su comportamiento sexual a partir de la información recibida.

Tiempo

Al menos diez sesiones de hora y media una vez a la semana.

Límites

El taller podrá ampliarse según lo demande el grupo, pero debe haber claridad de cuándo termina y se cierran las actividades.

Responsable

Gerontólogo o sexólogo con formación gerontológica, personas adultas interesadas en el tema.

Participantes

Gerontólogo, psicólogo, trabajador(a) social.

Universo de trabajo

Personas mayores de 55 años de edad, sin problemas de salud por demencia y deterioro cognitivo grave, con cualquier estado civil y preferencia sexual, interesadas en mantener su actividad sexual de manera saludable.

Recursos materiales

Formatos de entrevista y evaluación, hojas y lápices, resúmenes de textos informativos sobre sexualidad saludable, guía básica sobre comportamiento sexual saludable.

Desarrollo

a. *Preevaluación*
   Cuestionario inicial sobre intereses sexuales y notas sobre expectativas del taller.

b. *Fases*
1. Reflexionando sobre mi vejez y actividad sexual (una sesión). En esta primera fase el coordinador del taller señala las condiciones de encuadre de trabajo y presenta una exposición sobre el tema de la actividad sexual personal y el envejecimiento, la finalidad es que los participantes se sensibilicen y se organiza al grupo en pequeños equipos de discusión. Después de la exposición los participantes, organizados en equipos de trabajo, comentarán lo que ha significado reconocer su vejez y sus intereses sexuales así como sus inquietudes al respecto en esta etapa de la vida. Al finalizar se abren los equipos de trabajo y se comentan los puntos más importantes señalados en la discusión.
2. Diferenciando mi comportamiento sexual y mi sexualidad (una sesión).
3. Expresión sexual ante otro (una sesión).
4. Mi envejecimiento y mi actividad sexual (dos sesiones).
5. Mi nueva forma de expresión sexual (dos sesiones).
6. Mis pendientes personales sobre mi sexualidad y actividad sexual (una sesión).
7. Tomando en cuenta las necesidades sexuales de la pareja (una sesión).
8. Posibilidades futuras de mi actividad sexual (una sesión).

c. *Postevaluación*
Cuestionario final sobre intereses sexuales y análisis de notas sobre el trabajo realizado.

VII. Taller sobre resignificación del comportamiento y experiencias sexuales

Justificación

La experiencia clínica con personas ancianas, o adultas mayores, en relación a la vivencia de su intimidad muestran que lo vivido respecto a su vida de pareja e intimidad puede estar afectado por la forma en que se ha dado. Es común encontrar casos de personas ancianas que hayan tenido experiencias agresivas o desagradables en su vida sexual y que afectan el desarrollo de su vida cotidiana, estas experiencias pueden ser producto del abuso, la violación, el maltrato, la violencia física, o sucesos imprevistos y circunstanciales; experiencias de este tipo suelen afectar a la relación de pareja, al proceso de enamoramiento e intimidad. En este caso se requiere trabajar con estrategias que les permitan cambiar el sentido de lo que han vivido ubicándolo en un momento y lugar definidos, con personas o circunstancias particulares. Para trabajar en la atención a estas condiciones es posible ir delimitando o cambiando las sensaciones, creencias e ideas que han experimentado, y al mismo tiempo es posible descubrir otras opciones para enfrentar las experiencias vividas. En un trabajo de esta naturaleza es útil consultar las aportaciones de Milton Erikson sobre hipnosis, y la visualización activa de Carl Jung. Este taller lo hemos trabajado en la Clínica Universitaria de la Salud Integral de la FES Iztacala de la UNAM y lo presento aquí en una versión general y completa de lo que hacemos.

Objetivo general

Modificar o cambiar el impacto de las experiencias vividas en cuestiones sexuales y que afectan a las relaciones saludables en la vejez trabajando con estrategias que permitan transformar la forma en que se recuerdan las experiencias sexuales y las implicaciones que tienen.

Objetivos específicos

a. Cambiar las sensaciones o recuerdos que se tienen de las primeras experiencias sexuales traumáticas.

b. Llevar a las personas participantes a cambiar la sensación generada en al menos una experiencia o suceso traumático de tipo sexual.
c. Facilitar la conformación de relaciones afectivas significativas, funcionales, naturales y saludables.

Metas

Lograr cambios básicos en al menos tres sesiones de trabajo dirigido con cada uno de los participantes.

Tiempo

Al menos cinco sesiones de dos horas cada una, una vez a la semana.

Límites

Los propios del espacio físico a trabajar y los permitidos por los participantes.

Responsable

Psicogerontólogo o psicólogo con formación clínica y supervisada.

Participantes

Personas adultas mayores que hayan experimentado alguna vivencia dolorosa, traumática o humillante en su intimidad sexual en algún momento de su vida, o que deseen aclarar alguna experiencia personal que hayan tenido.

Personal responsable del servicio o atención clínica, pasantes o estudiantes en práctica supervisada que pudieran fungir como observadores del proceso de trabajo y como coterapeutas en el proceso de intervención.

Universo de trabajo

Grupo abierto de personas adultas con una edad mínima de 55 años y máxima según lo permitan las condiciones de salud de los interesados; con un mínimo de seis integrantes hasta donde puedan coordinar el responsable y los participantes. Se recomienda no más de 16 participantes para poder trabajar de forma personalizada pero atendidos en grupo.

Recursos materiales

Salón amplio con sillas movibles e independientes, aislado del paso de personas y otras formas de interrupción. Pizarrón y plumones si hubiera la posibilidad de utilizarlos. Se recomienda contar con cojines o pequeños tapetes para facilitar el trabajo, hojas de papel y lápices de colores.

Desarrollo

a. *Preevaluación*
Se les pide a los participantes que rememoren las cosas que más les han molestado, en relación a su experiencia sexual, y que en silencio identifiquen en qué les ha afectado en su persona, en sus relaciones afectivas y en su vida diaria.

b. *Fases*
1. Reflexión (una sesión). Se invita a los participantes a las sesiones de trabajo, y en esta primera sesión se explora cómo han visto las personas su envejecer y los cambios en su actividad sexual. Seguramente será necesario ir cuestionando de manera dirigida a cada uno de los participantes, pero lo principal es que alguien inicie el abordaje del tema y se dé pauta a poder trabajar diferentes aspectos de su actividad sexual, procurando que se dejen algunas cuestiones que se puedan retomar en sesiones posteriores.
2. Procesamiento (varias sesiones). En esta segunda fase se retoma lo que se trabajó en la sesión anterior, se deberá preguntar qué se pensó de lo trabajado, qué inquietudes tuvieron y qué les gustaría saber. Se deberá procurar que todos los participantes aborden el tema, pero se deberá respetar su reserva, y por tal razón esta fase podrá durar variar sesiones.

En cada una de las sesiones se deberá cuidar que los participantes rememoren alguna de las experiencias que les inquietan. Se trabajará una experiencia a la vez y se procurará que puedan trabajar en silencio, no será necesario pedirles que lo hablen a menos que la persona participante lo desee. Para trabajar en la resignificación de las experiencias hay varias formas de poder facilitar el cambio, en este caso dependerá de la habilidad e información que tenga el coordinador del grupo. Algunas de las estrategias a seguir son:

a) Pedirle a la persona que evoque la imagen que le molesta o atemoriza. Se le solicita que recuerde en qué momento fue, dónde estaba y con quién se encontraba; en este momento se le puede brindar el apoyo con los brazos o manejando la voz con suavidad. A continuación se le pide a la persona que ponga ese recuerdo en la imagen de una película y la visualice a la distancia más retirada en que pueda soportarla viéndola en tercera persona; posteriormente se le pide que haga la diferencia en el momento de las condiciones de aquella ocasión y las condiciones actuales. Esta parte del trabajo es muy útil para casos de violación o violencia sexual. Se le pide a la persona que descomponga en sus elementos físicos, sonoros, visuales, etcétera, todos los integrantes de la situación; en el caso de que incluyan a personas específicas se le solicita que separe a las que están directamente involucradas en el momento y las que están por circunstancia. Se le señalan las diferencias de las sensaciones de antes a las de ahora, esto es muy importante pues la modificación de sensaciones ayuda a aclarar la consciencia de la experiencia, y ayuda a actualizar las actitudes en tiempo real, dejando en el pasado lo que había sucedido. En este ejercicio se debe cuidar cómo se van presentando las expresiones emocionales en cada participante.

b) El ejercicio anterior también se puede hacer en modelado de masilla o barro, en este caso es posible modelar los componentes de la situación (personas, objetos, momentos) por separado y se manipulan según convenga al ejercicio, como retirando elementos, rompiendo parte de ellos, cambiando de forma, etcétera.

c) Otra forma de trabajo se puede hacer con dibujos y esta forma de abordar el tema permite trabajar de manera más grupal, en este caso es posible pedir a los participantes que visualicen el dibujo de la manera más completa, y después se les pide que borren o quiten lo que deseen.

En las tres formas de trabajo que se presentan al final se solicita que los participantes identifiquen las diferencias de cómo

iniciaron y cómo terminaron. Es importante que se eviten racionalizaciones y explicaciones, las personas se deben quedar con la experiencia del cambio. Las diferentes formas de trabajo se pueden abordar en diferentes sesiones.
3. Cuando se llegue al momento en que el tema se haga repetitivo, o ya no se tenga nada nuevo, se avisa al grupo que se aproxima el final del taller. Es importante que los participantes identifiquen indicadores de cambio expresados por ellos, en este caso se vigilará que quienes participaron puedan compartir con naturalidad sus cambios y expectativas sobre lo que han compartido.

c. *Postevaluación*
Se les solicita a los participantes que brinden una retroalimentación, respetuosa y personal, del trabajo realizado por cada participante incluida su propia persona. Es necesario que el coordinador evite los saboteos y consentimientos innecesarios; la finalidad de esta fase es que los participantes vivencien la presencia de un grupo que sirva de espejo a sus cambios.

2. Formato de historia clínica de comportamiento sexual de la persona adulta mayor

La entrevista con personas mayores suele tener características marcadas por las diferencias generacionales, pero es posible realizarla con toda franqueza y naturalidad. A lo largo de los años de abordar cuestiones sexuales en la vejez nos hemos percatado de una serie de pautas que son útiles para elaborar la historia clínica del comportamiento sexual de la persona adulta mayor. Estas pautas se derivan de estrategias de entrevista psicológica y de establecimiento de vínculos personales-profesionales con los entrevistados; incluyen formas de observar, de dialogar y de establecer nexos de empatía que permitan preguntar aspectos altamente comprometedores de lo que sexualmente se ha vivido. Por lo anterior se recomienda que al realizar la entrevista se considere establecer una comunicación directa con expresiones como *"permítame preguntarle cuestiones muy personales"*, *"con todo respeto a su persona, qué me puede decir sobre... (experiencias homosexuales, con animales, en grupo, etcétera"*, *"usted me permitirá irme hasta la cocina pero dígame qué sucedió cuando usted..."*, *"lo que le preguntaré puede parecerle poco común pero dígame qué puede decir sobre su experiencia en..."*. Este tipo de comentarios se pueden hacer dentro de un marco de entrevista que parece natural, por eso es posible hacer algunas expresiones coloquiales, pero respetuosas.

Aún suele sorprenderme que las personas mayores me compartan asuntos tan personales aun cuando sea la primera o segunda vez que nos vemos, y a pesar de las diferencias de género y edad entre nosotros; esto suele ir acompañado de una sensación de descanso y confianza en el entrevistado, y muchos dicen que les agrada poder hablar con libertad sobre cuestiones que siempre han considerado un secreto o censurables.

Todo formato de historia clínica y de entrevista se sustenta y organiza a partir de la información generada en investigaciones sobre el tema, por tal motivo no hay un formato único. En nuestro caso el formato se ha organizado más con un enfoque psicogerontológico tomando en cuenta aspectos desde la subjetividad, la representación social y el enfoque de la complejidad.

Formato de historia clínica de comportamiento sexual de la persona adulta mayor

Fecha de la entrevista: _____
Lugar de la entrevista: _____
Entrevistado por: _____

1. Ficha de identificación   Núm. de expediente (_____)

Nombre: _____
Sexo: _____
Edad (en años y meses cumplidos): _____
Estado civil: _____
Escolaridad: _____
Ocupación: _____
Religión: _____
Fecha y lugar de nacimiento: _____
Domicilio y código postal. _____
Teléfono:
   Consultante: _____
   Informante: _____
Otros familiares o personas importantes. _____
Fecha de estudio: Inicio (_____) Terminación (_____)
Referido por: _____

2. Motivo y circunstancias de la consulta

Es necesario mencionar si el motivo de la consulta se debe a problemas psicológicos o físicos o bien a las molestias que el comportamiento de la persona ocasiona a quienes le rodean, se tienen que utilizar las palabras textuales de la persona acerca de los siguientes puntos.

- Problema actual.
- Historia del problema: ideas de la persona acerca de cómo y cuándo empezó su problema, cómo ha evolucionado en forma cronológica así como cuáles son sus factores desencadenantes.
- Quién lo mandó a consulta y cómo llegó.
- Diferenciar entre síntomas ocasionados por disfunción de los rasgos de carácter y los de personalidad.
- Experiencias de la persona con otros especialistas en hospitales o consultorios con respecto a su problema.
- Qué clase de ayuda espera encontrar.
- Cómo ha sido su experiencia en las consultas anteriores a ésta con otros especialistas.

3. Descripción de la persona y observaciones

Se reporta cuál es el primer impacto que la persona tiene en el entrevistador, procurando conservar la objetividad, se deben incluir los siguientes aspectos:

- Aspectos generales, características físicas.
- Cómo está vestido.
- Porte y actitud (modales).
- Movimiento, voz y lenguaje.
- Afecto.
- Imagen corporal (o coraza corporal).

4. Situación actual

Se busca tener una idea de un día cualquiera en la vida de la persona, entre semana y fin de semana, se debe contar con lo siguiente.

- Descripción de un día común y corriente desde que se levanta hasta que se acuesta.
- Describir si hay cambios en ocasiones especiales (fines de semana, días festivos, etcétera) Este rubro es particularmente importante en el caso de personas ancianas pues las fechas de días festivos les suelen impactar mucho en su estado emocional.

- Características del lugar donde vive. Es un espacio amplio, seguro, tranquilo, con todos los servicios, es funcional para la persona, cuenta con adaptaciones necesarias.
- Describa cómo se suelen iniciar las relaciones sexuales en forma cotidiana.
- Indique con qué tipo de personas convive generalmente y si esto ha cambiado de alguna forma.
- Qué tipo de medicamentos ha tomado y durante cuánto tiempo.
- Indique de qué manera su credo religioso ha marcado o influido en su vida sexual.

5. Vida sexual

- Primeras nociones acerca del sexo. Edad en que las adquirió, cómo las adquirió, cómo reaccionó.
- Primer contacto sexual. Edad, con quién fue, cómo fue, nivel de agrado o satisfacción.
- Evolución de sus intereses sexuales, frecuencia de los contactos, nivel de satisfacción.
- Actitud ante su sexualidad y actividad sexual.
- Hable sobre sus experiencias en relación a la masturbación, sueños eróticos, fantasías sexuales, formas de satisfacción o problemas.
- Relaciones premaritales, maritales, extramaritales. Tríos, grupales o de otro tipo (homosexuales o con animales).
- Infecciones por contacto sexual y otras disfunciones.
- Reacciones de la familia.
- Motivos de cambio ante su sexualidad.
- Cuál es su principal secreto en su vida sexual.
- Con cuántas personas llegaba a tener relaciones en un día.
- En qué momento llegó a notar cambios en su vida sexual.
- Quiénes fueron sus modelos sexuales.
- Qué amenazas sexuales tuvo.
- Preguntar sobre experiencias sexuales.

Nota: es útil preguntar cuál es el sentir, o la opinión del o la consultante, respecto de la exploración de esta área de su vida y ante el entrevistador en un marco de respeto y confianza.

6. Vida conyugal (datos maritales y familiares)

- Circunstancias del noviazgo y matrimonio.
- Descripción del o los cónyuge (s). Relaciones entre ambos.
- Eventos más importantes.
- Número de hijos, edades, descripción de cada uno, preferencias por alguno de ellos y motivos.
- Interacción de la familia actual. Cómo es la comunicación entre ellos (es útil en este aspecto considerar los canales de comunicación que se tienen en la entrevista), la toma de decisiones, roles que juega cada integrante de la familia.
- Cómo se siente el o la consultante respecto a la familia.
- Metas familiares y de cada uno de los integrantes.
- Manejo del tiempo, espacio, energía afectiva e información en la familia.
- Relaciones entre la familia con las familias de origen de cada uno de los cónyuges.´
- Características y cambios entre los cónyuges y los hijos.
- Cohesión y adaptación de la familia.
- Qué tanto han hablado respecto a la experiencia sexual de su pareja.
- Qué tanto le afecta conocer si su pareja ha tenido otras parejas sexuales.
- Comente cómo ha tomado su pareja la experiencia sexual de usted.

7. Eventos significativos o acontecimientos vitales en su vida sexual

- Cuáles son los acontecimientos que marcaron la vida de las personas de su generación.
- Sucesos que marcaron cambios en la vida personal en forma positiva o negativa.
- Eventos esperados o no que impactaron a la persona.
- Lugares que se visitaron o no se han podido visitar.
- Encuentros positivos o negativos con personas que influyeron en el entrevistado.
- Encuentro con objetos importantes para la persona.
- Qué espera de su sexualidad en su vejez.
- Cuál ha sido la situación más penosa, o incómoda, en su historia sexual.

- Si su pareja no puede tener actividad sexual qué hace usted al respecto y cómo lo maneja.
- Qué experiencias lesbianas u homosexuales ha tenido.
- Mi satisfacción en esta etapa de mi vida.
- La realización sexual más importante en su vejez.

8. Forma de practicar su actividad sexual actual

- Cada cuándo tiene relaciones sexuales.
- Quién inicia el interés por tener relaciones.
- Cuánto suelen durar las relaciones.
- Qué toma en cuenta su pareja durante el acto.
- Cómo se queda usted al terminar el acto.
- Qué tanto le inquieta a usted tener o no orgasmos en las relaciones.
- Qué tan de acuerdo está usted en la forma en que tiene relaciones sexuales.
- Qué forma del acto sexual le incomoda más.
- Qué forma del acto sexual le agrada más.
- Qué le gustaría hacer en su vida sexual que no ha hecho hasta el momento.
- Qué se lo ha impedido.
- Al finalizar la actividad sexual qué es lo más importante para usted.
- Cuando termina el acto sexual de qué manera percibe la reacción de su pareja.
- Qué tanto ha ejercido la masturbación.
- Qué le he llevado a ejercer o no la masturbación.
- Qué otras formas de actividad sexual ha practicado aparte de las que se tienen en una relación de pareja.

9. Complemento a la información sexual

- Ahora que usted ha completado su historia clínica sexual por favor comparta cuál ha sido su sentir al comentar y responder todo lo que se le preguntó.
- Indique qué le gustaría completar sobre lo que se le ha preguntado.
- Indique qué le gustaría que se aclarara.
- De dónde tiene usted su actual información sexual.
- Cómo considera su vida sexual.

- Para usted como persona mayor qué implica hablar de sus cuestiones sexuales.
- De qué manera valora su experiencia sexual como una persona adulta mayor.
- En qué momento de su vida se ha encontrado con la pornografía.
- Cómo valoró su encuentro con la pornografía.

10. Impresión diagnóstica

- Qué tipo de comportamiento predomina.
- Cuál es el patrón que se repite en el tema sexual.
- Qué recursos de apoyo se cuentan.
- Qué posibilidades se ven al caso.

Observaciones y comentarios:

Bibliografía

Álvarez-Gayou, J. (1986). *Sexoterapia integral.* Manual Moderno. México.

Athié, A., Barba, J., González, F. (2012). *La voluntad de no saber.* Grijalbo. México.

Beascoechea, G. (2006). Silencios y desarrollos frente al HIV-Sida y la sexualidad. *Revista de Psicogerontología Tiempo,* núm. 18, abril. Disponible en: http://www.psiconet.com/tiempo.

Blasco, S. (1999). Climaterio masculino (Primera parte). *Revista Tiempo,* núm. 3. Recuperado de www.psicomundo.com/tiempo, el 12 de septiembre de 2011.

Crooks, R., Baur, K. (2000). *Nuestra sexualidad.* Internacional Thomson Editores. México.

Cruz, R. (2009). Más riesgos de contraer VIH en adultos. Recuperado de http://tva.com.mx, el 19 de marzo.

Cutipa, F., Schneider, E. (2005). Tipo, calidad y frecuencia de las relaciones sexuales en el adulto mayor. *Revista Electrónica de Psicología Científica.* Recuperado de http://www.psicologiacientifica.com/bv/area-12-Psicologíadelciclovital.html. Trabajo publicado el 20 de septiembre.

De Lamater, J., Moorman, S. (2007). Sexual Behavior in Later Life. *Journal of Aging and Health,* vol. 19 núm. 6 pp. 921-945. Consultado en © Sage Publications 10.1177/0898264307308342. http://jah.sagepub.com almacenado en http://online.sagepub.com.

EFE. Austria: padre mantuvo a hija cautiva 24 años y tuvieron hijos, Amstetten. El Universal, lunes 28 de abril de 2008.

EFE. Cuñada de Fritzl asegura que éste pasaba todos los días horas en el sótano, Amstetten. El Universal, jueves 01 de mayo de 2008.

EFE. Se buscan parejas para un invento que facilita la 'intimidad' a distancia. Recuperado en http://www.elmundo.es/elmundo/2009/04/23/navegante/1240496954.html, el jueves 26 de abril de 2009.

Ehrenfeld, M., Bronner, G., Tabak, N., Alpert, R., Bergman, R. (1999). Sexuality among institutionalized elderly patients with dementia. *Nursing Ethics*, vol. 6, núm. 2 pp. 144-149.

Flores, A. (1998a). Conducta sexual en la patología demencial. En: Salvarezza L. *La vejez: una mirada gerontológica actual.* Paidós. Buenos Aires.

Flores, A. (1998b). *La Sexualidad en el Adulto Mayor.* Lumen-Humanitas. Buenos Aires.

García, J. (2005). *La sexualidad y la afectividad en la vejez.* Madrid, Portal Mayores, Informes Portal Mayores, n° 41. [Fecha de publicación: 31/08/2005]. <http://www.imsersomayores.csic.es/documentos/documentos/garcia-sexualidad-01.pdf>

Gómez, T. (2009). *Prostitución en tiempos de influenza.* Recuperado el miércoles 06 de mayo de politica@eluniversal.com.mx.

Guillén, R. (2001). Atención a la sexualidad. Conferencia dictada en el Seminario 'La Discapacidad y la Mujer' Mecanograma. Centro Mexicano Universitario de Ciencias y Humanidades (CMUCH). Puebla, México.

Hernández, Y. (2004). Aspectos socioculturales de la sexualidad femenina en la vejez. Análisis a través de estudios en Cuba. *Revista de Psicogerontología Tiempo*, núm. 1, octubre. Buenos Aires, Argentina.

Herrera, A. (2003). Sexualidad en la vejez: ¿mito o realidad? *Revista Chilena de Obstetricia y Ginecología*, vol. 68, núm. 2, pp. 150-162. ISSN 0717-7526.

Illa, L., Brickman, A., Saint-Jean, G., Echenique, M., Metsch, L., Eisdorfer, C., Bustamante, V., Sánchez, M. (2008). Sexual Risk Behaviors in Late Middle Age and Older HIV Seropositive Adults. *Aids and Behavior*, vol. 12, núm. 6, pp. 935-942.

Kaës R. (1977). *El Aparato Psíquico Grupal.* Gedisa. Barcelona.

Kaiser, F.E. (1996). Sexuality in the elderly. *Urologic Clinics of North America*, vol. 23, núm. 1, pp. 99-109.

Kennedy, D. (2007). *Mexican Ex-Prostitutes Find Home.* Octubre 14. BBC News. México.

Krassoievitch, M. (1998). Trastornos delirantes en el anciano. En Salvarezza L. (comp.) *La Vejez: una mirada gerontológica actual,* cap. 8, pp. 191-231. Paidós. Argentina.

Labiano, M. (2005). La sexualidad dentro de la institución geriátrica. *Revista Electrónica Tiempo,* núm. 16, abril. Buenos Aires, Argentina.

Larocca, E. (2007). *La vejez y el sexo normal.* Recuperado de http://www.cabinas.net/monografias/sexualidad/sexualidad_en_la_vejez.asp, el 15 de enero de 2009.

Lorenzo, C. (2003*)*. *La sexualidad en la tercera edad.* Disponible en: http://www.psicocentro.com/cgi-bin/articulo_s.asp?texto=art48001.

Magallán, (2009). *Mató a su esposo con exceso de ejercicio.* Recuperado de http://tva.com.mx/wdetalle2466.html, el 20 de marzo de 2009.

Martínez, M. (2006). Vejez y sexualidad: una realidad más que posible. *Revista Tiempo.* Sección Monografías. www.psiconet.com.

Moragas, R. (1991). *Gerontología Social.* Herder. Barcelona, España.

Mulligan, T. (1998). Cambios físicos que afectan la sexualidad en la vejez. *Colombia Médica,* vol. 29, núm. 4, pp. 148-154.

Oppenheimer, C. (2005). Sexualidad en la vejez. En Jacobi R. y Oppenheimer, C. *Psiquiatría en el Anciano,* cap. 35, pp. 751-756. Masson. Barcelona, España.

Orihuela de la Cal, J., Gómez, M., Fumero, M. (2001). Sexualidad en el anciano: un elemento importante en su calidad de vida. *Revista Cubana de Medicina General Integral,* vol. 17, núm. 6, nov.-dic.

Pérez, R. (2005). Modelo multidimensional de la demencia. Mapa de ruta de la intervención. *Revista de Psicogerontología Tiempo,* núm. 17, noviembre. Disponible en: http://www.psiconet.com/tiempo.

Persson, G. (1980). Sexuality in a 70-years old urban population. *Journal of Psychosomatic Research,* vol. 24, núm. 6, pp. 335-342.

Poniatowska, E. (2006). La Casa Xochiquetzal. En La Jornada, domingo 30 de abril.

Quintanar, F. (2005). Importancia del estudio de la sexualidad en ancianos. Artículo interno del Programa de Psicología del Envejecimiento. CUSI FES Iztacala UNAM. México.

Quintanar, F. (1996). El reto de la atención psicológica a la vejez. *Revista Prometeo,* núm. 12, pp. 62-67. Universidad Iberoamericana. México.

Reich, W. (1984). *La Función del Orgasmo.* 2ª ed. Paidós. México.

Rodríguez, R. (2003). *La sexualidad en el atardecer de la vida.* Oriente. Santiago de Cuba.

Rodríguez, X. (2005). El VIH y la Tercera Edad: Incidencia Futura en el Sector de las Residencias Geriátricas. Posgrado universitario a distancia en Dirección y Gestión de Residencias Geriátricas. Universitat de Barcelona Virtual. Barcelona, 26 de septiembre, en Internet en la Gerioteca de www.inforesidencias.com.

Ruiz, E. (2012). *El hombre que retó a dos Papas.* Domingo núm. 16, 18 de marzo, suplemento de El Universal. México.

Saz, J.A. (2004a). *Sexualidad y diabetes (1): la sexualidad masculina*. Recuperado de http://www.adezaragoza.org/diabetes/index.php. Última actualización: miércoles 15 de septiembre de 2004.

Saz, J.A. (2004b) *Sexualidad y diabetes (2): sexualidad femenina*. Recuperado de http://www.adezaragoza.org/diabetes/index.php.

Steinke, E.E. (1977). Sexuality in aging: implications for nursing facility staff. *The Journal of Continuing Education in Nursing*, vol. 28, núm. 2, pp. 59-63.

Tessler, S., Schumm, P., Laumann, E., Levinson, W., O'Muircheartai, C. (2007). *Sexualidad y salud en los adultos mayores*. Recuperado el 3 de octubre del 2007 de: http://www.intramed.net/actualidad/art_1.asp?idActualidad =48706&nomCat=Artculos.

Tobias, M., Lalich, J. (1997). *El terrible poder de las sectas*. Tikal. México.

Travaini, C. (s.f.). *Educación sexual para adultos mayores. Una necesidad en educación permanente*. Trabajo monográfico para el Curso Virtual Educación para el Envejecimiento.

Toynes, B., Wright, K., Milano, M. (2008). *Preventing HIV in older adults*. ACRIA. Nueva York.

Valdivieso, E. (s.f.). En la tercera edad también se desarrolla la sexualidad. Por Carolina Valdivieso, E., Área salud. Medicina preventiva. Nota periodística de comunicación para la Provincia de Salta. Argentina.

Valenciaga, Naranjo, Fundora, Álvarez, Turcios y Verdejas (2004). Características de la sexualidad en ancianos del municipio Güines. *Revista de Ciencias Médicas de La Habana*, vol. 10, núm. 1.

Viguera, V. (2005). Sexualidad y adultos mayores. De los prejuicios a la realidad. *Revista Electrónica Tiempo*, núm. 17, nov.

Acerca del autor

Con 35 años de experiencia en el campo de la psicogerontología, metodología de la investigación, gerontología, tanatología y suicidio, así como en la intervención en comunidades y casos de desastres. Licenciado en Psicología y Experto en Gerontología por la Universidad de Salamanca en España, Maestría en Investigación de Servicios de Salud, formación en psicoterapia humanista en programa conjunto por la UNAM y la Universidad Iberoamericana y el Doctorado en Psicología en la UNAM.

Autor de cinco libros sobre vejez y suicidio y coautor de más de 20 libros. Es tutor en doctorado de la Universidad Anáhuac y en el posgrado de economía y negocios. Psicogerontólogo colaborador de Casa Xochiquetzal.

Asesor y coordinador en procesos de intervención comunitaria y grupos de intervención en crisis.

Profesor de la FES Iztacala de la UNAM en el área de métodos cuantitativos de psicología y coordinador del Programa de Psicología del Envejecimiento, Tanatología y Suicidio de la Clínica Universitaria de la Salud Integral de la FES Iztacala. Coordinador de la Maestría en Gerontología Social y Estrategias de Atención al Adulto Mayor en CMUCH Puebla.

Tiene un reconocimiento al Mérito Universitario por labor académica como Visitante Distinguido de la Ciudad de Xalapa en el marco del V Congreso de Psicología de la Salud. Integrante del equipo de investigadores que ganó el Premio de la Sociedad de Psicología de Uruguay al segundo lugar por la investigación realizada en 2013 en la Sierra de Puebla para el rescate de la guacamaya verde, trabajo coordinado por el doctor Javier Guevara, investigador de la UPAEP.